GUTTENTAGSCHE SAMMLUNG
Nr. 239 DEUTSCHER GESETZE Nr. 239

Grundpfandrechte
und
Währungsumstellung

Das Gesetz über die Umstellung von Grundpfandrechten und über Aufbaugrundschulden mit amtlicher Begründung und Kommentar. Vierzigste Durchführungsverordnung zum Umstellungsgesetz und Lastenausgleichssicherungsgesetz

von

Dr. Gerhard Nehlert
Dezernent der Senatsverwaltung für Justiz in Berlin

mit Vorwort von

Dr. Valentin Kielinger
Senator für Justiz in Berlin

Berlin 1951

Walter de Gruyter & Co.

vormals G. J. Göschen'sche Verlagshandlung / J. Guttentag, Verlagsbuchhandlung / Georg Reimer / Karl J. Trübner / Veit & Comp.

Archiv-Nr. 21 1 239

Satz und Druck: A. W. Hayn's Erben, Berlin SO 36

Vorwort

Das Gesetz über die Umstellung von Grundpfandrechten und über Aufbaugrundschulden, für das sich die zusammengefaßte Bezeichnung Grundpfandrechtumstellungsgesetz und die Abkürzung GUG durchgesetzt hat, ist ein echter und — wie alle an seiner Bearbeitung Beteiligten hoffen — fruchtbarer Kompromiß zwischen den entgegengesetzten Interessensphären der von ihm betroffenen weiten Kreise. Darüber hinaus aber sind in der Zeit zwischen Verabschiedung des Gesetzes und seiner Verkündung auf Grund der fortschreitenden wirtschaftlichen Entwickelung und besonders der Konkretisierung des Lastenausgleichgedankens vielfältige neue Gesichtspunkte zutage getreten, welche die Anwendung dieses Gesetzes stark beeinflussen müssen.

Bereits unmittelbar nach Verkündung der die gleiche Materie im Bundesgebiet regelnden Vierzigsten Durchführungsverordnung zum Umstellungsgesetz begannen im Herbst 1949 die Beratungen darüber, welche Maßnahmen auf diesem Gebiet für Berlin getroffen werden müssen. Es handelte sich darum, in Angleichung an die Rechtslage im Bundesgebiet und in Fortsetzung des bereits durch die Umstellungsverordnung vorgeschriebenen Weges einmal die dinglichen Rechte in Übereinstimmung zu bringen mit den bereits umgestellten Forderungen, weiterhin die dadurch in Höhe von grundsätzlich 90 vom Hundert der früheren Belastung frei werdenden Wertparzellen der Grundstücke dem unbedingt notwendigen Wiederaufbau Berlins und der Belebung seiner Wirtschaft dienstbar zu machen, dabei gerechtfertigte Interessen der Grundstückseigentümer zu berücksichtigen, und schließlich einem künftigen Lastenausgleich nicht vorzugreifen. Von maßgebendem Einfluß war der Zufluß erheblicher ERP-Mittel und die Forderung der Kreditgeberseite nach bestrangiger Sicherung dieser Mittel im Gesetzgebungswege, während die Grundstückseigentümer freie vertragliche Gestaltung der Beleihungsmöglichkeit für erstrebenswert hielten. Der Gesetzgeber hat mit der als Aufbaugrundschuld genehmigungsgebundenen Eigentümergrundschuld einen Mittelweg eingeschlagen.

Über die endgültige Gestaltung des Lastenausgleichs im einzelnen war bei diesen Erörterungen noch nichts Näheres bekannt. In Berlin war man der Frage bereits mit dem am 16. Dezember 1948 beschlossenen Gesetz über die Währungsgewinnabgabe nähergetreten

(HuW 1948 S. 369), das von einer individuellen Erfassung des durch die Umstellung von Verbindlichkeiten entstandenen Währungsgewinnes ausging, aber nicht in Kraft getreten ist. Später bestand eine Zeit lang Anlaß zu der Annahme, daß eine individuelle Erfassung des Währungsgewinnes kaum zustande kommen dürfte, sondern daß der Währungsgewinn, auch der aus der Umstellung der Grundpfandrechte, durch eine pauschalierte Abgabe erfaßt werden könnte, ähnlich wie es das Prinzip der Baunotabgabe war. Erst mit den Regierungsvorlagen zum Lastenausgleichsgesetz, insbesondere der Bundestagsdrucksache Nr. 1800 stellte sich nach Verabschiedung des Grundpfandrechtumstellungsgesetzes heraus, daß man auf dem mit dem Lastenausgleichssicherungsgesetz im September 1948 begonnenen Wege fortgeschritten war und der durch die Umstellung der Grundpfandrechte entstandene Währungsgewinn durch die individuell gestaltete „Hypothekengewinnabgabe" erfaßt war. Daraus ergab sich die weitere Rechtfertigung für die in § 19 ausgesprochene, heftig umstrittene Verfügungsbeschränkung; diese dient nicht nur zur Lenkung des Kreditraumes in volkswirtschaftlich erwünschte Bahnen, sondern auch — dies muß immer wieder betont werden — zur Reservierung der in der Aufbaugrundschuld ausgedrückten Wertparzelle für den Lastenausgleich.

Diese nach der Verabschiedung des Gesetzes erfolgte Konkretisierung der Gedanken der Hypothekengewinnabgabe war auch der Anlaß, daß das Gesetz die nach dem Besatzungsstatut erforderliche Bestätigung durch die Besatzungsbehörden erst am 18. Januar 1951 erhielt, weil diese Bestätigung von einer Erklärung abhängig gemacht wurde, daß der Lastenausgleich durch das Gesetz nicht beeinträchtigt werden würde. Diese Erklärung konnte nicht nur deshalb abgegeben werden, weil die im Gesetz vorgesehene Verfügungsbeschränkung einer Reservierung der in Betracht kommenden Werte für Zwecke des Lastenausgleichs dient, sondern vielmehr auch deshalb, weil die Hypothekengewinnabgabe eine persönliche Abgabeschuld des Verpflichteten ist und als solche von einer Gestaltung der dinglichen Sicherung, d. h. von einer eventuellen Belastung des Grundstücks nicht unbedingt abhängig ist. Jedoch wird die enge Verbundenheit zwischen Abgabeschuld und Grundstück den Gedanken einer irgendwie gearteten Verdinglichung der Abgabeschuld im Rahmen des gesetzlich Möglichen und wirtschaftlich Tragbaren naheliegend erscheinen lassen.

Mit dieser Entwickelung wird die doppelte Aufgabe des Gesetzes klar: Auf der einen Seite bringt es in Berlin für die Gesamtwirtschaft und den Einzelnen, insbesondere den Grundstückseigentümer, Vorteile, die über die nach der entsprechenden Rechtslage im Bundesgebiet bestehenden nicht unerheblich hinausgehen. Auf der anderen Seite ergibt sich daraus als Korrelat zu diesen Vorteilen die Verpflichtung für den Einzelnen und die Gesamtwirtschaft, sich ihrer so zu bedienen, daß die nach dem Lastenausgleichsgesetz eintretenden Abgabeschulden unbeeinträchtigt aufgebracht werden können, soweit sie auch in Berlin durch Gesetz festgelegt werden. Der Grundstückseigentümer oder Unternehmer in Berlin kann den Wert der Aufbaugrundschuld zunächst zur Produktionserhöhung benutzen, während im Bundesgebiet der gleiche Wert seit 1948 dem Lastenausgleichsfonds zufließt und nur ausnahmsweise in der Weise wie in Berlin benutzt werden kann. Der Grundstückseigentümer oder Unternehmer in Berlin muß sich aber darüber klar sein, daß die damit erfolgende Produktionserhöhung auch dem Lastenausgleichsfonds zugute kommen muß, weil der Währungsgewinn — gleichgültig ob unmittelbar oder mittelbar über die Produktionserhöhung — seiner Natur und den gesetzlichen Vorschriften nach für diesen Zweck bestimmt ist.

Der nachstehende Kommentar zum Grundpfandrechtumstellungsgesetz aus der Feder des an seiner Fassung maßgeblich beteiligten Dezernenten hat die Aufgabe, allen Beteiligten auf dem Sektor der Wirtschaft und dem der Justiz die Anwendung dieses schwierigen Gesetzes zu erleichtern. Er berücksichtigt dafür weitgehend die im Bundesgebiet seit dem Herbst 1949 bei Anwendung der 40. DVO gewonnenen Erkenntnisse und stellt — da deren Wortlaut größtenteils wörtlich übernommen ist — zugleich eine Kommentierung dieser Vorschriften dar, die außerdem im Teil II zum Vergleich abgedruckt sind. Die 40. DVO und die ihr entsprechenden Artikel I bis IV des Grundpfandrechtumstellungsgesetzes betreffen die Umstellung der Grundpfandrechte und das bei der Umstellung anzuwendende Verfahrensrecht. Die Artikel V und VI des Grundpfandrechtumstellungsgesetzes betreffen die Aufbaugrundschuld; für diese Vorschriften ergeben sich zahlreiche Parallelen aus der im Bundesgebiet erfolgten Gesetzgebung zur Sicherung von Forderungen für den Lastenausgleich, die deshalb gleichfalls im Teil II wiedergegeben ist.

Berlin, den 1. Juni 1951

Dr. Kielinger

Inhaltsverzeichnis

Abgeschlossen nach dem Stande der Rechtsprechung vom 1. Juli 1951

Teil I

Gesetzgebung in Berlin
über die
Umstellung der Grundpfandrechte

1.

Gesetz über die Umstellung von Grundpfandrechten und über Aufbaugrundschulden

Vom 9. Januar 1951

Verordnungsblatt für Berlin 1951 Teil I Seite 71

nebst amtlicher Begründung und Kommentar

Vorbemerkung:

1. Der in Teil A der amtlichen Begründung zum Gesetz über die Umstellung von Grundpfandrechten und über Aufbaugrundschulden (Stadtverordnetendrucksache Nr. 760, Grundstückswirtschaft 1950 S. 78) enthaltene „Zusammenfassende Überblick über den Inhalt des Gesetzes" hat folgenden Wortlaut:

„I. Die Währungsgesetzgebung enthält keine ausdrücklichen Bestimmungen über die Umstellung von Hypotheken, Grundschulden, Rentenschulden und Reallasten. Die Literatur und Rechtsprechung hat jedoch in weitaus überwiegendem Umfang angenommen, daß die Vorschriften über die Umstellung von Reichsmarkverbindlichkeiten auch auf dingliche Rechte Anwendung finden. Man hat dies einmal aus dem zur Auslegung herangezogenen englischen Text der Umstellungsverordnung gefolgert, der von „Claims", d. h. Ansprüchen spricht; darunter dürften auch Ansprüche aus dem dinglichen Recht fallen. Für die Sicherungshypothek ergibt sich die gleiche Folgerung auch aus dem Begriff der Akzessorietät. Selbst wenn man diejenigen dinglichen Rechte, die nicht abstrakter Natur sind, nicht den Bestimmungen der Währungsgesetzgebung über Reichsmarkverbindlichkeiten unterwerfen wollte, so wären sie gleichwohl in Höhe des die umgestellte Forderung übersteigenden Teils erloschen, weil die Bestimmungen des Bürgerlichen Gesetzbuches über die Entstehung eines Grundpfandrechtes für den Eigentümer in diesem Fall keine Anwendung finden; diese Bestimmungen haben nämlich das Erlöschen der persönlichen Forderung zur Voraussetzung, die Umstellung der persönlichen Forderung aber ist kein solches Erlöschen, sondern eine Veränderung des Wertes. Dem Gedanken, daß die dinglichen Rechte in gleicher Weise umgestellt sind wie Reichsmarkverbindlichkeiten, trägt auch das in der Bundesrepublik Deutschland ergangene Gesetz zur Sicherung von Forderungen für den Lastenausgleich vom 2. September 1948 Rechnung, indem es nach umgestellten Rechten eine Umstellungsgrundschuld kraft Gesetzes neu entstehen läßt. Auch die in der Bundesrepublik Deutschland ergangene 40. Durchführungsverordnung der Alliierten Bankkommission zum Umstellungsgesetz (Bundesanzeiger 1949, Nr. 11, S. 3), an welche sich das beiliegende Gesetz, soweit die Art. I, III und IV in Frage kommen, weitgehend anschließt und durch welche die Umstellung der dinglichen Rechte geregelt wird, geht von diesem Gedanken aus. Ihm folgt auch dieses Gesetz, das im Artikel I die Vorschriften der 40. Durchführungsverordnung fast wörtlich übernimmt. Jedoch läßt die Auffassung, daß dingliche Rechte in demselben Umfang umgestellt sind wie Reichsmarkverbindlichkeiten, eine Reihe von Ausnahmevorschriften erforderlich werden. Dies gilt insbesondere für die Grundschuld mit Rücksicht auf ihre abstrakte, von einer Forderung unabhängige Natur. Auch Eigentümerrechte und zur Sicherung von Valutaforderungen bestimmte Grundpfandrechte verlangen eine besondere Behandlung, ebenso Grundpfandrechte, die zur Sicherung von Reichsmarkverbindlichkeiten bestellt sind, wenn diese nach Artikel 12 oder 13 Umst.VO nicht auf Deutsche Mark umgestellt werden. Diesen Ausnahmen ist im § 2 dieses Gesetzes Rechnung getragen.

II. Die Tatsache, daß sich Artikel 16 Ziffer 36 der Umst.VO wesentlich von dem die entsprechenden Rechtsverhältnisse regelnden § 18 des Umstellungsgesetzes unterscheidet, macht es erforderlich, dingliche Rechte, die mit Artikel 16 Ziffer 36 Umst.VO im Zusammenhang stehen, in Berlin besonders zu behandeln. Dies geschieht in Artikel II des Gesetzes.

III. Artikel III behandelt das Verfahren bei der Umstellung.

IV. Eine Umstellung der dinglichen Rechte entsprechend der Umstellung der zugrunde liegenden persönlichen Forderung würde den Erfolg haben, daß bei einer Umstellung des an erster Stelle eingetragenen dinglichen Rechtes im Verhältnis 10 : 1 die nachstehenden dinglichen Rechte in Rangstellen einrücken, auf die sie nach den vertraglichen Bedingungen ihrer Bestellung keinen Anspruch haben. Dies würde besonders dann bedenklich erscheinen, wenn etwa nachrangige dingliche Rechte im Verhältnis 1 : 1 umgestellt sind. Im Gebiet der Bundesrepublik Deutschland wird dieser Erfolg dadurch vermieden, daß hinter jedem dinglichen Recht eine Umstellungsgrundschuld auf Grund des Gesetzes zur Sicherung von Forderungen für den Lastenausgleich vom 2. September 1948 entsteht. Ein ähnliches Gesetz ist bisher in Berlin nicht ergangen. Das vorliegende Gesetz vermeidet diesen Erfolg dadurch, daß es in Artikel V nach jedem umgestellten Recht eine Grundschuld für den Eigentümer in Höhe von 90% des früheren Reichsmarkbetrages entstehen läßt. Damit wird zugleich die Möglichkeit einer Beleihung der Grundstücke für Zwecke des Wiederaufbaues geschaffen. Damit der Eigentümer die zu seinen Gunsten entstandene Grundschuld nicht für andere Zwecke als die im Interesse der Gesamtwirtschaft erwünschten verwenden kann, ist die Verfügung über diese Grundschuld an eine Genehmigung der zuständigen Magistratsabteilung geknüpft. Die Grundschuld erhält damit ihren eindeutigen Zweck als „Aufbaugrundschuld“."

2. Das in der vorstehend wiedergegebenen Begründung erwähnte Gesetz zur Sicherung von Forderungen für den Lastenausgleich ist abgedruckt Teil II/3 S. 155, die Vierzigste DVO zum Umst.Ges. Teil II/1 S. 140 Wenn im folgenden von Rechtslage „im Bundesgebiet“ hinsichtlich der Umstellung der Grundpfandrechte und der Umstellungsgrundschulden die

Rede ist, so ist dabei nicht verkannt, daß zwar die 40. DVO im gesamten Bundesgebiet, das Gesetz zur Sicherung von Forderungen für den Lastenausgleich aber nicht in der französischen Zone gilt, wo entsprechende Ländergesetze in Kraft sind. Da das kommende Lastenausgleichsgesetz im Bundesgebiet einheitlich gelten wird, ist jetzt schon aus praktischen sprachlichen Gründen darauf verzichtet worden, die französische Zone jeweils ausdrücklich auszunehmen.

3. Die amtliche Begründung des Berliner Gesetzes kehrt sich bewußt ab von der Auffassung der amtlichen Begründung zur 40. DVO (Teil II/2 S. 144), nach welcher dem Gesetzgeber außer der Möglichkeit der Anwendung der Umstellungsvorschriften auf die Grundpfandrechte angeblich auch die Möglichkeit offengestanden haben soll, eine Umstellung aller Grundpfandrechte im Verhältnis 1 : 1 nach den Währungsvorschriften (in Berlin Ziffer 6 WEVO) zu bestimmen. Die amtliche Begründung des Berliner Gesetzes folgt also der in Literatur und Rechtsprechung weitaus überwiegenden Ansicht, daß auch die Grundpfandrechte grundsätzlich bereits von den Umstellungsvorschriften erfaßt würden. (Vgl. dazu Harmening-Duden I S. 99 u. 167, Binder-Wetter-Reinbothe II/2 S. 75 u. 115, Palandt S. 1202, Probleme der Währungsreform S. 15, Boehmer, 8. Beih. z. DRZ S. 25, Meilicke-Nehlert-Trost HuW 48 S. 321, Würdinger MDR 48 S. 223. Harmening NJW 48 S. 403, Spengler NJW 48 S. 645, Caemmerer SJZ 48 S. 507, Petersen MDR 49 S. 20, Trinkler NJW 49 S. 126, OLG Freiburg DRZ 49 S. 236, Krech JR 49 S. 274, Heydtmann NJW 49 S. 361, Notizen JR 49 S. 485, HuW 50 S. 101, Häussler MDR 49 S. 145, OLG Hamm NJW 49 S. 552, Boehmer, Kommentar z. DMBilGes. S. 161, OLG Schleswig NJW 49 S. 594; anderer Ansicht: Duden SJZ 48 S. 584 u. DRZ 49 S. 295 u. 358, Kleine SJZ 48 S. 491). Damit gewinnen die Bestimmungen dieses Gesetzes, die sich mit der Umstellung der Grundpfandrechte befassen, im allgemeinen klarstellenden Charakter (übereinstimmend Harmening-Duden II S. 5), setzen aber neues Recht insbesondere dort, wo sie von den allgemeinen Umstellungsvorschriften abweichen, z. B. § 2 Ziffer 1 und 4 und besonders Art. II.

4. In Art. II wird bisheriges Recht geändert. Die in diesem Artikel behandelten Forderungen sind nach Art. 16 Ziffer 36 Buchstabe a, 3 Umst.VO grundsätzlich und ohne Ausnahme 1 : 1 umgestellt, während nach Art. II derartige Forderungen unter bestimmten Umständen 10 : 1 umgestellt sind (vgl. im einzelnen die Anmerkungen zu den §§ 5—7). Die Umstellungsverordnung vom 4. Juli 1948 (VOBl. Groß-Berlin I S. 374) ist von den einzelnen Sektorenmilitärregierungen erlassenes Besatzungsrecht. Das Gesetz über die Umstellung der Grundpfandrechte und überAufbaugrundschulden ist deutsches Recht (im Gegensatz zur 40. DVO, welche auch Besatzungsrecht ist). Da jedoch nach dem Berliner Besatzungsstatut (VOBl. Groß-Berlin 1949 I S. 151) auch auf dem den Besatzungsmächten vorbehaltenen Gebiet der Währungspolitik deutsche Gesetzgebung erfolgen kann, kann mit der in diesem Fall notwendigen ausdrücklichen Bestätigung der Besatzungsmächte auch durch die deutsche Gesetzgebung wirksam Besatzungsrecht geändert werden. In Teil C der amtlichen Begründung ist dazu folgendes ausgeführt:

„Die 40. Durchführungsverordnung zum Umstellungsgesetz in der Bundesrepublik, an welche sich das beiliegende Gesetz, soweit die besonderen Berliner Verhältnisse nicht abweichende Regelungen erfordern, zum größten Teil anschließt, ist von der Alliierten Bankkommission erlassen worden (§ 34 Abs. 4 Umstellungsgesetz). Die „Währungspolitik" gehörte in Berlin zu den der Alliierten Kommandantur vorbehaltenen Gebieten (Ziff. 2, m des Berliner Besatzungsstatutes vom 14. Mai 1949). Die Berliner gesetzgebenden Körperschaften sind jedoch befugt, nach ordnungsmäßiger Verständigung der Alliierten Kommandantur auf diesem Vorbehaltsgebiet gesetzliche Bestimmungen vorzuschlagen und zu erlassen, die allerdings der ausdrücklichen Bestätigung der Alliierten Konmmandantur bedürfen (Ziffer 4 und 5 des Berliner Besatzungsstatutes). Weil die mit dem beiliegenden Entwurf vorgeschlagenen Regelungen über die Bestimmungen hinaus, die reine währungsmäßige Umstellungsfragen regeln, sehr wesentliche und auf eine lange Zeitdauer berechnete materiellrechtliche Normen des Grundpfandrechts des bürgerlichen Rechts (Aufbaugrundschulden) zum Inhalt haben, ist nicht beabsichtigt, eine Durchführungsverordnung zur Umst.VO in Vorschlag zu bringen. Es wird vielmehr für angebracht gehalten, den Erlaß eines Gesetzes durch die gesetzgebenden Körperschaften vorzuschlagen, für welches die Bestätigung der Alliierten Kommandantur nachzusuchen ist."

Die Bestätigung durch die Alliierte Kommandantur Berlin ist durch Schreiben vom 18. Januar 1951 — BK/O (51) 6 — erfolgt (vgl. Verfügung des Senators für Justiz an die Justizbehörden vom 19. 2. 51, JR 1951 S. 189).

5. Über intersektorales Recht vgl. Anmerkung 4 zu § 2 Ziffer 1 S. 10.

6. Für die Schaffung der Aufbaugrundschulden folgt das Gesetz nach Teil A Abschnitt I der amtlichen Begründung der im Schrifttum herrschenden Meinung, daß infolge der Umstellung des dinglichen Rechtes für den den Umstellungsbetrag übersteigenden Teil (normalerweise 90% des RM-Wertes) kein Eigentümerrecht nach § 1163 Absatz I Satz 2 BGB entstanden ist, weil die Forderung durch die Umstellung nicht erloschen ist im Sinne dieser Bestimmung, sondern ihren Wert gewandelt hat und das gleiche für das dingliche Recht gilt (Palandt, Anm. 6 zu § 1113, Binder-Wetter-Reinbothe II/2 S. 117, Breit-Haaser S. 68, besonders eingehend OLG Schleswig NJW 49 S. 594, vgl. auch HuW 50 S. 102). Diese Auffassung hat zur Folge, daß für die Schaffung der Aufbaugrundschuld nicht ein Eigentümerrecht in Anspruch genommen werden kann, sondern daß ex lege ein neues Recht konstitutiv begründet werden muß, wie dies auch durch § 1 Absatz I des Gesetzes zur Sicherung von Forderungen für den Lastenausgleich in Form der Umstellungsgrundschuld geschehen ist. Dabei sei bemerkt, daß die amtliche Begründung des Berliner Gesetzes insoweit von der amtlichen Begründung zur 40. DVO (Teil II/2 S. 144) erheblich abweicht, als in der Begründung zu den Umstellungsvorschriften des Berliner Gesetzes auf die Umstellungsgrundschulden nach dem Gesetz zur Sicherung von Forderungen für den Lastenausgleich (LASG, Teil II/3 S. 155) nicht eingegangen ist, da solche Umstellungsgrundschulden in Berlin vorläufig nicht bestehen. Gegen die an ihrer Stelle geschaffenen Aufbaugrundschulden sind vor und während der Beratungen des Gesetzes schwerwiegende Bedenken erhoben worden. Zunächst gingen diese Bedenken da-

von aus, daß durch die Schaffung der Aufbaugrundschulden eine vermeidbare Belastung des Grundbesitzes, der Verwaltung und der Gerichte entsteht (vgl. insbesondere HuW 50 S. 101) und daß es zweckmäßiger erschiene, die umgestellten Grundpfandrechte entsprechend den Vorschriften des BGB zusammenrücken zu lassen. Dabei sprach auch mit, daß man damals davon ausging, der Lastenausgleich werde nur durch eine pauschalierte Vermögensabgabe erfolgen, in welcher der durch die Umstellung der Grundpfandrechte entstandene individuelle Währungsgewinn mit erfaßt sein würde. Während der Beratungen des Gesetzes trat die gegenteilige Auffassung zutage, daß möglicherweise die Schaffung der Aufbaugrundschulden als Eigentümergrundschulden die individuelle Erfassung des Währungsgewinnes beeinträchtigen könnte und daß aus diesem Grund unter Umständen entsprechend der westdeutschen Regelung Umstellungsgrundschulden für die Öffentliche Hand geschaffen werden müßten. Dem stand die Schwierigkeit und die Kostspieligkeit der Verwaltung solcher Rechte entgegen. Man wählte deshalb den Mittelweg der genehmigungsgebundenen Eigentümergrundschuld und hat damit — wie die Ergebnisse heut schon zeigen — mit nachtwandlerischer Sicherheit den Ausgleich zwischen den Belangen des Wiederaufbaus der Berliner Wirtschaft und des Lastenausgleichs gefunden. Die Hypothekengewinnabgabe als persönliche Steuerschuld, wie sie im Dritten Abschnitt das Lastenausgleichsgesetzes in der Fassung der Bundestagsdrucksache Nr. 1800 geplant ist, wird durch die dingliche Aufbaugrundschuld nicht beeinträchtigt und darf dies auch nicht werden; dies war Voraussetzung der Genehmigung durch die Alliierte Kommandantur, die erst nach einer entsprechenden Erklärung von deutscher Seite erfolgte. Wie einmal eine dingliche Sicherung dieser persönlichen Abgabeschuld, für die im Bundesgebiet die Umstellungsgrundschulden dienen, in Berlin erfolgt, ob und in welchem Umfang dazu die Aufbaugrundschuld herangezogen werden kann und muß, ist eine sekundäre Frage geringerer Bedeutung, die im Rahmen der Lastenausgleichsberatungen in Berlin gelöst werden wird. Jedenfalls bleibt der Grundstückseigentümer, auch wenn er über die Aufbaugrundschuld mit Genehmigung zugunsten eines Dritten verfügt hat, grundsätzlich in gleicher Höhe Schuldner der Hypothekengewinnabgabe. Ob er infolge einer solchen Verfügung etwa irgendwelche der zahlreichen Minderungs-, Herabsetzungs- oder Erlaßvorschriften der Hypothekengewinnabgabe in Anspruch nehmen kann, beurteilt sich nach den für diese Fälle geltenden allgemeinen Vorschriften über die Hypothekengewinnabgabe (vgl. dazu insbesondere Abhandlungen des Verfassers in HuW 51 S. 67 Abs. III, HuW 51 S. 105 Abs. IV).

Artikel I

Allgemeine Fälle der Umstellung

§ 1

(1) Für die Umstellung von Hypotheken, Grundschulden und Rentenschulden gelten unbeschadet der Bestimmungen der §§ 2, 4, 5, 6 und 7 die Vorschriften über die Umstellung der durch das dingliche Recht gesicherten Forderung.

(2) Auf die Umstellung von Fremdgrundschulden, die nicht zu Sicherungszwecken bestimmt sind, findet Artikel 14 Ziffer 32 und 33 der Umstellungsverordnung Anwendung, soweit nicht im § 2 etwas anderes bestimmt ist.

Anmerkungen:

1. Amtliche Begründung zu § 1:

„I. Artikel I behandelt die allgemeinen Fälle der Umstellung, d. h. diejenigen, bei denen nicht auf Grund abweichender Vorschriften der Umst.VO eine Sonderregelung für Berlin erforderlich ist.

1. Nach § 1 Abs. 1 werden Hypotheken, Grundschulden und Rentenschulden, die der Sicherung einer Reichsmarkforderung dienen, grundsätzlich ebenso umgestellt wie diese, d. h. in der Regel im Verhältnis 10 : 1 (Art. 14 Umst.VO), in den Fällen des Art. 16 Ziff. 36 Umst.VO im Verhältnis 1 : 1, falls nicht etwa auch bei diesen auf Grund der in Artikel II enthaltenen Vorschriften eine Umstellung im Verhältnis 10 : 1 in Betracht kommt.
2. Nach § 1 Abs. 2 werden auch Fremdgrundschulden, die nicht zu Sicherungszwecken bestimmt sind, auf Grund von Art. 14 der Umstellungsverordnung umgestellt. Das ist gerechtfertigt, weil im allgemeinen kein wirtschaftlicher Grund dafür besteht, den Gläubiger einer forderungslosen Grundschuld besser zu behandeln als den Gläubiger einer Reichsmarkforderung (wegen der Ausnahmen siehe § 2 Ziff. 6)."

2. § 1 legt den allgemeinen Grundsatz für die Umstellung der Grundpfandrechte nieder, der von Schrifttum und Rechtsprechung bereits vor der Gesetzgebung über diese Frage herausgearbeitet worden ist (vgl. Vorbem. Ziffer 3). Ausnahmen von dem allgemeinen Grundsatz des Abs. 1 sind in § 2 enthalten (übereinstimmend mit der 40. DVO. vgl. Teil II/1 S. 140 u. II/2 S. 144). Reallasten sind zwar auch entsprechend den allgemeinen Umstellungsvorschriften umgestellt, werden aber gesondert in § 4 behandelt und sind deshalb in Abs. 1 gleichfalls ausgenommen (in der 40. DVO unterblieben). Das gleiche gilt für die auf die besondere Rechtslage in Berlin abgestellte Regelung in Artikel II des Gesetzes, die eine Individualregelung für gewisse Arten von Forderungen und dinglichen Rechten enthält.

3. § 1 Absatz 1 verknüpft für die Umstellung das dingliche Recht mit der „gesicherten" Forderung. Gesicherte Forderung im Sinne von § 1 Abs. 1 ist die dem dinglichen Recht zugrunde liegende Forderung (für die Grundschuld vgl. Harmening-Duden II S. 56 Anm. 1), also die Forderung, „wegen" deren eine bestimmte Geldsumme „aus dem Grundstück" zu zahlen ist (§ 1113 BGB.); die Bestimmung bezieht sich nicht etwa, wie man aus dem Wort „gesichert" eventuell entnehmen könnte, nur auf die Sicherungshypothek (§ 1184 BGB), sondern auch auf die Verkehrshypothek. Der Unterschied zwischen diesen beiden Instituten wird jedoch auch für die Umstellung von Bedeutung. Während sich bei der Verkehrshypothek die Umstellung nach der auf Grund von § 1138 in Verb. mit § 891 BGB für

den Bestand des dinglichen Rechts vermuteten Forderung richtet, richtet sie sich bei der Sicherungshypothek nur nach der „in Wahrheit zugrunde liegenden Forderung" (Palandt Anm. 2 zu § 1184 S. 1219). Wenn man für die Aufwertungsgesetzgebung aus der dritten Steuernotverordnung vom 14. 2. 24 (RGBl. I S. 74) und dem Aufwertungsgesetz vom 16. Juli 1925 (RGBl. I S. 117) den Grundsatz einer Scheidung zwischen dem dinglichen Recht und der persönlichen Forderung entnehmen will, weil für das dingliche Recht ein Höchstaufwertungssatz von 25% festgesetzt worden ist, während für die persönliche Forderung der Satz von 25% nur als normaler Satz gilt, so geht dieses Gesetz einen anderen Weg, weil es grundsätzlich dingliches Recht und persönliche Forderung umstellungsrechtlich gleich behandelt; es folgt jedoch genau wie die Umstellungsverordnung insoweit der Aufwertungsgesetzgebung, als es für gewisse dingliche Rechte eine individuelle Regelung in Art. II vorsieht.

4. Für die Höhe des zur Umstellung kommenden dinglichen Rechtes ist die Höhe der Forderung im Zeitpunkt der Umstellung der Forderung entscheidend (25. Juni 1948, § 26 Absatz 1).

5. Unter § 1 Abs. 1 fallen auch im allgemeinen die in § 23 aufgezählten Rechte (vgl. Anmerkungen 1 u. 3 zu § 23 S. 116 und im einzelnen Harmening-Duden II S. 56).

6. § 1 Absatz 2 stellt die forderungslosen Fremdgrundschulden umstellungsrechtlich den obligatorischen Forderungen gleich, d. h. es wird eine Umstellung 10 : 1 bestimmt. Die zitierten Bestimmungen der Umstellungsverordnung lauten:

„Zweiter Abschnitt

Allgemeine Schuldverhältnisse

Artikel 14

Umstellung der Reichsmarkverbindlichkeiten auf Deutsche Mark

32. Forderungen in Reichsmark sind grundsätzlich in Deutsche Mark zu einem Satz von 10 Reichsmark für 1 Deutsche Mark umzuwandeln. Ausnahmen von dieser Vorschrift bleiben Durchführungsbestimmungen vorbehalten.

33. Die Militärregierung behält sich vor, den Gläubigern von Reichsmarkforderungen, die nach Ziffer 32 auf Deutsche Mark umgestellt worden sind, einen weiteren Anspruch im Höchstbetrage von einer Deutschen Mark für je zehn Reichsmark der Schuldsumme zuzuerkennen. In diesem Falle wird der Anspruch auch den Gläubigern solcher Forderungen zuerkannt werden, die schon eine Zahlung nach Ziffer 32 erhalten haben."

Die Ausnahmen von dieser grundsätzlichen Umstellung der forderungslosen Fremdgrundschulden im Verhältnis 10 : 1 sind in § 2 Ziffer 6 enthalten; die in dieser Bestimmung erwähnten forderungslosen Fremdgrundschulden sind 1 : 1 umgestellt, jedoch wird wiederum von dieser Umstellung 1 : 1 eine Ausnahme in § 7 bestimmt: Unter bestimmten Umständen entfällt die privilegierte Umstellung 1 : 1, und die Ausnahme des § 7 von der Ausnahme des § 2 Ziffer 6 kehrt zum Grundsatz des § 1 Abs. 2, d. h. zur Umstellung 10 : 1 zurück.

§ 2

Mit der Wirkung, daß an die Stelle einer Reichsmark eine Deutsche Mark der Bank Deutscher Länder tritt, werden umgestellt:

1. Hypotheken, Grundschulden und Rentenschulden, wenn die durch das dingliche Recht gesicherte Forderung nicht den Vorschriften der Umstellungsverordnung unterliegt oder wenn die Forderung nach den Vorschriften der Umstellungsverordnung nicht auf Deutsche Mark der Bank Deutscher Länder umgestellt wird;

2. Höchstbetragshypotheken und solche Grundschulden, deren Betrag nach den zwischen Gläubiger und Eigentümer bestehenden Vereinbarungen den Höchstbetrag darstellt, bis zu dem das Grundstück für Forderungen haften soll, deren Feststellung im übrigen vorbehalten ist;

3. Hypotheken, Grundschulden und Rentenschulden, soweit sie bei Ablauf des 24. Juni 1948 dem Eigentümer zustanden, sowie Hypotheken, Grundschulden und Rentenschulden, soweit dem Eigentümer bei Ablauf des 24. Juni 1948 gegen ihre Geltendmachung eine Einrede zustand, die sich nicht nur auf den Zeitpunkt der Geltendmachung bezog;

4. Hypotheken, Grundschulden und Rentenschulden, die bei Ablauf des 24. Juni 1948 Angehörigen der Vereinten Nationen (Artikel 11 Ziffer 27 der Umstellungsverordnung) zustanden oder an Angehörige der Vereinten Nationen verpfändet oder sicherungshalber abgetreten waren;

5. Hypotheken, die lediglich zu dem Zweck bestellt worden sind, um dem Gläubiger der durch sie gesicherten Reichsmarkforderung für eine auf ausländische Währung lautende Forderung Sicherheit zu bieten;

6. Fremdgrundschulden, die nicht zu Sicherungszwecken bestimmt sind,

a) wenn sie auf einem Rechtsverhältnis der im Artikel 16 Ziffer 36 Absatz a der Umstellungsverordnung bezeichneten Art beruhen und sich nicht aus § 7 etwas anderes ergibt, oder

b) wenn bei ihnen die Voraussetzungen vorliegen, unter denen eine Reichsmarkverbindlichkeit nach den Vorschriften der Umstellungsverordnung nicht auf Deutsche Mark der Bank Deutscher Länder umgestellt wird.

Anmerkungen:

1. Die Fassung des § 2 unterscheidet sich in zwei Punkten von der Fassung des § 2 der 40. DVO (vgl. Teil II/1 S. 140): § 2 Ziffer 1 der 40. DVO behandelt auch Grundpfandrechte, deren zugrunde liegende For-

derung nach den Umstellungsvorschriften erloschen ist; die Gründe für das Fehlen einer entsprechenden Bestimmung im Berliner Gesetz sind in Ziffer 3, c der nachstehenden amtlichen Begründung enthalten. § 2 Ziffer 6, a des Berliner Gesetzes nimmt forderungslose Fremdgrundschulden, die auf einem Rechtsverhältnis nach Art. 16 Ziff. 36 Abs. a beruhen, unter denselben Umständen von der Umstellung 1 : 1 aus, in denen forderungsbekleidete Grundpfandrechte nach den §§ 5 und 6 von der Privilegierung ausgenommen sind (§ 7); die 40. DVO kennt Sonderregelungen dieser Art (§§ 5—7) und infolgedessen auch diese Ausnahme nicht (vgl. auch Anm. 6 zu § 1, S. 7).

2. Amtliche Begründung zu § 2 Ziffer 1:

„3. § 2 Ziffer 1 behandelt folgende Fälle:

a) Die gesicherte Forderung unterliegt nicht den Vorschriften der Umstellungsverordnung (Valutaforderungen und auf Ostmark umgestellte Reichsmarkforderungen); die Notwendigkeit, Grundpfandrechte, die der Sicherung von Valutaforderungen dienen, im Verhältnis 1 : 1 umzustellen, beruht darauf, daß der DM-Wert der Forderung in diesen Fällen noch nicht endgültig feststeht, und dem Gläubiger deshalb eine Entwertung des Pfandobjektes nicht zugemutet werden kann. Dieselben Erwägungen treffen auf Grundpfandrechte zu, die der Sicherung einer auf Ostmark umgestellten Reichsmarkforderung dienen. Die Frage der Rechtsnatur einer auf DM-West umgestellten Reichsmarkhypothek für eine auf Ostmark umgestellte Forderung kann hier unerörtert und der Beantwortung durch Wissenschaft und Rechtsprechung überlassen bleiben.

b) Die gesicherte Forderung unterliegt zwar als Reichsmarkforderung den Vorschriften der Umstellungsverordnung; diese bestimmen jedoch, daß sie nicht auf Deutsche Mark umgestellt wird (Reichsmarkverbindlichkeiten des Reichs u. ä. — Art. 12 Umst.VO); bei den unter Art. 12 Umst.VO fallenden Reichsmarkverbindlichkeiten fehlt das Merkmal eines Unterschiedes zwischen dem Nennbetrag in Reichsmark und dem Umstellungsbetrag in Deutscher Mark. Eine Umstellung des dinglichen Rechts im Verhältnis 10 : 1 kommt deshalb hier nicht in Frage. Der Gedanke, das dingliche Recht ebenso in der Schwebe zu lassen wie die gesicherte Forderung, es also nicht auf DM umzustellen, ist abzulehnen. Im Interesse des Realkredits und des Grundstücksverkehrs muß über den Umfang der Belastung der Grundstücke volle Klarheit bestehen. Die Belastung mit einem Betrage in einer nicht mehr bestehenden Währung würde diesen Grundsätzen widersprechen. Solange das Schicksal der persönlichen Forderung ungeklärt ist, stehen dem Eigentümer gegen die Geltendmachung des im Verhältnis 1 : 1 umgestellten dinglichen Rechts die aus Art. 12 Umst.VO folgenden Einreden zu (§ 1157 BGB.). Um den Eigentümer vor der Gefahr des Verlustes dieser Einreden auf Grund gutgläubigen Erwerbs des im Verhältnis 1 : 1 umgestellten dinglichen Rechts durch einen Dritten zu schützen, gibt ihm § 8 Abs. 2 eine erleichterte Möglichkeit für die Eintragung eines Widerspruchs in das Grundbuch.

c) Die entsprechende Bestimmung der 40. DVO sieht weiterhin die Umstellung eines Grundpfandrechts im Verhältnis 1 : 1 vor, wenn die gesicherte Forderung nach den Vorschriften des Umstellungsgesetzes erlischt. Das ist nach § 18 Abs. 3 Umst.Gesetz der Fall bei Reichsmarkverbindlichkeiten zwischen Geldinstituten. In Berlin dagegen sind nach Art. 16 Ziff. 38 Umst.VO Reichsmarkverbindlichkeiten zwischen Geldinstituten im Verhältnis 10 : 1 umgestellt. Zu ihrer Sicherung bestellte Grundpfandrechte unterliegen daher § 1 Abs. 1 des Gesetzes, ohne daß es insoweit einer besonderen Bestimmung bedarf."

3. Grundpfandrechte, die unmittelbar selbst auf fremde Währung lauten, fallen unter keine Umstellungsregelung und auch nicht unter dieses Gesetz; bei ihnen kann eine Umstellungsfrage nicht akut werden. Dies ist besonders von Bedeutung bei den Schweizer-Franken-Grundschulden (vgl. über diese im einzelnen Anm. 1 zu § 23 S. 116). Das gleiche gilt für obligatorische Ansprüche in fremder Währung; auf Reichsmarkgrundschulden, die zur Sicherung solcher Forderungen bestellt sind, bezieht sich § 2 Ziff. 1; darüber hinaus betrifft § 2 Ziffer 5 Reichsmarkhypotheken, die zwar unmittelbar zur Sicherung von Reichsmarkforderungen bestellt sind, durch diese jedoch mittelbar eine Fremdwährungsforderung sichern sollen (vgl. im einzelnen Ziffer 7 der amtlichen Begründung, Anm. 14 u. Anm. 15 S. 28). Für den letzten Fall enthält § 3 Abs. 2 Bestimmungen über die Rechte des Eigentümers.

4. § 2 Ziffer 1 betrifft auch Grundpfandrechte, denen Ostmarkforderungen zugrundeliegen. Praktischer Fall, der in Berlin häufig und deshalb von besonderer Bedeutung ist: Persönlicher Schuldner domiziliert im Ostwährungsgebiet, sein belastetes Grundstück liegt in den Westsektoren. Es erhebt sich zunächst die Frage, ob für dingliches und persönliches Recht verschiedene Statute gelten. Meilicke-Nehlert-Trost HuW 1948 S. 321 stehen auf dem Standpunkt, daß sich auch die Währung der Forderung nach der für die Hypothek geltenden lex rei sitae richten muß (anders bei der Grundschuld). Dies bedeutet, daß auch die Forderung gegen den im Ostwährungsgebiet domizilierenden Eigentümer eines westsektoralen Grundstücks auf Westmark umgestellt ist. Hüssener JR 1949 S. 18 wendet demgegenüber ein, daß man damit den Begriff der Akzessorietät in das Gegenteil verkehrt, weil nicht die Forderung akzessorisch zur Hypothek, sondern die Hypothek akzessorisch zur Forderung ist. Vor dieser Erwägung hat die Konferenz Berliner Juristen, deren Ergebnis die Ausführungen HuW 1948 S. 321 gewesen sind, dem Gedanken den Vorzug gegeben, daß die wirtschaftliche Entwickelung dahin gegangen ist, in der Hypothek das Primäre und in der Forderung das Sekundäre zu sehen. Die Literatur hat sich überwiegend mit gewissen Modifizierungen der Auffassung von Meilicke-Nehlert-Trost angeschlossen, daß die lex rei sitae auch für die persönliche Forderung gilt, so insbesondere Blau SJZ 1949 S. 162, Duden DRZ 1949 S. 360, Marquordt MDR 1950 S. 9, Bögelsack HuW 1949 S. 210, Zellner HuW 1949 S. 245 u. Schaeffer HuW 1950 S. 243. Jacobsohn NJW 1947/48 S. 682, meint, für die persönliche Forderung sei das Statut des Ortes des belasteten Grundstücks zwar nicht „zwingend" gegeben, zumeist sei aber als hypothetischer Parteiwille zu unterstellen, daß auf Hypothek und persönliche

Forderung das gleiche Statut Anwendung finden solle (ebenso Buder DRZ 1948 S. 420). Eine begrüßenswerte und akzeptable Klärung erhält dasProblem in den Abhandlungen von Krech in NJW 1949 S. 296, JR 1949 S. 274 und „Probleme der Währungsreform" S. 16 ff.; danach gilt bei der Verkehrshypothek die lex rei sitae auch für die Währung der persönlichen Forderung, während bei der Sicherungshypothek (§ 1184 BGB) und der Höchstbetragshypothek (§ 1190 BGB) für dingliches Recht und obligatorisches Recht verschiedene Statute gelten können. Das OLG Hamm führt in seiner vielbesprochenen Entscheidung NJW 1949 S. 552 folgendes aus:

> „Die Grundschuld (und mit ihr die Rentenschuld) ist vom BGB als unabhängig von einer persönlichen Forderung gestaltet (§§ 1191, 1199 BGB). Die auch von den Grundschulden in aller Regel gesicherten persönlichen Forderungen sind die Veranlassung dafür, Fremdgrundschulden (Sicherungsgrundschulden) wirtschaftlich den Hypotheken gleichzustellen und diese Gleichstellung auch für die Anwendung der Währungsgesetze zugrunde zu legen. Eine von der Behandlung der persönlichen Forderung unabhängige Behandlung des Grundpfandrechts ist bei der Hypothek überhaupt nicht möglich; bei der Grundschuld ist sie zwar vom BGB vorgeschrieben, vom wirtschaftlichen Standpunkte aber abzulehnen. Es ist anzunehmen, daß von den Währungsgesetzen das persönliche und dingliche Recht als eine Einheit angesehen sind. Vereinigt sich die Hypothek mit dem Eigentum in einer Person, ohne daß dem Eigentümer die Forderung zusteht, so verwandelt die Hypothek sich von Gesetz wegen in eine Grundschuld; sie wird fortan als Grundschuld behandelt. Trotz Erlöschens der persönlichen Forderung bleibt das Grundpfandrecht bestehen; es behält seinen Rang und für den Eigentümer den Wert, den die Hypothek hatte."

Die Auffassung, daß die lex rei sitae auch für die Währung der persönlichen Forderung gilt, wird sanktioniert durch § 7 Ziffer 2 DM-Bilanzgesetz, wobei nicht verkannt wird, daß diese Bestimmung eine lex specialis des DM-Bilanzgesetzes ist (vgl. dazu Beuck-Paret, DM-Bilanzgesetz S. 77):

> „§ 7 Anzuwendendes Währungsrecht
> (Fassung des Wirtschaftsratges. v. 21. 8. 1949, Berliner Fassung mit anderem Währungsstichtag gleichlautend)
>
> Ist zweifelhaft, welches Währungsrecht auf in Reichsmark begründete Forderungen oder Verbindlichkeiten anzuwenden ist, so ist für deren Wertansatz in der Regel von folgenden Grundsätzen auszugehen:
>
> 1. Befindet sich der Schuldner innerhalb Deutschlands, so ist das Währungsrecht des letztbekannten Wohnsitzes (Sitzes) zugrunde zu legen, den der Schuldner vor dem 21. Juni 1948 gehabt hat, es sei denn, daß sich der Schwerpunkt des Rechtsverhältnisses am 21. Juni 1948 eindeutig an einem anderen Ort befunden hat oder die Voraussetzungen der Nr. 3 vorliegen.
>
> 2. Bei durch Grundpfandrecht gesicherten Forderungen ist davon auszugehen, daß sich diese nach dem Währungsrecht am Ort der belegenen Sache richten.

3. Reichsmarkforderungen gegen Schuldner mit Wohnsitz (Sitz) in Deutschland außerhalb des Währungsgebietes gelten für ihren Wertansatz als nach den Vorschriften des Umstellungsgesetzes auf Deutsche Mark umgestellt, soweit in Vermögen vollstreckt werden kann, das sich im Währungsgebiet befindet."

Schmölder-Gessler-Merkle, Komm. z. DM-Bilanzgesetz, S. 159 stehen sogar auf dem Standpunkt, daß sich die Anwendung der lex rei sitae auf die Forderung eindeutig schon aus der Schwerpunktbestimmung des § 7 Ziffer 1 ergibt (ähnlich schon früher Buder in DRZ 1948 S. 420 und Harmening-Duden I S. 162). Daß die vereinzelt gebliebene und von Krech, Probleme der Währungsreform S. 18 im einzelnen widerlegte Ansicht Hüsseners JR 1949 S. 18 nicht brauchbar ist, ergibt sich auch aus der Rspr. des LG Berlin über die Eintragungsfähigkeit von Ostmarkgrundpfandrechten. Diese Ansicht Hüsseners, daß wegen der Akzessorietät der Hypothek zur Forderung das Statut des Schuldners auch für die Hypothek gilt, würde dazu führen, daß Hypotheken auf westsektoralen Grundstücken, deren Eigentümer im Ostwährungsgebiet domizilieren, in westsektorale Grundbücher in Ostmark eingetragen werden müßten. Zwar hat das LG Berlin früher die Eintragung von Ostmarkhypotheken zugelassen (vgl. HuW 1949 S. 76), nach Inkrafttreten der WEVO ist dies jedoch nicht mehr zulässig (vgl. HuW 1949 S. 365, DNotz 1950 S. 179 und JR 1950 S. 27). In einer JR 1950 S. 441, DNotZ 1950 S. 435, NJW 1950 S. 648 u. HuW 1950 S. 52 abgedruckten Entscheidung vom 19. 11. 1949 — 2 W 1845/49 — hat das KG den umgekehrten Fall entschieden, daß nämlich der (im Westwährungsgebiet domizilierende) Gläubiger einer auf einem Grundstück im Ostwährungsgebiet eingetragenen Hypothek von dem Schuldner in den Westsektoren die Zinsen der persönlichen Forderung in Westmark verlangt. Das KG führt aus, daß „eine währungsmäßig getrennte Behandlung der persönlichen Forderung und der dinglichen Haftung unnatürlich ist" und mit den dem Hypothekenrecht des BGB zugrundeliegenden Gedanken in Widerspruch steht; aus diesen ergibt sich nach Ansicht des KG, daß „für die anzuwendende Währung nicht der Wohnsitz des Schuldners, sondern nur der Ort maßgebend sein kann, an dem sich das Grundstück befindet." In gleicher Weise hat das LG Berlin im Beschluß vom 15. 6. 1950 — 19 O 165/50 —, bestätigt durch KG in 2 W 907/50, entschieden und ausgeführt, unter Berücksichtigung der heutigen Verhältnisse sei als Schwerpunkt nicht mehr die Forderung anzusehen, der die Hypothek folgen sollte, sondern das dingliche Recht der Hypothek, das mit der persönlichen Forderung eine Einheit bilde, und damit das Grundstück, auf dem die Hypothek last. Gleichlautend auch mit eingehender Begründung unter Widerlegung Hüsseners KG in Sachen 6 U 4028/49 (Urt. v. 28. 7. 50). Der BGH hat sich allerdings dahin ausgesprochen, daß die lex rei sitae „nicht notwendig" auch für die gesicherte Forderung gelte (NJW 1951 S. 400, JZ 1951 S. 302). Die Entscheidung ist abzulehnen. Der BGH bezeichnet seine Ansicht als herrschende Meinung und beruft sich dafür auf ältere und neuere Literatur zum IPR. Diese Literatur trägt jedoch der Änderung der wirtschaftlichen Anschauung über das Verhältnis von Hypothek und Forderung nicht Rechnung (vgl. dazu insbesondere zutreffend Seeger JR 1951 S. 359); es zeigt sich dabei, wie schon oft in der Literatur betont, mit welcher Vorsicht Grundsätze des IPR auf die Währungsspaltung angewendet werden müssen. Dies gilt auch für die vom BGH herangezogene, für diesen Fall nicht präjudizielle Entscheidung des RG Bd. 152 S. 64. Die herrschende Meinung zum Währungsrecht ist jedenfalls, wie oben dargelegt, entgegengesetzt der Auffassung des BGH. Auch aus § 4 Aufw.Ges. und § 4 der Nov. von 1927 kann man eine Stütze für die Ansicht des BGH kaum entnehmen. Der heutige Gesetzgeber jedenfalls hat in dem vom BGH nicht erwähnten § 7 DMBG das Gegenteil klar ausgesprochen, und Schmölder-Gessler-Merkle S. 154 bemerken dazu mit Recht, daß zwar § 7 DMBG unmittelbar nur den Wertansatz betreffe, darüber hinaus jedoch einem Grundsatz des materiellen Rechts Ausdruck gebe, der sich auf Grund der communis opinio herausgebildet hat. Welche ungeheure Gefahr es bedeutet, daß der BGH mit der Ablehnung der lex rei sitae für die Forderung die währungsrechtliche und -politische Situation verkennt, beweist die Tatsache, daß die Alliierte Bankenkommission neuerdings die Hypothek dem am Sitz des persönlichen Schuldners geltenden Recht unterstellt, damit bei Schuldnerschaft eines Ausländers die auf einem Grundstück in Deutschland lastende Hypothek mit der Forderung als „ausländisches Vermögen" betrachtet, dem KRGes. Nr. 5 unterwirft und den deutschen Gläubiger enteignet (vgl. Direktive (51) 2 der ABC, Bund.Anz. 1951 Nr. 54, GVOBl. Berlin 1951 S. 294, dagegen für Anwendung der lex rei sitae Zeitschrift für das ges. Kreditwesen 1951 S. 319). Für Berlin, wo diese Frage mit Rücksicht auf das Ostwährungsgebiet besondere, vom BGH nicht gewürdigte Bedeutung hat, wird jedenfalls bei der Auffassung entsprechend der bisherigen Rechtsprechung des KG verblieben, daß die lex rei sitae auch für die Forderung gilt.

Aus den vorstehenden Erörterungen ergibt sich für die Umstellung von Grundpfandrechten folgendes: Unterliegt die gesicherte Forderung — wie es danach der Regelfall sein wird — gegen den Schuldner im Ostwährungsgebiet den westsektoralen Währungsvorschriften, so kommt nicht § 2 Ziffer 1, sondern § 1 Absatz 1 zur Anwendung, das dingliche Recht ist entsprechend der Forderung umgestellt, d. h. normalerweise 10 : 1, in den im einzelnen aufgeführten Ausnahmefällen, insbesondere bei Vorliegen der Voraussetzungen des Art. 16 Ziffer 36, a 3 Umst.VO 1 : 1. Unterliegt die gesicherte Forderung ausnahmsweise nicht den westsektoralen, sondern den ostsektoralen Währungsvorschriften, so ist das in den Westsektoren belegene dingliche Recht nach § 2 Ziffer 1 im Verhältnis 1 : 1 umgestellt. In dem letzteren Fall decken sich die Werte von Forderung und dinglicher Sicherheit nicht mehr; es wäre völlig verfehlt, etwa aus der Tatsache, daß die dingliche Sicherheit für eine Ostmarkforderung 1 : 1 umgestellt ist, auf eine Anerkennung der Ostmark als gleichwertig der Westmark für diesen Fall zu schließen. § 2 Ziffer 1 enthält keinen Bewertungsmaßstab. Die wesentlich geringere Kaufkraft der Ostmark schließt ein Kursverhältnis 1 : 1 aus, wie es vorübergehend einzelne Justizbehörden der Bundesrepublik in Verkennung dieser Tatsache für Kostenforderungen ostzonaler Gerichte angenommen haben (Rundschreiben des LJM Württemberg-Baden vom 30. 1. 50 — 350 — 10/408 —). Man wird aber für das Kursverhältnis eine entsprechende Anwendung des § 244 Abs. II BGB in Erwägung ziehen können. Diese Vorschrift hat keinen „amtlichen" Kurs zur Voraussetzung, da es diesen Begriff bei ihrer Entstehung noch gar nicht gegeben hat, sondern nur einen faktischen Kurs; als solcher kommt der Wechselstubenkurs oder noch eher der vom Landesfinanzamt Berlin festgesetzte Durchschnittskurs in Betracht, der im Amtsblatt für Berlin und auch im Ministerialblatt des Bundesfinanzministeriums veröffentlicht wird. Die Gerichte im Bundesgebiet haben sich in der Frage der Vollstreckung von Ostmark-Titeln zunächst auf den Standpunkt gestellt, daß ein Kurs der Ostmark nicht feststellbar sei, so insbesondere LG Hannover NdsRpfl. 49 S. 154, NJW 50 S. 750, MDR 50 S. 358, LG Verden MDR 50 S. 430, AG Frankfurt NJW 50 S. 750, LG Frankfurt BB 50 S. 34, NJW 50 S 610, DtGVZ 50 S. 186, LG München Rdschr. d. Aussch. zonenm. getr. Betr. 50 Nr. 132. Die Bank Deutscher Länder hat sich in einem Schreiben an das AG Koblenz vom 4. 5. 50 (abgedr. DtGVZ 50 S. 187) auf den gegenteiligen Standpunkt gestellt, ebenso in einem nicht veröffentlichten Schreiben an die Landeszentralbank Bayern, und dieser Standpunkt ist von Kühne NJW 50 S. 729 eingehend begründet worden. Er ist auch vom LG Bremen Rpfleger 1950 S. 278 und vom LG Braunschweig NJW 50 S. 751 vertreten worden, und ihm haben sich angeschlossen: LG Kassel MDR 50 S. 741, LG Hannover NdsRpfl. 51 S. 48 u. NJW 51 S. 240, LG Stuttgart NJW 51 S. 241, LG Bochum NJW 51 S. 239, LG München-Gladbach DtGVZ 51 S. 59, Wälde NJW 51 S. 213, Skaupy BB 51 S. 126, Truckenbrodt MDR 51 S. 83. Die Tendenz geht demnach eindeutig dahin, den faktischen Kurs der Ostmark als Umrechnungsbasis anzuerkennen. Auf diese Weise ließe sich auch die Differenz zwischen einem 1 : 1 auf Westmark umgestellten Grundpfandrecht und einer zugrunde liegenden Ostmarkforderung berechnen. Dabei bestehen jedoch gewisse Bedenken wegen der geringen Stabilität dieses faktischen Kurses sowie gewisse Zweifel an seiner volkswirtschaftlichen Richtigkeit. Ob man ihn einem Rechtsverhältnis zugrunde legen kann, das so auf lange Sicht berechnet ist wie ein Grundpfandrecht, erscheint deshalb auch trotz der oben dargestellten Tendenz als sehr fraglich. Tut man es, so ergibt sich folgende Rechtslage: § 3 Absatz 1 ist in seiner Wirksamkeit auf die in § 2 Absatz 4 bezeichneten Fälle beschränkt; nur, wenn zwischen der Forderung eines Angehörigen der Vereinten Nationen und dem zur Sicherung dieser Forderung (1 : 1 umgestellten) Grundpfandrecht eine Differenz besteht, sind die Rechtswirkungen des Erlöschens der Forderung ausgeschlossen. Bei einer Differenz zwischen Westmark-Grundpfandrecht und Ostmark-Forderung könnte unter Umständen die Folge des § 1163 Absatz I Satz 2 BGB in analoger Anwendung eintreten, d. h. in Höhe des Differenzbetrages eine Eigentümergrundschuld genau so entstehen wie ohne die entgegenstehende Vorschrift des § 3 Abs. 1 bei der Differenz zwischen einem nach § 2 Ziffer 4 im Verhältnis 1 : 1 umgestellten Grundpfandrecht und der Forderung gegen einen UN-Angehörigen (vgl. Anm. 1 zu § 3 S. 31). Wenn aber der Differenzbetrag als nicht berechenbar angesehen wird, kann der Eigentümer diesen Erfolg nicht herbeiführen. Man könnte eventuell auch für den Fall, daß man den Differenzbetrag als berechenbar ansieht, an eine analoge Anwendung des § 3 Abs. 2 denken: Wenn ein 1 : 1 auf Westmark umgestelltes Grundpfandrecht auf dem Wege über eine zum Durchschnittskurs in Westmark umgerechnete Ostmarkforderung eine solche sichert, ist die Lage ähnlich, wie wenn eine RM-Hypothek auf dem Wege über eine RM-Forderung eine Valutaforderung sichert (§ 2 Ziffer 5, siehe Anm. 3 S. 10 und Anm. 5 S. 16). In diesem Fall entsteht eine Eigentümerhypothek in Höhe des Differenzbetrages erst, wenn das Schicksal der mittelbar gesicherten Valutaforderung feststeht (§ 3 Abs. 2, siehe Anm. 2 zu § 3 S. 31). Entsprechend könnte man bei der durch Westmarkgrundpfandrecht gesicherten Ostmarkforderung verfahren. In jedem Fall kann der Gläubiger aber nicht Befriedigung auf Grund des 1 : 1 in Westmark umgestellten Grundpfandrechtes in voller Höhe aus dem Grundstück verlangen, weil diesem Anspruch mit Rücksicht auf die unleugbare Kursdifferenz und das daraus resultierende Recht des Eigentümers der Einwand der unzulässigen Rechtsausübung entgegenstände. Der Eigentümer kann in einem solchen Fall Eintragung eines Widerspruchs gemäß § 8 Absatz 2 verlangen (a. A. Harmening-Duden, II S. 67, der — m. E. mit Unrecht — das Vorliegen eines Schwebezustandes in diesem Fall verneint, vgl. auch Anm. 10 zu § 8 S. 56).

Für solche Grundstücke, die in den Westsektoren liegen, aber im Eigentum von Einwohnern des Ostwährungsgebietes stehen, gelten die Durchführungsbestimmungen Nr. 14, 17 und 20 zur Umst.VO — VOBl. Groß-Berlin 1949 I S. 165, 188, 335, 352, 1950 I S. 14, 33, 35 — enthaltend bestimmte Befugnisse der Währungsüberwachungsstelle für Grundstücke. Es sind danach zwei Tatbestände zu unterscheiden:

a) Verfügungen über Grundstücke in den Westsektoren sind nur mit Genehmigung der Währungsüberwachungsstelle zulässig, wenn der Eigentümer seinen Sitz im Ostwährungsgebiet hat. Zinsen und Tilgungsraten für dingliche Rechte dürfen aus den auf ein Sperrkonto zu zahlenden Mieteinnahmen ohne Genehmigung geleistet werden.

b) Verfügungen über Rechte an Grundstücken in den Westsektoren sind nur mit Genehmigung der Währungsüberwachungsstelle zulässig, wenn der Berechtigte seinen Sitz im Ostwährungsgebiet hat Schuldner aus solchen Rechten haben auf Sperrkonto zu leisten.

In dem zu a genannten Fall, also wenn ausschließlich der Grundstückseigentümer und aus den auf dem westsektoralen Grundstück lastenden Rechten Verpflichtete im Ostwährungsgebiet domiliziert, der Berechtigte aus solchen Rechten aber im Westwährungsgebiet, ist zwar eine Verfügung über das Grundstück genehmigungsbedürftig, nicht aber eine Verfügung über ein auf dem Grundstück lastendes Recht. Die Währungsüberwachungsstelle selbst vertritt allerdings die Auffassung, daß eine Verfügung über ein Recht an dem Grundstück einer Verfügung über das Grundstück gleichzustellen sei. Gerichtliche Entscheidungen dazu sind bisher nicht bekanntgeworden. Diese Auffassung kann mit Rücksicht auf den klaren Wortlaut der DB Nr. 14 nicht geteilt werden, nach welchem eindeutig unterschieden wird zwischen Verfügungen über das Grundstück (die nur genehmigungspflichtig sind, wenn der Eigentümer im Ostwährungsgebiet domiziliert) und Verfügungen über Rechte an Grundstücken (die nur genehmigungspflichtig sind, wenn der Gläubiger im Ostwährungsgebiet domiliziert). Man kann die Auffassung der Währungsüberwachungsstelle auch nicht damit begründen, daß nach Abschnitt VI der von ihr erlassenen Bekanntmachung Nr. 1

— VOBl. für Groß-Berlin 1949 I S. 188 — die Verwaltung der Grundstücke, deren Eigentümer im Ostwährungsgebiet domizilieren, auf die Währungsüberwachungsstelle übergegangen sei; denn durch eine solche Bekanntmachung kann nicht der materielle Inhalt der DB Nr. 14 geändert werden, und nach diesem stehen der Währungsüberwachungsstelle nur bestimmte, im einzelnen genau abgegrenzte Befugnisse zu, zu denen die Verfügung über ein Recht an dem Grundstück, dessen Berechtigter nicht im Ostwährungsgebiet domiziliert, nicht gehört. Auf derselben Ebene liegen die Entscheidungen des LG Berlin vom 31. 12. 1949 — 10 S. 191/49 und vom 11. 1. 1950 — 10 S. 90/49 —, nach welchen sich die Befugnisse der Währungsüberwachungsstelle auf die Einziehung der Grundstückseinkünfte und die damit zusammenhängende Tätigkeit beschränken, aber beispielsweise nicht das Recht zur Kündigung eines Mietvertrages in sich schließen. Selbst wenn man aber — wie dies anscheinend das KG in einer Entscheidung vom 19. 12. 1949 — 4 U 2823/49 — will, ohne es expressis verbis zu sagen — der Währungsüberwachungsstelle eine weitergehende, treuhänderähnliche Stellung einräumen wollte, könnten daraus rechtsgeschäftliche Befugnisse, die über das in den DB 14 und 20 umschriebene Recht zur Einziehung der Einkünfte hinausgehen, nicht abgeleitet werden, genau so wenig, wie beispielsweise ein Custodian die zur Bestellung einer Hypothek erforderliche Erklärung an Stelle des abwesenden Eigentümers abgeben kann (LG Berlin JR 1949 S. 455, bestätigt vom KG HuW 1950 S. 133). Wenn es sich dagegen um eine Verfügung über eine Eigentümergrundschuld handelt, kommt der unter b behandelte Fall in Betracht, weil dann der Grundstückseigentümer und gleichzeitig dinglich Berechtigter aus der Eigentümergrundschuld sein Domizil im Ostwährungsgebiet hat.

Die im Umstellungsverfahren nach Artikel III dieses Gesetzes erforderlichen Anträge und gegebenenfalls der zur Eintragung eines Widerspruchs nach § 8 Abs. 2 erforderliche Antrag sind in keinem Fall genehmigungsbedürftige Verfügungen mi Sinne der DB 14, 17 und 20, weil die materielle Rechtsänderung bereits kraft Gesetzes eingetreten ist und die Eintragung lediglich deklaratorische Wirkung hat. Im übrigen wäre bei Fremdrechten auch schon nach dem vorher zu dem Fall a Gesagten eine Genehmigung der Währungsüberwachungsstelle deshalb nicht erforderlich, weil diese ihrer Einwirkungsbefugnis nicht unterliegen, wenn nur der Grundstückseigentümer, nicht aber der dinglich Berechtigte im Ostwährunsgebiet domiliziert.

5. Während bei Grundpfandrechten zur Sicherung von Ostmarkverbindlichkeiten eine Differenz feststellbar, aber unter Umständen nicht berechenbar ist, steht bei Grundpfandrechten zur Sicherung von Forderungen gegen die in Art. 12 Umst.VO genannten Stellen das Schicksal der Forderung überhaupt noch nicht fest; die Entstehung einer Eigentümergrundschuld nach § 1163 Abs. I Satz 2 BGB kommt daher nicht in Betracht (ebenso Harmening-Duden, II S. 60). Jedoch besteht die Möglichkeit eines Widerspruchs nach § 8 Abs. 2. Über die Verwaltung von Vermögen des Reichs vergleiche für den amerikanischen Sektor Gesetz Nr. 19, VOBl. Groß-Berlin 1949 I S 143, für den britischen Sektor Verordnung Nr. 202, VOBl. Groß-Berlin 1950 I S. 15, für den französischen Sektor Verordnung vom 31. 8. 1949, VOBl. Groß-Berlin 1949 I S. 319.

6. Ob man ein Grundpfandrecht, dem eine „Wertschuld" (über den Begriff vgl. Harmening-Duden I S. 173) zugrunde liegt, deshalb im Verhältnis 1 : 1 umstellt, weil diese Wertschuld überhaupt nicht den Umstellungsvorschriften unterliegt (Harmening-Duden II S. 60, Skaupy in „Probleme der Währungsreform" S. 69), oder weil die zugrunde liegende Wertschuld 1 : 1 umgestellt ist (so anscheinend Binder-Wetter-Reinbothe S. 80, anders aber S. 128), ist, wie Boehmer Anm. 1 S. 33 zutreffend bemerkt, eine akademische Frage; die Wirkung für die Umstellung des Grundpfandrechts ist jedenfalls die gleiche, entweder nach § 1 Absatz 1 oder nach § 2 Ziffer 1.

7. Amtliche Begründung zu § 2 Ziffer 2:

> 4. Nach § 2 Ziffer 2 werden Höchstbetragshypotheken und solche Grundschulden, die wirtschaftlich dem gleichen Zweck dienen, ebenfalls im Verhältnis 1 : 1 umgestellt. Das ist gerechtfertigt, weil es sich in diesen Fällen um einen bloßen Haftungsrahmen handelt, dessen Ausfüllung nach dem zugrunde liegenden Rechtsverhältnis von der weiteren Entwickelung der Geschäftsbeziehungen zwischen dem Kreditgeber und dem Kreditnehmer abhängt. Es erscheint nicht angängig, in dieses Rechtsverhältnis in der Weise einzugreifen, daß der zur Zeit der Währungsumstellung valutierte Teil der Höchstbetragshypothek oder Grundschuld gegebenenfalls nur im Verhältnis 10 : 1 umgestellt wird."

8. Die in § 2 Ziffer 2 behandelte Höchstbetragshypothek ist nach § 1190 Abs. III BGB stets Sicherungshypothek. Für ihre Vollstreckung bdeutet dies nach § 1184 BGB, daß die Höhe der — umgestellten — Forderung entscheidend ist. Ist also beispielsweise eine Höchstbetragshypothek von 30 000 Reichsmark bestellt und nur in Höhe von 20 000 Reichsmark valutiert, so kann aus ihr nur in Höhe von 2000 DM vollstreckt werden. Nach herrschender Meinung geht die Höchstbetragshypothek auf den Gläubiger erst über, wenn und soweit sie valutiert wird (Staudinger, Bd. III/2 Anm. 1, a zu § 1190 S. 1390); im übrigen steht sie dem Eigentümer zu. Schon mit Rücksicht darauf müßte der nichtvalutierte Teil nach § 2 Ziffer 3 im Verhältnis 1 : 1 umgestellt sein. Daraus ergibt sich auch, daß innerhalb des nichtvalutierten Teils für eine Lastenausgleichsgrundschuld kein Raum ist. Soweit innerhalb des valutierten Teils die Forderung 10 : 1 umgestellt ist, wäre nach den allgemeinen Grundsätzen (vgl. Ziffer 6 der Vorbem. z. Teil I S. 4) die Hypothek ohne Entstehung einer Eigentümergrundschuld erloschen, wenn nichts Besonderes bestimmt wäre. Insoweit ermöglicht die Bestimmung des § 2 Ziffer 2 dem Eigentümer die nochmalige Ausnutzung des durch die Umstellung der Forderung freigewordenen Teilwertes für Kreditzwecke im Rahmen der Höchstbetragshypothek. Wie die Begründung zu § 2 Ziffer 2 der 40. DVO (Teil II/2 S. 149) erkennen läßt, sind auch die Schwierigkeiten für die Konstruktion und den Rang der Lastenausgleichsgrundschuld in einem solchen Fall maßgebend für den Entschluß gewesen, insoweit keine solche zur Entstehung gelangen zu lassen. Das gleiche gilt für die Aufbaugrundschuld nach Art. V dieses Gesetzes. Grundstückseigentümer und Gläubiger der Höchstbetragshypothek sind also bei Ausfüllung des Rahmens — im oben gewählten Beispiel Valutierung in Höhe von 28 000 DM — freigestellt und nicht an die Genehmigung der Verwaltungsbehörden gebunden. Der

Grundstückseigentümer hat hier einen Währungsgewinn in Höhe der Differenz zwischen dem bereits valutiert gewesenen Teil der Höchstbetragshypothek und der umgestellten Forderung zu verzeichnen, im obigen Beispiel also in Höhe von 20 000 — 2000 = 18 000 DM, die ihm durch die Umstellung der Forderung über den nichtvalutierten Eigentümerteil (10 000) hinaus als erneut verwendbarer Teil der Höchstbetragshypothek zuwachsen (vgl. dazu insbesondere Reinicke MDR 1949 S. 728). Wörbelauer NJW 1949 S. 780 beanstandet dieses Ergebnis als ungerecht und unsozial; es braucht aber — mindestens für Berlin — nicht endgültig zu sein, sondern kann im Rahmen der Gesetzgebung über die Abschöpfung der Währungsgewinne berücksichtigt werden. Zur Definition der Höchstbetragsgrundschuld verwendet § 2 Ziffer 2 die in § 1190 BGB für die Höchstbetragshypothek gewählte Fassung. Jedoch können auf die Höchstbetragsgrundschuld nicht wie auf die Höchstbetragshypothek die Bestimmungen des § 1184 BGB über die Sicherungshypothek Anwendung finden, da dies dem abstrakten Charakter der Grundschuld widersprechen würde (§ 1192 BGB). Die Höhe der Valutierung und die Umstellung der valutierten Forderung ist für den Bestand der Höchstbetragsgrundschuld unmittelbar nicht von Bedeutung — „ein Zurückbleiben der Forderung hinter dem eingetragenen Betrag äußert keine dingliche Wirkung" (Staudinger, Bd. III/2 Anm. 6 zu § 1191 S. 1412). Jedoch findet sich im Schrifttum vielfach die Auffassung, daß die nichtvalutierte Grundschuld (wie die Hypothek) dem Eigentümer zusteht, während nach der Rechtsprechung des RG die nichtvalutierte Grundschuld dem Gläubiger verbleibt, der Eigentümer aber einen schuldrechtlichen Anspruch auf Uebertragung oder auf Verzicht hat (vgl. im einzelnen Staudinger, Bd. III/2 Anm. 9 zu § 1192 u. Anm. 6 zu § 1191, S. 1426 und S. 1412). Jedenfalls stellt die Vorschrift des § 2 Ziffer 2 auch für den Fall der Höchstbetragsgrundschuld sicher, daß der in RM ausgesprochene Haftungsrahmen in voller Höhe in DM erhalten bleibt und ohne Einschaltung einer Verwaltungsstelle ausgefüllt werden kann. Die sog. „verdeckte" Höchstbetragshypothek ist ihrer Natur nach Verkehrs-, nicht Sicherungshypothek und soll bei nur teilweiser Valutierung den Nachteil der strengen Akzessorietät der Sicherungshypothek vermeiden. Wenn man diese verdeckte Höchstbetragshypothek umstellungsrechtlich als Verkehrshypothek ansehen wollte, so würde dies bedeuten: Der nichtvalutierte Teil stünde dem Eigentümer zu (vgl. Staudinger, Bd. III/2 Anm. 16 zu § 1163 S. 1271) und wäre nach § 2 Ziffer 3 1 : 1 umgestellt; der valutierte Teil wäre entsprechend der Forderung nach § 1 Absatz 1 umgestellt, d. h. normalerweise 10 : 1. Dann würde zwischen dem 10 : 1 umgestellten (valutierten) Teil und dem 1 : 1 umgestellten (nichtvalutierten) Teil eine Aufbaugrundschuld nach Art. V entstehen bzw. im Bundesgebiet eine Umstellungsgrundschuld. Diese Annahme aber dürfte, wie sich aus Abschnitt II Ziffer 4 der insoweit ausführlicheren Begründung zur 40. DVO ergibt (Teil II/2 S. 149) der ratio legis widersprechen, die für diesen Fall klare Verhältnisse schaffen und das Auseinanderfallen in rangmäßig kaum bestimmbare Zwischenrechte vermeiden will (vgl. Lauterbach ZJBl. 1949 S. 219). Man wird daher mit Baur NJW 1950 S. 50, Cammerer DNotZ 1950 S. 11 und Reinicke MDR 1950 S. 251 die Vorschrift des § 2 Ziffer 2 auch für die verdeckte Höchstbetragshypothek anwenden müssen (so auch LG Köln JMBl.NW 1950

S. 216, NJW 1951 S. 34 u. BB 1950 S. 772). Stoeckert, NJW 1950 S. 327 nimmt dies zwar auch an, jedoch mit der generellen Einschränkung, daß eine Umstellung 1 : 1 bei offenen und bei verdeckten Höchstbetragshypotheken nur dann in Betracht kommt, wenn der Haftungsrahmen zum Umstellungsstichtag noch nicht ausgefüllt gewesen ist. Er schließt dies aus der Fassung der Begründung, daß die Ausfüllung des Haftungsrahmens von der weiteren Entwickelung der Geschäftsbeziehungen abhängig sein soll, eine solche aber nicht eintreten kann, wenn der Haftungsrahmen am Umstellungsstichtag schon ausgefüllt gewesen ist. Diese Auffassung erscheint naheliegend, wenn man die oben angestellten Erwägungen berücksichtigt, daß die Umstellung 1 : 1 bei Höchstbetragshypotheken das Auseinanderfallen in 1 : 1 umgestellte Eigentümeranteile und 10 : 1 umgestellte Gläubigeranteile verhindern soll, das nicht eintreten kann, wenn der Haftungsrahmen vollständig ausgefüllt ist. Man würde dieser Auffassung Stoeckerts jedoch allenfalls nur für die verdeckte Höchstbetragshypothek folgen können, für die offene, als solche im Grundbuch eingetragene, läßt der Wortlaut des Gesetzes keinen Raum für eine derartige Annahme, die über eine Auslegung hinausgehen und eine Einschränkung des Gesetzes aus der — nicht bindenden — Begründung bedeuten würde (ähnlich wie Stoeckert auch Heseler NJW 1950 S. 247 und AG Hannover MDR 1950 S. 611, ablehnend mit einleuchtender Begründung Kern DNotz 1950 S. 372. Nach der Entscheidung des OLG Celle NdsRpfl. 1951 S. 51 ist allein für die Umstellung 1 : 1 entscheidend, ob die Geschäftsbeziehungen noch bestehen, für die der Haftungsrahmen geschaffen wurde, siehe auch LG Wiesbaden NJW 1951 S. 526).

9. Amtliche Begründung zu § 2 Ziffer 3:

„5. Nach § 2 Ziffer 3 werden die Eigentümerrechte ausnahmslos 1 : 1 umgestellt. Der Eigentümer eines nur mit einer Eigentümergrundschuld belasteten Grundstückes kann nicht anders behandelt werden als der Eigentümer eines unbelasteten Grundstückes. Aber auch bei einer Eigentümerhypothek oder Eigentümergrundschuld, der andere Grundpfandrechte im Range nachfolgen, kommt eine andere Behandlung nicht in Betracht. Vielmehr muß auch hier der in der Grundschuld verkörperte Teilwert des Grundstücks dem Eigentümer voll erhalten bleiben. Aus derselben Erwägung heraus sollen auch diejenigen Grundpfandrechte, gegen deren Geltendmachung dem Eigentümer am 25. Juni 1948 eine Einrede zustand, voll auf DM umgestellt werden. Dies gilt nicht nur für Einreden, durch welche die Geltendmachung der Hypothek oder Grundschuld dauernd mit der Wirkung ausgeschlossen wird, daß der Eigentümer von dem Gläubiger den Verzicht auf die Hypothek oder Grundschuld verlangen kann (§§ 1169, 1192 BGB), sondern auch für sonstige Einreden mit Ausnahme der Einrede der noch nicht eingetretenen Fälligkeit. Insbesondere ist hier an solche Fälle zu denken, in denen eine Fremdgrundschuld zwar zur vollen Wirksamkeit bestimmt ist, die Voraussetzungen dieser Wirksamkeit aber noch nicht eingetreten sind und auch nicht mit Sicherheit eintreten, ohne daß von einer Einrede gesprochen werden kann, die die Geltendmachung der Grundschuld „dauernd" ausschließt. Dieser Fall ist z. B. bei einer vom Eigentümer verkauften und bereits an den Käufer übertragenen Grundschuld gegeben, soweit der Kaufpreis für die Grundschuld am Währungsstichtag noch nicht bezahlt war; ferner bei einer Grundschuld, die ausschließlich zum Zwecke der Kreditaufnahme durch den Grundschuldgläubiger bestellt worden ist, solange der Grundschuldgläubiger über die Grundschuld noch nicht zugunsten eines Dritten (Kreditgebers) verfügt hat. Andererseits rechtfertigt es nicht jede Einrede, die der Eigentümer am Währungsstichtag der Geltendmachung der Grundschuld entgegensetzen konnte, die Grundschuld als wirtschaftlich dem Eigentümer gehörig anzusehen. Ausgeschlossen sind deshalb diejenigen Einreden, die sich nur auf den Zeitpunkt der Geltendmachung der Grundschuld beziehen, insbesondere die Einrede der Stundung."

10. Im Bundesgebiet haben zunächst die Vorschriften der §§ 7 und 13 Abs. 1 der 1. DVO zum LASG zu der Auffassung gezwungen, daß Eigentümerrechte 10 : 1 umgestellt sind (vgl. Harmening-Duden I, S. 88, 100, 169); soweit Gerichte eine andere Auffassung vertreten haben (OLG Hamm NJW 1949 S. 552, ebenso Binder-Wetter-Reinbothe, S. 120), ist der Vorwurf erhoben worden, daß die Entscheidung contra legem sei (vgl. dazu insbesondere Trinkler NJW 1949 S. 849 und über die „unschöne Erbschaft", die dadurch entstanden ist, daß § 2 Ziffer 3 der 40. DVO mit der Umstellung von Eigentümerrechten im Verhältnis 1 : 1 die §§ 7 und 13 Abs. 1 der 1. DVO zum LASG gegenstandslos gemacht hat, siehe auch Baur NJW 1950 S. 50). In Berlin haben die Gerichte stets die Auffassung vertreten, daß Eigentümerrechte 1 : 1 umgestellt sind (JR 1949 S. 417, HuW 1949 S. 250); diese Praxis ist nunmehr durch § 2 Ziffer 3 gesetzlich anerkannt worden. Aus welchem Grund das Recht dem Eigentümer zusteht, ist ohne Bedeutung; es fallen also sowohl die in § 1163 BGB als auch die in § 1177 BGB bezeichneten Fälle unter die Umstellung 1 : 1. Voraussetzung ist aber, daß dem Eigentümer das Recht am Umstellungsstichtag zustand, und zwar in seiner Hand als Gläubiger und Schuldner vereinigt — eine Abtretung zerstört diese Vereinigung und führt zu einer Behandlung als Fremdrecht, eine Verpfändung dagegen nicht (übereinstimmend Harmening-Duden II S. 63. a. A. Reinicke MDR 1949 S. 729 u. MDR 1950 S. 522, die auch bei Verpfändung Behandlung als Fremdrecht annehmen, indem sie einer „wirtschaftlichen" Betrachtungsweise einen Einfluß einräumen, der mit der formalen Natur des Pfand- und Grundbuchrechts kaum vereinbar sein dürfte). Besondere Bedeutung haben die Fälle, in denen ein gemeinschaftliches Grundstück zugunsten eines Miteigentümers belastet ist — vgl. dazu Beier DRZ 1950 S. 249 und insbesondere Reinicke MDR 1950 S. 522 und NJW 1950 S. 708. Der von Beyer unter Ziffer 1 behandelte Fall, daß der Bruchteil eines Miteigentümers zu seinen Gunsten belastet ist (§ 747 S. 1 BGB), gehört jedoch nicht dazu, weil es sich dabei eben nicht um Belastung des gemeinschaftlichen Grundstücks handelt; bei einer solchen Belastung eines Bruchteils zugunsten eines Miteigentümers besteht an dem Charakter der Belastung als Eigentümerrecht kein Zweifel. In den Fällen, daß das gesamte, im Miteigentum mehrerer stehende Grundstück nach § 1009 in Verb. mit § 747 S. 2 BGB zugunsten

eines von ihnen belastet ist, oder daß ein in Gesamthandseigentum (beispielsweise nach § 2033 BGB) stehendes Grundstück zugunsten eines Gesamthänders belastet ist, befürwortet Beyer eine Aufspaltung des Grundpfandrechts in einen 1 : 1 umgestellten Eigentümeranteil und in 10 : 1 umgestellte Fremdanteile unter Berufung auf § 3 Reichsbewertungsgesetz, wonach bei der Bewertung eines Wirtschaftsgutes der Wert auf die Beteiligten nach dem Verhältnis ihrer Anteile zu verteilen ist. Es muß aber als ausgeschlossen betrachtet werden, derartig verschwommene Begriffe wie das sogenannte „wirtschaftliche Eigentum" des Steuerrechts auf das klare und streng formale Grundbuchrecht zu übertragen. Man muß bei der Umstellung von Miteigentümerrechten drei Gruppen unterscheiden: Ein Mitglied einer Gemeinschaft zur gesamten Hand (§§ 718, 2032 BGB) ist Gläubiger eines Grundfpandrechtes, das auf einem Grundstück lastet, welches mehreren, darunter dem Gläubiger selbst, als Eigentümer zur gesamten Hand zusteht. Der Gläubiger-Gesamthänder steht der Gesamthandgemeinschaft ohne Rücksicht darauf, daß er selbst zu ihr gehört, in seiner Gläubigereigenschaft als von ihr getrennter Dritter gegenüber. Das Gesamthandprinzip schließt es aus, den Eigentumsanteil eines Gesamthänders abzuspalten und als belastet mit einem entsprechenden Anteil des Pfandrechts anzusehen. Ein solches Grundpfandrecht ist daher weder ganz noch teilweise als Eigentümerrecht nach § 2 Ziffer 3 im Verhältnis 1 : 1 umgestellt, sondern wie jedes andere Fremdgrundpfandrecht zu behandeln (LG Hagen DNotZ 1950 S. 175 mit Anm. von Heseler, LG Dortmund NJW 1950 S. 707, AG Hannover NJW 1950 S. 708, BGH DNotZ 1951 S. 268, NJW 1951 S. 355, JZ 1951 S. 268 sowie 336 gegen Beyer und Reinicke a. a. O. und OLG Hamburg JZ 1951 S. 47). Im Range nach einem solchen, 10 : 1 umgestellten Grundpfandrecht des Gläubiger-Gesamthänders entsteht nach § 13 eine Aufbaugrundschuld, die der Gemeinschaft zur gesamten Hand als Eigentümerrecht zusteht. Dasselbe gilt, wenn ein Gesamthänder ein auf dem Gesamthandgrundstück lastendes Grundpfandrecht aus eigenen Mitteln tilgt und Ausgleichung verlangen kann (gegen die frühere Literatur und Rechtsprechung zutreffend OLG Freiburg DRZ 1950 S. 159, MDR 1950 S. 484, OLG Celle Nds.Rpfl. 1951 S. 6). Auch, wenn der Grundstückseigentümer und Hypothekenschuldner gleichzeitig einziger Aktionär der Hypothekengläubigerin ist, liegt kein Eigentümerrecht, sondern ein Fremdrecht vor, auf das § 1 Abs. 1 anzuwenden ist (NJW 1950 S. 310); dagegen stellt nach Ansicht des Bayer.OLG (JZ 1951 S. 303, MDR 1951 S. 425) eine zur Sicherung der Auseinandersetzungsforderung eines stillen Gesellschafters bestellte Hypothek während des Bestehens der stillen Gesellschaft eine Eigentümergrundsschuld dar, die 1 : 1 umgestellt ist. Lastet aber ein Grundpfandrecht auf einem Grundstück, das im Eigentum mehrerer zur Gemeinschaft nach ideellen Bruchteilen steht (§§ 1008, 741 BGB), so ist eine solche Belastung Gesamtgrundpfandrecht (§ 1132 BGB), und zwar gleichgültig, ob die Miteigentümer ihre Anteile getrennt, gleichzeitig oder nacheinander, oder gemeinsam belasten (Palandt Anm. 2 zu § 1132, KGJ 52 S. 217, RG Bd. 146 S. 363). Wird ein Miteigentümer im Rahmen des § 1173 BGB zum Gläubiger eines solchen Grundpfandrechtes, so wirkt sich die Selbständigkeit des ideellen Bruchteils auch umstellungsrechtlich aus. Besteht kein Ersatzanspruch gegen die anderen Miteigentümer, so wird das Grundpfandrecht an dem Bruchteil des erwerbenden Miteigentümers in voller Höhe zum Eigentümergrundpfandrecht, das nach § 2 Ziffer 3 im Verhältnis 1 : 1 umgestellt ist; an den anderen Bruchteilen erlischt es. Für die Entstehung einer Aufbaugrundschuld ist kein Raum. Besteht ein Ersatzanspruch, so geht in Höhe des Ersatzanspruchs das Grundpfandrecht an den Bruchteilen der ersatzpflichtigen Miteigentümer als Fremdgrundpfandrecht auf den Ersatzberechtigten über und bleibt mit dem Grundpfandrecht an dem Bruchteil des Ersatzberechtigten Gesamtgrundpfandrecht; das Fremdgrundpfandrecht ist 10 : 1 umgestellt, das Eigentümergrundpfandrecht 1 : 1, Gesamthaft besteht nur in Höhe von 10 : 1 (Palandt Anm. 2c zu § 1132, KGJ Bd. 40 S. 299). Im Range nach dem 10 : 1 umgestellten Fremdgrundpfandrecht ist auf den Bruchteilen der ersatzpflichtigen Miteigentümer nach § 13 eine Gesamtaufbaugrundschuld entstanden, die diesen hier in Bruchteilsgemeinschaft nach § 1172 Abs. I BGB zusteht (RGJW 1938 S. 3236). Außerdem entsteht, soweit kein Ersatzanspruch besteht, im Range nach den Ersatzgrundpfandrechten ein 1 : 1 umgestelltes Eigentümergrundpfandrecht auf dem Bruchteil des erwerbenden Miteigentümers. Die vorstehend erörterte Regelung bei der Bruchteilsgemeinschaft gilt jedoch nur, falls ein Miteigentümer ein bereits bestehendes Grundpfandrecht im Rahmen des § 1173 BGB. erwirbt, d. h. wenn eine Rechtsveränderung an dem bestehenden Grundpfandrecht eintritt. Sie kann dagegen nach dem Wortlaut des § 1173 BGB nicht Platz greifen, wenn mehrere Miteigentümer nach Bruchteilen zugunsten eines von ihnen ein Gesamtgrundpfandrecht an dem gemeinschaftlichen Grundstück neu bestellen. In einer Belastung solcher Art liegt nach herrschender Meinung (Gierke, Deutsches Privatrecht Bd. II S. 384, Enneccerus-Wolff Bd. III § 88 S. 309, Staudinger Bd. III/1 Anm. 1 b zu § 1009 S. 645) eine Annäherung an die gesamte Hand; nach Staudinger a. a. O. ist eine solche Hypothek „ihrem ganzen Umfang nach Hypothek, also nicht etwa zu dem dem Anteile des berechtigten Miteigentümers entsprechenden Teile Grundschuld". Ein solches Rechtsverhältnis ist also nicht anders zu beurteilen als ein Gesamthandverhältnis; der Gläubiger-Miteigentümer steht auch hier der Miteigentümergemeinschaft als von ihr getrennter Dritter gegenüber, sein Grundpfandrecht ist umstellungsrechtlich wie ein Fremdgrundpfandrecht zu behandeln, § 2 Ziffer 3 findet in diesem Falle weder ganz noch teilweise Anwendung. Im Range nach einem solchen, 10 : 1 umgestellten Grundpfandrecht eines Miteigentümers entsteht eine Aufbaugrundschuld nach § 13, die auf allen Miteigentumsbruchteilen als Gesamtrecht lastet, allen Miteigentümern aber nicht etwa zur gesamten Hand, wie in dem oben erörterten ersten Fall, sondern in Bruchteilsgemeinschaft zusteht (RG JW 1938 S. 3236). Zu dem gesamten Problem siehe ausführliche Abhandlung des Verfassers in JR 1951 S. 463.

11. Den Eigentümerrechten sind in § 2 Ziffer 3 gleichgestellt Fremdrechte, denen der Eigentümer gewisse Einreden entgegenhalten kann. In Betracht kommen einmal die peremtorischen Einreden nach § 1169 BGB, durch welche „die Geltendmachung der Hypothek dauernd ausgeschlossen wird". Während § 1169 BGB keine dingliche Wirkung hat, sondern nur den Anspruch auf Verzicht enthält, die dingliche Wirkung — Entstehung eines Eigentümerrechts, das 1 : 1 umgestellt wäre — aber erst mit Wirksamwerden des Verzichts nach § 1168 BGB eintritt, nimmt § 2 Ziffer 3

diese dingliche Wirkung voraus und spricht eine Umstellung 1 : 1 wie beim Eigentümerrecht auch schon bei bloßem Bestehen des Verzichtanspruchs, also vor Erklärung des Verzichts aus, da andernfalls der Anspruch des Eigentümers zu 90% illusorisch würde. Reinicke MDR 1949 S. 729 und Cammerer DNotZ 1950 S. 10 weisen mit Recht darauf hin, daß die Vorschrift des § 2 Ziffer 3 ausschließlich den Eigentümer, nicht aber Dritte schützen will; daraus ergibt sich, daß eine Umstellung 1 : 1 dann nicht in Betracht kommt, wenn der Gläubiger das RM-Recht an einen gutgläubigen Dritten übertragen hat und die Einrede des Eigentümers mangels Ersichtlichkeit aus dem Grundbuch untergegangen ist (vgl. im einzelnen Cammerer a. a. O.). In Betracht kommen weiterhin außer den peremtorischen auch andere Einreden, für welche Ziffer 5 der amtlichen Begründung (oben S. 19 und Teil II/2 S. 149) Beispiele anführt. Es handelt sich dabei um Fälle, die ihrem Gehalt nach einem Mangel der Valutierung gleichstehen (vgl. dazu im einzelnen Reinicke MDR 1949 S. 729 u. MDR 1950 S. 522, denen jedoch nicht darin beigepflichtet werden kann, daß eine verkaufte, bezahlte, aber noch nicht abgetretene Eigentümergrundschuld wie ein Fremdrecht 10 : 1 umzustellen sein soll; daß ein Fremdrecht aus Anlaß einer dem Eigentümer zustehenden Einrede nach § 2 Ziffer 3 wie ein Eigentümerrecht behandelt wird, rechtfertigt nicht den Umkehrschluß, daß ein Eigentümerrecht, auf das einem anderen ein Anspruch zusteht, wie ein Fremdrecht zu behandeln ist, einmal, weil aus einer Ausnahmeregelung, wie sie § 2 Ziffer 3 für Fremdrechte darstellt, keine Umkehrschlüsse gezogen werden können, weiter weil dieser Schluß gegen den in § 13 Abs. 3 S. 2 und § 18 Abs. 1 Ziffer 2 UG bzw. Artikel 11 Ziffer 26 S. 2 und Artikel 16 Ziffer 36 Abs. a, 2 UV Ausdruck findenden Grundsatz verstößt, daß die RM-Erfüllung vor Umstellung Anspruch auf Lieferung des vollen Kaufgegenstandes begründet — so auch Harmening-Duden II S. 62, siehe auch I S. 237). Nach der Entscheidung des OLG Celle Nds.Rpfl. 1951 S. 121 ist die Umstellung 1 : 1 nur begründet, wenn die durch das Grundbuch ausgewiesene Belastung in Wahrheit nur einen Teilwert des Eigentums darstellt. Nicht zu einer Umstellung eines Fremdrechts im Verhältnis 1 : 1 führen Einreden des Eigentümers, die sich nur auf den Zeitpunkt der Geltendmachung beziehen, also die Einrede der Stundung. Wegen der Behandlung von Tilgungs- und Tilgungsfondshypotheken vgl. Baur NJW 1950 S. 40 und Heseler NJW 1950 S. 247. Man wird für diese Sonderfälle grundsätzlich Baur zustimmen müssen, daß es so angesehen werden müsse, als ob am Währungsstichtag die Tilgungsverrechnung erfolgt sei. Das ist für die von Heseler für seine anscheinend andere Ansicht ins Feld geführte Berechnung der Tilgungsleistungen ohne Bedeutung. Mindestens würde in Höhe der Tilgungsleistungen eine peremtorische Einrede im Sinne von § 2 Ziffer 3 bestehen, wie zutreffend auch das LG Würzburg MDR 1951 S. 426 angenommen hat. Normalerweise aber wird es dieser Hilfkonstruktion nicht bedürfen, weil auch bei Tilgungs- und Tilgungsfondshypotheken trotz entgegengesetzter Vereinbarung eine Eigentümergrundschuld entstanden ist; denn solche Vereinbarungen haben nur obligatorische, nicht aber dingliche Wirkung, § 1163 Abs. I S. 2 ist zwingendes Recht und kann nicht abgedungen werden (RG Bd. 104 S. 72, Bd. 142 S. 159, Staudinger Bd. III/2 Anm. 5, 19 und 29 zu § 1163 S. 1267, 1272 u.

1275, Palandt Anm. 2 B d im Überbl. vor § 1113 S. 1150 u. Anm. 1, c zu § 1163 S. 1200). Der Grundsatz, daß die Entstehung von Eigentümergrundschulden nicht vertraglich ausgeschlossen werden kann, erleidet aber eine Ausnahme für Tilgungsfondshypotheken von landschaftlichen Kreditinstituten, die vor dem Inkrafttreten des BGB bestanden haben. Für diese bleiben nach Art. 167 EGBGB landesgesetzliche Vorschriften in Kraft. In dieser Hinsicht bestimmt Art. 21 Pr.AG GBO, daß die Satzungsbestimmungen solcher Institute über die Aufnahme, Eintragung und Löschung von Pfandbriefdarlehen in Kraft bleiben. In diesen Satzungsbestimmungen ist regelmäßig festgelegt, daß Tilgungsleistungen auf einem besonderen Fonds angesammelt werden und erst unter näher bestimmten Umständen eine Verrechnung erfolgt. Man wird aber auch in diesen Fällen mindestens eine peremtorische Einrede im Sinne von § 2 Ziffer 3 annehmen können (so auch G. u. D. Reinicke MDR 1951 S. 171 gegen Classen ebenda und OLG Hamm a. a. O. S. 170). Für Berlin kommen in dieser Hinsicht in Betracht die Tilgungsfondshypotheken des Berliner Pfandbriefamtes (Berliner Stadtschaft). Möglicherweise wird für Berlin auf der Grundlage der vorstehenden Erwägungen ausdrücklich klargestellt werden, daß es für die Umstellung von Tilgungsfondshypotheken so anzusehen sei, als ob am Währungsstichtag in Höhe der Tilgungsleistungen eine Eigentümergrundschuld entstanden gewesen sei.

12. Amtliche Begründung zu § 2 Ziffer 4:

„6. § 2 Ziffer 4 betrifft die noch ungeregelten RM-Ansprüche von Angehörigen der Vereinten Nationen. Ein Grundpfandrecht, das zur Sicherung einer Reichsmarkforderung eines Angehörigen der Vereinten Nationen bestellt worden ist, würde an sich schon nach § 2 Ziffer 1 im Verhältnis 1 : 1 umgestellt sein, wenn der Gläubiger von seinen Rechten aus Art. 13 Umst.VO Gebrauch gemacht hat. § 2 Ziffer 4 geht darüber nach zwei Richtungen hin hinaus: Er schreibt die Umstellung des dinglichen Rechts im Verhältnis 1 : 1 auch dann vor, wenn der Gläubiger von jenen Sonderrechten bisher noch keinen Gebrauch gemacht hat, wenn also die persönliche Forderung zunächst nach den Vorschriften der Umstellungsverordnung, d. h. in der Regel im Verhältnis 10 : 1 umgestellt ist. Ferner sollen auch solche Hypotheken und Grundschulden im Verhältnis 1 : 1 umgestellt werden, die einem Angehörigen der Vereinten Nationen verpfändet oder zur Sicherheit abgetreten worden sind. Es bleibt dem Grundstückseigentümer auch in diesem Fall unbenommen, die Eintragung eines Widerspruchs in das Grundbuch nach § 8 Abs. 2 des Gesetzes zu verlangen. Der mit § 2 Ziffer 4 verfolgte Zweck verbietet eine analoge Anwendung der §§ 1163, 1177 BGB auf den Betrag, in dessen Höhe eine hiernach umgestellte Hypothek infolge der Umstellung der persönlichen Forderung auf einen niedrigeren Betrag z. Z. nicht mehr valutiert ist; dies wird durch § 3 Abs. 1 unter Hinweis auf die noch ausstehende endgültige gesetzliche Regelung des Umstellungsverhältnisses der Reichsmarkverbindlichkeiten gegenüber Angehörigen der Vereinten Nationen klargestellt."

13. Die Definition der Angehörigen der Vereinten Nationen ist in Art. 11 Ziffer 27 Umst.VO enthalten:

„Angehörige der Vereinten Nationen im Sinne dieser Verordnung sind:

(a) Personen, die beim Inkrafttreten dieser Verordnung Staatsangehörige der in der Anlage verzeichneten Länder sind,

(b) juristische Personen und Personenvereinigungen, die nach den Gesetzen eines der bezeichneten Länder errichtet worden sind.

Dies gilt nicht für natürliche und juristische Personen und Personenvereinigungen, bei denen die vorstehenden Voraussetzungen am 8. Mai 1945 nicht zutrafen."

Der dieser Vorschrift wörtlich entsprechende § 13 Abs. 4 UmstGes. hat inzwischen im Bundesgebiet durch das AHK-Ges. Nr. 55 (Amtsbl. der AHK 1951 S. 917) folgende Fassung mit Wirkung vom 27. 6. 1948 erhalten:

„Angehörige der Vereinten Nationen im Sinne dieses Gesetzes sind:

a) natürliche Personen, die zu irgendeinem Zeitpunkt zwischen dem 1. September 1939 und dem 27. Juni 1948 Staatsangehörige einer der Vereinten Nationen waren, oder, bei doppelter Staatsangehörigkeit, die Staatsangehörigkeit einer der Vereinten Nationen besaßen, mit Ausnahme von Personen mit solcher doppelten Staatsangehörigkeit, die zu irgendeinem Zeitpunkt zwischen dem 1. September 1939 und dem 8. Mai 1945 in Deutschland wohnhaft waren und im vollen Genuß der deutschen Staatsbürgerrechte standen;

b) juristische Personen und Personenvereinigungen, die am 8. Mai 1945 gemäß den Gesetzen einer der Vereinten Nationen bestanden und am 27. Juni 1948 gemäß den Gesetzen einer der Vereinten Nationen bestehen."

Der in der Anlage zum UmstGes. enthaltene Katalog der Vereinten Nationen ist durch das AHK-Ges. Nr. 54 (Amtsbl. der AHK 1951 S. 915) ersetzt worden und enthält jetzt folgende Staaten: Ägypten, Äthiopien, Argentinien, Australien, Belgien, Bolivien, Brasilien, Bjelorussische Sozialistische Sowjetrepublik, Canada, Chile, China, Columbien, Costa Rica, Cuba, Dänemark, Die Dominikanische Republik, Ecuador, El Salvador, Frankreich, Griechenland, Guatemala, Haiti, Honduras, Indien, Irak, Iran (Persien), Jugoslawien, Libanon, Liberia, Luxemburg, Mexiko, Neuseeland, Nicaragua, Die Niederlande, Norwegen, Panama, Paraguay, Peru, Die Philippinen, Polen, Saudi Arabien, Südafrikanische Union, Syrien, Tschechoslowakei, Türkei, Ukrainische Sozialistische Sowjetrepublik, Union der Sozialistischen Sowjetrepubliken, Uruguay, Venezuela, Vereinigte Staaten von Amerika, Vereinigtes Königreich von Großbritannien und Nordirland. Bei der grundsätzlichen Angleichung des Berliner Währungsrechtes an das des Bundesgebiets kann angenommen werden, daß alsbald die AHK-Gesetze Nr. 54 und 55 auch für Berlin übernommen werden, da insoweit eine Notwendigkeit für einen Unterschied nicht besteht.

Für juristische Personen gilt nicht die Kontrolltheorie, sondern die Sitztheorie (vgl. im einzelnen Staub, HGB 14. Aufl. Bd. 2 S. 4, Baumbach-Hueck, Akt.-Ges., 6. Aufl. S. 4, Baumbach, GmbH.Ges., 2 Aufl. S. 2); danach kann beispielsweise eine in der Schweiz domilizierende AG die Privilegierung des Art. 11 Umst.VO auch dann nicht in Anspruch nehmen, wenn ihre Aktien in den Händen von USA-Staatsangehörigen sind (ebenso Harmening-Duden I S. 204, Binder-Wetter-Reinbothe S. 92, Wilmanns DRZ 1948 S. 424). Eine amerikanische oder englische Aktiengesellschaft dagegen genießt die Privilegierung auch dann, wenn sich ihre Aktien in italienischem Besitz befinden (vgl. dazu Köller, Bundesanzeiger 1951 Nr. 127 S. 11).

Für Berlin sind die Verbindlichkeiten gegenüber Angehörigen der Vereinten Nationen in Art. 13 Ziffer 29 und 30 Umst.VO geregelt. Im Bundesgebiet ist der diesen Vorschriften entsprechende § 15 Umst.Ges. durch das AHK Ges. Nr. 46 (Amtsblatt der AHK 1951 S. 756) neu gefaßt worden. Es läßt sich z. Z. (1. 7. 51) noch nicht übersehen, ob für Berlin eine entsprechende Regelung erfolgt. Hinsichtlich der (früher in § 15 Abs. 2, jetzt) in § 15 Abs. 3 Umst.Ges. festgelegten Ausgleichsansprüche des Schuldners, der mehr als $^1/_{10}$ zu erfüllen hat, gegen das Land dürfte das kaum anzunehmen sein; davon abgesehen bestehen zur Zeit folgende Unterschiede: Nach § 15 Abs. 2 können in dem Fall, daß der Angehörige der Vereinten Nationen der Umstellung 10 : 1 bis zum 20. 10. 1948 widersprochen hat oder daß er die angebotene Leistung ablehnt, Ansprüche nicht „geltend gemacht" werden, in Berlin können sie nach Ziff. 30 Umst.VO nicht „beigetrieben" werden; der Erfolg ist gleich, denn bei Widerspruch oder Ablehnung ist die Verbindlichkeit nicht umgestellt, und da die Reichsmark nicht mehr zugelassene Währung ist, können auch in Berlin solche Ansprüche nicht nur nicht beigetrieben, sondern auch nicht geltend gemacht werden (so im Ergebnis auch LG Berlin im Urteil vom 15. 3. 1951 — 65/22 O 252/50, nach welchem der Begriff „Geltendmachung" und der Begriff „Eintreibung" gleichbedeutend sind). Nach § 15 Abs. 2 Buchst. b Umst.Ges. kann aber ein Widerspruch oder eine Ablehnung bis zum 31. 12. 1951 widerrufen werden mit der Wirkung, daß der Gläubiger — unbeschadet der ihm durch eine spätere Regelung eventuell zuerkannten weiteren Ansprüche — jetzt schon die ihm nach den allgemeinen Umstellungsvorschriften zustehenden Ansprüche — normalerweise also $^1/_{10}$ — geltend machen kann. In Berlin besteht vorläufig (1. 7. 1951) eine solche Widerrufsmöglichkeit noch nicht. Diese Regelungen und Unterschiede betreffen jedoch nur die obligatorische Seite. Für die Umstellung eines Grundpfandrechtes, das einem Angehörigen der Vereinten Nationen zusteht, ist es ohne Bedeutung, ob er der Umstellung der Forderung widersprochen hat oder nicht; das Grundpfandrecht ist in jedem Fall 1 : 1 umgestellt, auch wenn er auf das Widerspruchsrecht ausdrücklich verzichtet hat (Harmening-Duden II S. 62). Ein Angehöriger der Vereinten Nationen als Gläubiger einer Forderung kann die Annahme der Leistung auch dann ablehnen, wenn infolge Erlöschens des Widerspruchsrechts die Verbindlichkeit 10 : 1 umgestellt sein sollte (im Bundesgebiet § 1 Abs. 2 der 13. DVO z. Umst.Ges., jetzt § 15 Abs. 2 Buchst. a Umst.Ges., in Berlin Dfbst. Nr. 11 — VOBl. 1949 I S. 133 —). Man ersieht aus dem allen, daß das Schicksal der Ansprüche von Angehörigen der Vereinten Nationen offenbar völlig ungeklärt ist, und daraus zieht § 2 Ziffer 4 mit Rücksicht auf die Klarheit des Grundbuches die Konsequenz, daß derartige dingliche Rechte von dem Schicksal der persönlichen Forderung unabhängig 1 : 1 umgestellt sind. Diese Trennung von persönlichem und dinglichem Recht schließt auch die Entstehung einer Eigentümergrundschuld (§§ 1163, 1177 BGB) aus, falls die Umstellung der persönlichen Forderung 10 : 1 eintreten sollte (vgl. Anm. 1 zu § 3, S. 31). Der Eigentümer hat jedoch auch nach einer Eintragung der Umstellung des Grundpfandrechts im Verhältnis 1 : 1 die Möglichkeit, einen Widerspruch dagegen eintragen zu lassen (§ 8 Abs. 2, in der 40. DVO § 5 Abs. 2). Nicht nur, wenn der Angehörige der Vereinten Nationen unmittelbar Gläubiger Grundpfandrechtes ist, greift die Umstellung 1 : 1 Platz, sondern auch, wenn ihm ein Grundpfandrecht von einem anderen verpfändet oder sicherungshalber abgetreten worden ist.

Nach der eingangs dieser Rechtslage wiedergegebenen Regelung in Berlin (und vor dem AHK-Ges. Nr. 55 im Bundesgebiet) waren zwei Stichtage zu beachten (vgl. die ähnliche Lage bei der Baunotabgabe, Ziff. 2 der Anordnung v. 3. 11. 1949, VOBl. 1949 I S. 436 —): Der Gläubiger mußte am 8. Mai 1945 und am Währungsstichtag Angehöriger der Vereinten Nationen gewesen sein; hatte der Gläubiger die Angehörigkeit nach dem 8. Mai 1945 erworben, so kam eine Privilegierung nicht in Betracht (Ziffer 27 Umst.VO), hatte er sie vor dem Währungsstichtag verloren, so war zum Zeitpunkt der Umstellung nicht mehr ein Angehöriger der Vereinten Nationen Gläubiger, in dessen Person eine privilegierte Umstellung erfolgen könnte. Nach dem AHK-Ges. Nr. 55 ist die Rechtslage wesentlich anders: Darnach reicht es aus, wenn eine natürliche Person die Staatsangehörigkeit einer der Vereinten Nationen zwischen dem 1. 9. 1939 und dem 27. 6. 1948 besessen hat; es ist gleichgültig, ob sie diese Staatsangehörigkeit vor oder nach dem 1. 9. 1939 erworben hat und ob sie sie vor dem 27. 6. 1948 verloren hat. Bei juristischen Personen dagegen bestehen die Stichtage vom 8. 5. 1945 und vom 27. 6. 1948; zu beiden Zeitpunkten muß die juristische Person" gemäß den Gesetzen einer der Vereinten Nationen bestehen". Im einzelnen vgl. Köller im Bundesanzeiger 1951 Nr. 127 S. 11.

Hat eine der nach den vorstehenden Bestimmungen privilegierten Personen vor dem Währungsstichtag über das Recht verfügt, und liegt der Privilegierungstatbestand in der Person des Zessionars nicht vor, so entfällt die Privilegierung, weil am Währungsstichtag (Berlin 25. 6. 1948, Bundesgebiet 21. 6. 1948) keine privilegierte Person Inhaber des Rechtes war und für die Modalitäten der Umstellung nur der Währungsstichtag entscheidend ist. Verfügt eine natürliche Person, die Angehörige der Vereinten Nationen ist, nach dem Währungsstichtag zugunsten einer Person, bei der der Privilegierungstatbestand nicht vorliegt, so kann dadurch an der eingetretenen Privilegierung nichts geändert werden. Bei einer juristischen Person dagegen entfällt die Privilegierung auch noch, wenn diese zwischen dem Währungsstichtag und dem im AHK-Ges. Nr. 55 bestimmten Stichtag vom 27. 6. 1948 zugunsten einer nicht-privilegierten Person verfügt; sie bleibt nur bestehen, wenn diese Verfügung nach dem 27. 6. 1948 erfolgt. Die privilegierte Umstellung muß bestehen bleiben, wenn sie nach den — verschiedenen — Stichtagen einmal eingetreten ist (a. A. Cammerer DNotz. 1950 S. 12); es ist nicht möglich, daß die einmal eingetretene Umstellung durch eine nachträgliche Änderung der Rechtsverhältnisse beeinflußt wird; dies würde — besonders auch bei den Privilegierungen in Art. 16 Ziffer 36 Abs. a, 3 Umst.VO — zu einer bedenklichen Rechtsunsicherheit führen.

Praktisch dürfte der letztere Fall der Verfügung kaum vorkommen; denn die Ungewißheit über das Schicksal der Forderung und vor allem die Widerspruchsmöglichkeit des Eigentümers nach § 8 Abs. 2 macht ein Grundpfandrecht eines Angehörigen der Vereinten Nationen für den Rechtsverkehr unbrauchbar, jedenfalls in Höhe von mehr als $^1/_{10}$ des RM-Betrages. In der Zwangsversteigerung werden solche Rechte wie aufschiebend bedingte nach §§ 119, 120 ZVG zu behandeln sein (Duden DRZ 1949 S. 563 und Harmening-Duden II S. 63). Die privilegierte Umstellung nach § 2 Ziffer 3 kommt auch deutschen Staatsangehörigen zugute, die zusammen mit einem Angehörigen der Vereinten Nationen Gesamthandgläubiger sind (LG Kiel MDR 1950 S. 550 und Schl.H.A 1951 S. 26).

14. Amtliche Begründung zu § 2 Ziffer 5:

„7. § 2 Ziffer 5 behandelt den nicht seltenen Fall, daß eine Reichsmarkhypothek zur Sicherung einer Valutaforderung bestellt worden ist. An sich wäre in solchen Fällen die Sicherung der Valutaforderung durch eine Grundschuld am Platz gewesen. Man hat aber statt dessen vielfach neben die Valutaforderung eine abstrakte persönliche Reichsmarkforderung gesetzt, ähnlich einer Wechselforderung, die ihrerseits durch die Hypothek gesichert ist und selbst ebenfalls nur zur Sicherung der zugrunde liegenden Valutaforderung dient. Es würde nicht gerechtfertigt sein, die ungeschmälerte Erhaltung des Sicherungsobjektes für den Gläubiger der Valutaforderung davon abhängig zu machen, ob zufälligerweise die eine oder andere Form der Sicherung gewählt worden ist (im Falle der Sicherung der Valutaforderung durch eine Grundschuld findet § 2 Ziffer 1 Anwendung). Aus diesem Grunde bestimmt § 2 Ziffer 5, daß in solchen Fällen auch eine Hypothek — abweichend von der abstrakten persönlichen Forderung, für die sie bestellt worden ist — im Verhältnis 1 : 1 umgestellt wird. Der Zweck der vorstehenden Vorschrift würde jedoch nicht erreicht werden, wenn die Divergenz zwischen dem Umstellungsbetrag der gesicherten Reichsmarkforderung und dem dinglichen Recht dazu führen würde, daß etwa in Höhe des Differenzbetrages eine Eigentümergrundschuld entstehen würde. Deshalb bestimmt § 3 Abs. 2 vorsorglich, daß die Hypothek in den Fällen der vorliegenden Art ohne Rücksicht auf den Umstellungsbetrag der Reichsmarkforderung, für die sie bestellt worden ist, erst in dem Augenblick auf den Eigentümer übergeht, in dem die Valutaforderung erlischt, deren Sicherung der Zweck der Hypothek ist. Bis zu diesem Augenblick hat also der Eigentümer nur eine Einrede gegen die Geltendmachung des nicht valutierten Teiles der Hypothek, kann aber diesen Teil auch nicht für sich verwerten. Um dieses Ergebnis sicherzustellen, bestimmt § 3 Abs. 2 ferner, daß § 1169 BGB hinsichtlich des Unterschiedsbetrages zwischen der Hypothek und der persönlichen Forderung keine Anwendung findet; der Eigentümer kann also nicht verlangen, daß der Gläubiger auf den nicht valutierten Teil der Hypothek verzichtet. Er kann jedoch nach § 8 Abs. 2 die Eintragung eines Widerspruchs in das Grundbuch verlangen."

15. Zu den in § 2 Ziffer 5 behandelten Fällen siehe bereits oben Anm. 3 S. 10. Die Währung von Hypothek und zugrunde liegender Forderung kann mit Rücksicht auf § 1115 BGB nicht verschieden sein, wohl aber die

Währung der Grundschuld und der Forderung, zu deren Sicherung sie dienen soll. Soll also eine Valutaforderung durch RM-Hypothek gesichert werden, so muß neben die Valutaforderung eine der RM-Hypothek zugrunde liegende RM-Forderung gesetzt werden. Diese ist nach den allgemeinen Umstellungsvorschriften, d. h. normalerweise 10 : 1 umgestellt während die Valutaforderung nicht umgestellt ist. Nach § 2 Ziffer 5 ist in solchen Fällen eine RM-Hypothek nicht nach § 1 Abs. 1 entsprechend der Umstellung der RM-Forderung, sondern mit Rücksicht auf die Sicherung der Valutaforderung 1 : 1 umgestellt. In Höhe der Differenz von 90% zwischen RM-Forderung (10 : 1) und RM-Hypothek (1 : 1) kann jedoch der Eigentümer nicht Verzicht des Gläubigers verlangen und es kann (vor Erlöschen der Valutaforderung) keine Eigentümerschuld entstehen (§ 3 Abs. 2); der Gläubiger andererseits kann die Hypothek in Höhe von 90% nicht verwerten, da insoweit der Eigentümer einen Widerspruch eintragen lassen kann (§ 8 Abs. 2). Vgl. dazu auch Reinicke MDR 1949 S. 730.

16. Amtliche Begründung zu § 2 Ziffer 6:

„9. Fremdgrundschulden, die nicht zu Sicherungszwecken bestimmt sind, werden grundsätzlich im Verhältnis 10 : 1 umgestellt. Nach § 2 Ziffer 6 gilt jedoch das Umstellungsverhältnis 1 : 1 in folgenden Fällen:

a) Wenn die Grundschuld auf einem Rechtsverhältnis der im Art. 16 Ziff. 36 Abs. a Umst.VO bezeichneten Art beruht, z. B. wenn ein Erbe bei einer Erbauseinandersetzung dem Miterben eine Grundschuld bestellt hat, ohne daß zugleich eine persönliche Forderung begründet ist. Wenn jedoch eine der in Artikel II des Gesetzes enthaltenen Ausnahmen von der Umstellung im Verhältnis 1 : 1 vorliegen sollte, so gilt das gleiche nach § 7 auch für Fremdgrundschulden dieser Art, die nicht zu Sicherungszwecken bestimmt sind.

b) Wenn bei der Grundschuld die Voraussetzungen vorliegen, unter denen eine Reichsmarkverbindlichkeit nach den Vorschriften der Umstellungsverordnung nicht auf Deutsche Mark umgestellt wird; hierunter fallen forderungslose Grundschulden auf Grundstücken von Rechtsträgern der im Art. 12 Umst.VO bezeichneten Art."

17. Zu den in § 2 Ziffer 6 genannten forderungslosen Fremdgrundschulden siehe Anmerkung 6 zu § 1 S. 7 und Anmerkungen 1 u. 2 zu § 7 S. 51. Der Ausdruck „auf einem Rechtsverhältnis . . . . beruht" dürfte bedeuten, daß ein solches Rechtsverhältnis der Grund, die „causa", für die Bestellung der forderungslosen Fremdgrundschuld gewesen sein muß. Duden DRZ 1949 S. 562 bemerkt zu der in § 2 Ziffer 6 getroffenen Regelung mit Recht, daß sie in Buchstabe a die Regelung des § 1 Abs. 2, d. h. die Gleichstellung von forderungslosen Fremdgrundschulden mit obligatorischen Forderungen, ergänzt, weil nach Buchstabe a forderungslose Fremdgrundschulden, bei denen ein Privilegierungstatbestand vorliegt, genau so behandelt werden, wie obligatorische Forderungen, bei denen ein solcher Tatbestand vorliegt (und ebenso die Ausnahmen von der Privilegierung nach Artikel II), während sie in Buchstabe b von diesem Grundsatz der Gleichstellung von forderungslosen Fremdgrundschulden und Forderungen

abweicht: Wenn eine Forderung nicht umgestellt wird, wird die forderungslose Fremdgrundschuld nicht wie eine Forderung, sondern wie ein forderungsbekleidetes Grundpfandrecht nach § 2 Ziffer 1 behandelt und bleibt Gläubigerrecht. Es handelt sich bei Ziffer 6 Buchstabe b der Berliner Fassung nur um Grundschulden mit einem der in Art. 12 Umst.VO genannten Rechtsträger (Reich usw.) als Schuldner. Der in Ziffer 6 Buchstabe b der 40. DVO behandelte weitere Fall des Erlöschens (Verbindlichkeiten zwischen Geldinstituten, § 18 Abs. 3 Umst.Ges.) kommt in Berlin nicht in Betracht, hier sind auch solche Forderungen 10 : 1 umgestellt (Art. 18 Ziff. 38 Umst.VO), und es gilt daher nach § 1 Abs. 2 Umstellung der forderungslosen Fremdgrundschuld 10 : 1. Im Bundesgebiet geht die in einem solchen Fall 1 : 1 umgestellte forderungslose Fremdgrundschuld nach § 3 Abs. 4 auf den Eigentümer über (vgl. die angegebenen Bestimmungen in Text und Begründung der 40. DVO, Teil II S. 140 sowie Lauterbach, ZJBl. 1949 S. 219 und Harmening-Duden, II S. 58). Über die Rechtslage bei umstellungsmäßiger Verschiedenheit einer Grundschuld und der gesicherten Forderung infolge Abtretung der Grundschuld vgl. Reinicke MDR 149 S. 730. Über Vertragshilfe bei forderungslosen Fremdgrundschulden vgl. Duden DRZ 1949 S. 359.

§ 3

(1) Wird eine durch Hypothek, Grundschuld oder Rentenschuld gesicherte Forderung, die bei Ablauf des 24. Juni 1948 einem Angehörigen der Vereinten Nationen zustand oder an einen Angehörigen der Vereinten Nationen verpfändet oder sicherungshalber abgetreten war, nach den Vorschriften der Umstellungsverordnung auf einen niedrigeren Betrag umgestellt als nach § 2 Ziffer 4 das dingliche Recht, so hat dies für das dingliche Recht bis zur endgültigen gesetzlichen Regelung des Umstellungsverhältnisses der Reichsmarkverbindlichkeiten gegenüber Angehörigen der Vereinten Nationen nicht die Rechtswirkungen des Erlöschens der Forderung in Höhe des Unterschiedsbetrages.

(2) In den Fällen des § 2 Ziffer 5 geht die Hypothek ohne Rücksicht auf den Umstellungsbetrag der Reichsmarkforderung, für die sie bestellt worden ist, erst in dem Zeitpunkt auf den Eigentümer über, in dem die auf ausländische Währung lautende Forderung erlischt, deren Sicherung der Zweck der Hypothek ist. Soweit dem Eigentümer gegen die Geltendmachung der Hypothek eine Einrede zusteht, weil der Umstellungsbetrag der Hypothek höher ist als der Umstellungsbetrag der Reichsmarkforderung, findet § 1169 des Bürgerlichen Gesetzbuches keine Anwendung.

(3) Durch die Umstellung einer Hypothek, Grundschuld oder Rentenschuld nach den Vorschriften dieses Gesetzes werden etwa bestehende Vereinbarungen über die Stellung von Sicherheiten nicht berührt.

Anmerkungen:

1. Die amtliche Begründung zu § 3 Abs. 1 ist bereits in Ziffer 6 der Begründung zu § 2 Ziffer 4 (oben Anm. 12 zu § 2 S. 24) enthalten. § 3 Abs. 1 geht einmal davon aus, daß die Umstellung der persönlichen Forderung eines Angehörigen der Vereinten Natoinen noch nicht endgültig feststeht, jedoch die bisherige Gesetzgebung die Annahme nicht ausschließt, eine solche Forderung könne 10 : 1 umgestellt sein. Ein Grundpfandrecht, das eine solche Forderung sichert, ist in jedem Fall nach § 2 Ziff. 4 im Verhältnis 1 : 1 umgestellt; infolgedessen können unter Umständen $^9/_{10}$ eines solchen Grundpfandrechts nicht valutiert sein. § 3 Abs. 1 geht weiterhin davon aus, daß man ohne entgegenstehende Vorschrift annehmen könnte, infolge des Mangels der Valutierung sei in Höhe dieser $^9/_{10}$ ein Eigentümergrundpfandrecht in analoger Anwendung der §§ 1163, 1177 BGB entstanden. In Ziffer 6 der Vorbemerkung vor § 1 (S. 4) ist bereits dargelegt, daß die Umstellung einer Forderung von Reichsmark in Deutsche Mark im Verhältnis 10 : 1 kein „Erlöschen" eines Forderungsteils von 90% zur Folge hat, weil es sich um eine „Umwertung" handelt, daß infolgedessen § 1163 Abs. I Satz 2 BGB nicht anwendbar ist, und daß aus diesen Gründen ein Grundpfandrecht nur derselben Höhe wie die umgestellte Forderung bestehen kann, ohne daß Raum für die Entstehung eines Eigentümergrundpfandrechtes wäre. Bei den Grundpfandrechten von Angehörigen der Vereinten Nationen ist jedoch die Rechtslage anders. Für sie bestimmt § 2 Ziffer 4 die Umstellung im Verhältnis 1 : 1 ohne Rücksicht auf die Umstellung der Forderung, so daß also hier im Gegensatz zu dem vorerwähnten Fall ein nichtvalutierter Teil eines Grundpfandrechtes vorhanden sein kann. Aber auch hierbei ist die „Umstellung" der Forderung kein Erlöschen von 90%, so daß § 1163 BGB jedenfalls unmittelbar nicht zur Anwendung kommt; eine analoge Anwendung jedoch, von welcher die amtliche Begründung spricht, wäre denkbar, da nach § 2 Ziffer 4 für das Verhältnis eines Grundpfandrechtes eines Angehörigen der Vereinten Nationen zur Forderung eine ähnliche Lage besteht, wie sie § 1163 Abs. I Satz 2 BGB zur Voraussetzung hat. Da dies jedoch nicht dem Sinn des § 2 Ziff. 4, nämlich dem Angehörigen der Vereinten Nationen sein Gläubigerrecht bis zu einer endgültigen Klarstellung der Rechtsverhältnisse unbeschnitten zu erhalten, entsprechen würde, schließt § 3 Abs. 1 eine auch nur analoge Anwendung des § 1163 BGB aus.

2. Die amtliche Begründung zu § 3 Abs. 2 ist bereits in Ziffer 7 der Begründung zu § 2 Ziffer 5 enthalten (oben Anm. 14 zu § 2 S. 28). § 3 Abs. 2 betrifft den Fall, daß zwischen der zur mittelbaren Sicherung einer Valutaforderung bestellten, nach § 2 Ziff. 5 im Verhältnis 1 : 1 umgestellten RM-Hypothek und der dieser Hypothek unmittelbar zugrunde liegenden, im Verhältnis 10 : 1 umgestellten RM-Forderung ein nichtvalutierter Hypothekenteil von 90% besteht, also eine ähnliche Rechtslage wie nach § 3 Abs. 1 bei Grundpfandrechten von Angehörigen der Vereinten Nationen. Auch hier wird die Konsequenz gezogen, daß ein Eigentümerrecht erst entstehen darf, wenn das Schicksal der Forderung, deren Sicherung das Grundpfandrecht materiell dienen soll, also der Valutaforderung, feststeht; vorher ist eine analoge Anwendung der §§ 1163 und

1169 BGB, die etwa mit Rücksicht darauf in Erwägung gezogen werden könnte, daß das Grundpfandrecht 1 : 1, die unmittelbar zugrunde liegende RM-Forderung aber 10 : 1 umgestellt ist, ausgeschlossen. Darüber, wie es zu diesem Nebeneinander von RM- und Valutaforderung kommen kann, vgl. Anm. 15 zu § 2 S. 29.

3. Amtliche Begründung zu § 3 Absatz 3:

„8. Infolge der Änderungen, die sich im Laufe der Zeit in den Kursrelationen zwischen der Reichsmark bzw. der Deutschen Mark und den ausländischen Währungen ergeben haben, kann es vorkommen, daß der Nennbetrag eines zur Sicherung einer Valutaforderung bestimmten Grundpfandrechts trotz seiner Umstellung im Verhältnis 1 : 1 nicht mehr dem DM-Gegenwert der Valutaforderung entspricht. § 3 Abs. 3 stellt daher zwecks Ausräumung von Zweifeln klar, daß etwaige vertragliche Verpflichtungen, dem Gläubiger jederzeit ausreichende Sicherheiten zu bestellen, durch die Umstellung eines Grundpfandrechts nach den Vorschriften der vorliegenden Verordnung nicht berührt werden."

4. Der im übrigen gleichlautende § 3 der 40. DVO (vgl. Teil II/1 S. 140) enthält einen dem Berliner Gesetz fehlenden Absatz 4, nach welchem eine nach § 2 Ziff. 1 Buchstabe b der 40. DVO umgestellte Grundschuld auf den Eigentümer übergeht, wenn Gläubiger und Eigentümer Geldinstitute im Währungsgebiet sind. Dies hängt damit zusammen, daß im Bundesgebiet nach § 18 Abs. 3 Umst.Ges. Reichsmarkverbindlichkeiten zwischen Geldinstituten erlöschen, entsprechende Grundpfandrechte aber nach § 2 Ziff. 1 bzw. § 2 Ziff. 6 Buchstabe b der 40. DVO 1 : 1 umgestellt sind, während in Berlin nach Art. 16 Ziff. 38 Umst.VO Reichsmarkverbindlichkeiten zwischen Geldinstituten 10 : 1 umgestellt sind und für Grundpfandrechte nach § 1 Abs. 1 und 2 das gleiche gilt (vgl. im einzelnen Ziff. 3 Buchstabe c der Amtl. Begründung, wiedergegeben Anm. 2 zu § 2 S. 9 und Anm. 17 zu § 2 S. 30). Aus diesem Grund ist eine dem § 3 Abs. 4 der 40. DVO entsprechende Bestimmung in dem Berliner Gesetz entbehrlich gewesen.

§ 4

Auf Reallasten, die auf Zahlung von Reichsmark, Rentenmark, Goldmark oder Feingold lauten, sind die Vorschriften des ersten und zweiten Abschnittes des Teils II der Umstellungsverordnung anzuwenden.

Anmerkungen:

1. Amtliche Begründung zu § 4:

„10. Bei Reallasten, die auf Zahlung von Reichsmark, Rentenmark, Goldmark oder Feingold lauten, bestehen keine Bedenken dagegen, sie umstellungsrechtlich ebenso zu behandeln wie

Reichsmarkforderungen. Demgemäß bestimmt § 4, daß die Vorschriften des ersten und zweiten Abschnittes des Teils II der Umstellungsverordnung auf solche Reallasten anzuwenden sind. Sie werden daher in der Regel gemäß Artikel 16 Ziffer 36 Absatz a, 1 Umstellungsverordnung im Verhältnis 1 : 1 umzustellen sein."

2. Die Reallasten der §§ 1105 ff. BGB unterscheiden sich von den Rentenschulden der §§ 1199 ff. BGB vor allem darin, daß bei der Reallast wiederkehrende „Leistungen" aus dem Grundstück zu erbringen sind, während bei der Rentenschuld zu regelmäßig wiederkehrenden Terminen eine „Geldsumme" aus dem Grundstück zu zahlen ist, und daß bei der Rentenschuld der Betrag der Ablösungssumme bestimmt und im Grundbuch eingetragen sein muß, während sich die Ablösung der Reallast nach Landesrecht richtet (Artikel 113 EGBGB). Die Reallast gehört zwar nicht zu den Grundpfandrechten, ist aber ebenso wie diese ein Verwertungsrecht des Grundstücks, deshalb ist auch § 4 vorsichtshalber unter den Ausnahmen in § 1 aufgezählt. Der wirtschaftliche Unterschied ist, daß die Rentenschuld eine Form des Grundkredits, die Reallast eine Form „mittelbarer wirtschaftlicher Nutzung des Grundstücks" darstellt (Palandt, Überblick vor § 1105 Anm. 1, a S. 1140). In ländlichen Kreisen insbesondere hat die Reallast Bedeutung als Altenteilsrecht, bei dem meist Naturalleistungen den Inhalt der Reallast bilden. Über die Umwandlung solcher Naturalleistungen in Geldverpflichtungen vgl. VO vom 29. 7. 1940 (RGBl. I S. 1045), von der aber zweifelhaft sein kann, ob sie nach dem Wegfall der Bewirtschaftung noch anwendbar ist.

3. Die gesamten Vorschriften des Teils II Umstellungsverordnung finden Anwendung, es ist also nicht nur eine Umstellung 1 · 1 nach Artikel 16 Ziffer 36 Absatz a, 1 (III), sondern theoretisch auch eine solche 10 : 1 nach Artikel 14 Ziffer 32 möglich. Bei einer auf Naturalleistungen gehenden Reallast werden Umstellungsfragen garnicht akut. Bei auf RM-Leistungen lautenden Reallasten führen die Begründungen zu dem Berliner Gesetz und zur 40. DVO gleichlautend aus, daß sie „in der Regel" 1 : 1 umgestellt sein werden, jedoch macht die Begründung zur 40. DVO die Einschränkung, daß „anderes gelte z. B. bei den als Reallasten eingetragenen Siedlungsrenten, denen eine Kapitalschuld zugrunde liegt" (vgl. Teil II/2 S. 152, ebenso Harmening-Duden, II S. 64). Die Rentenreallast hat zwar mit der Rentenschuld des § 1199 BGB große Ähnlichkeit. Man unterscheidet auch bei der Reallast zwischen dieser als Ganzem und zwischen den Einzelleistungen (vgl. Palandt Anm. 1 zu § 1107 S. 1142). Auf letztere finden die Vorschriften für Zinsen der Hypothekenforderung entsprechende Anwendung (§ 1107 BGB) — die Betonung liegt hier aber auf „entsprechende". Die wiederkehrenden Leistungen bei der Reallast sind nach deren Rechtsnatur nicht wie die Hypothek und die Zinsen der Hypothekenforderung abhängig von einer kapitalisierten Forderung. Bei der Reallast sind die wiederkehrenden Leistungen das Primäre und deshalb für die Umstellung Entscheidende; aus diesem Grund dürfte eine andere Umstellung als 1 : 1 kaum möglich sein. Auch Palandt, Überblick vor § 1105, Anm. 1, d S. 1140 spricht sich ohne Einschränkung für eine Umstellung 1 : 1 aus. (Vgl. dazu auch Schoan, DRZ 1950 S. 351.)

Artikel II

Besondere Fälle der Umstellung

Vorbemerkung:

1. Die zusammenfassende Einleitung der amtlichen Begründung zu Artikel II lautet:

„I. Nach Artikel 16 Ziffer 36 Absatz a, 3 Umstellungsverordnung ist eine Umstellung im Verhältnis 1 : 1 für eine Reihe von besonders gelagerten Verbindlichkeiten vorgeschrieben. Dazu gehören nach der herrschenden Meinung, die auch dieses Gesetz zum Ausgangspunkt genommen hat, die sogenannten Restkaufgeldforderungen, die unter den Begriff „Verbindlichkeiten, die der Übernehmer einer unbeweglichen Sache dem anderen Vertragsteil gegenüber eingegangen ist", fallen. Es ist jedoch denkbar und auch bereits in Literatur und Rechtsprechung erörtert worden, daß derartige Verbindlichkeiten durch besondere Umstände eine solche Veränderung ihrer Rechtsnatur erfahren können, daß nicht mehr die Umstellung gemäß Artikel 16 Ziffer 36 Absatz a, 3 Umstellungsverordnung im Verhältnis 1 : 1 gerechtfertigt erscheint, sondern daß sie wie andere Reichsmarkverbindlichkeiten im Rahmen des Artikel 14 Umstellungsverordnung im Verhältnis 10 : 1 umgestellt sein müssen. Diese von der grundsätzlichen Regelung des Artikel 16 Ziff 36 Absatz a, 3 Umstellungsverordnung abweichenden Fälle sind in den §§ 5 bis 7 behandelt; in diesen Bestimmungen ist also anders als in Artikel I nicht nur die Umstellung des dinglichen Rechts, sondern auch die der persönlichen Forderung geregelt; dieser Unterschied bedingt auch, daß diese Fälle verfahrensrechtlich anders behandelt werden als die Fälle des Artikels I (vgl. insoweit Abschnitt III Ziffer 5 der Begründung)."

2. Vergleiche dazu auch Abschnitt II des „Zusammenfassenden Überblickes" (Ziffer 1 der Vorbemerkung zu Teil I S. 1 und Ziffer 3 der Vorbemerkung zu Teil 1 S. 3).

3. Artikel 16 Ziffer 36 Absatz a der Umstellungsverordnung lautet:

„36. (a) Folgende Reichsmarkverbindlichkeiten werden in Abweichung von Artikel 14 mit der Wirkung auf deutsche Mark umgestellt, daß der Schuldner für jede Reichsmark eine Deutsche Mark zu zahlen hat:

1. Die nach dem 25. Juni 1948 fälligen

(I) Löhne, Gehälter, Renten, Pensionen und ähnlichen wiederkehrenden Leistungen, unbeschadet der Vorschriften der Ziffer 36 (b) und Ziffer 50 dieser Verordnung.

(II) Miet- und Pachtzinsen und ähnlichen wiederkehrenden Leistungen, unbeschadet der Bestimmung des § 4a der Währungsverordnung.

(III) Altenteile und ähnlichen wiederkehrenden Leistungen.

2. Verbindlichkeiten aus Kaufverträgen und Werkverträgen, wenn und soweit die Gegenleistung vor dem 26. Juni 1948 noch nicht bewirkt war.

3. Verbindlichkeiten aus der Auseinandersetzung zwischen Gesellschaftern, Miterben, Ehegatten, geschiedenen Ehegatten, Eltern und Kindern, Verbindlichkeiten gegenüber Pflichtteilsberechtigten

und Vermächtnisnehmern sowie Verbindlichkeiten, die der Übernehmer einer unbeweglichen Sache oder eines Vermögens dem anderen Vertragsteil gegenüber oder zur Abfindung eines Dritten eingegangen ist."

4. Zur Erleichterung des Verständnisses sei der die gleichen Rechtsverhältnisse regelnde § 18 des im Bundesgebiet geltenden Umstellungsgesetzes gegenübergestellt:

„(1) Folgende Reichsmarkverbindlichkeiten werden in Abweichung von § 16 mit der Wirkung auf Deutsche Mark umgestellt, daß der Schuldner für jede Reichsmark eine Deutsche Mark zu zahlen hat:

1. Löhne und Gehälter, Miet- und Pachtzinsen, Altenteile, Renten, Pensionen und andere regelmäßig wiederkehrende Leistungen, die nach dem 20. Juni 1948 fällig geworden sind oder fällig werden,
2. Verbindlichkeiten aus Kaufverträgen und Werkverträgen, wenn und soweit die Gegenleistung vor dem 21. Juni 1948 noch nicht bewirkt war,
3. Verbindlichkeiten aus der Auseinandersetzung zwischen Gesellschaftern, Miterben, Ehegatten, geschiedenen Ehegatten, Eltern und Kindern, Verbindlichkeiten gegenüber Pflichtteilberechtigten und Vermächtnisnehmern sowie Verbindlichkeiten, die der Übernehmer eines Guts oder eines Vermögens dem anderen Vertragsteil gegenüber zur Abfindung eines Dritten eingegangen ist."

5. Zum Verständnis der Fassung, die Artikel II erhalten hat, ist es erforderlich, kurz auf die Entwickelung einzugehen. In der Fassung, die Artikel II zunächst nach dem Magistratsbeschluß vom 11. 4. 1950 (JR 1950 S. 317) erhalten hat, sind die drei in Artikel 16 Ziffer 36 Absatz a, 3 Umstellungsverordnung vereinigten, ihrem inneren Gehalt nach aber verschiedenen Tatbestände — Auseinandersetzungsverbindlichkeiten, Verbindlichkeiten aus der Übernahme einer unbeweglichen Sache und Verbindlichkeiten aus einer Vermögensübernahme — getrennt gewesen: In § 5 Absatz 1 sind die Verbindlichkeiten aus der Vermögensübernahme behandelt gewesen, bei denen ein rechtsschäftlicher Gläubigerwechsel zu einem Verlust der privilegierten Umstellung 1 : 1 führt, und zwar ohne Ausnahme. In § 5 Absatz 2 sind die Auseinandersetzungsverbindlichkeiten behandelt gewesen, bei denen gleichfalls ein rechtsgeschäftlicher Gläubigerwechsel zum Verlust der privilegierten Umstellung 1 : 1 führt, jedoch mit der Ausnahme, daß die Privilegierung erhalten bleibt, wenn der Gläubigerwechsel zwischen Personen stattfindet, die zu dem bei einer Auseinandersetzung bevorzugten Personenkreis gehören. In § 6 sind die Verbindlichkeiten aus der Übernahme einer unbeweglichen Sache behandelt gewesen, bei denen ein Verlust der privilegierten Umstellung 1 : 1 dann eintritt, wenn — nach der Magistratsfassung — die Verbindlichkeit vor dem 1. 1. 1933 begründet worden ist oder wenn ein rechtsgeschäftlicher Gläubigerwechsel eingetreten ist, in letzterem Fall jedoch mit der Ausnahme, daß ein Gläubigerwechsel zwischen den bei einer Auseinandersetzung bevorzugten Personen nichts an der privilegierten Umstellung ändert. In den Ausschußberatungen ist zunächst beschlossen worden, als Stichtag in § 6 den 1. 9. 1939 zu wählen. Sodann ist erörtert worden, die Verbindlichkeiten aus der Vermögensübernahme (§ 5 Absatz 1) auch dem Stichtag zu unterwerfen. Man hat also den § 5 Absatz 1 in den § 6 ein-

gearbeitet, und § 5 Absatz 2 (Auseinandersetzungsverbindlichkeiten) ist dadurch zum § 5 Absatz 1 geworden. Im Laufe der weiteren Erörterung ist der inzwischen auf den 1. 9. 1939 geänderte Stichtag für die Verbindlichkeiten aus der Übernahme eines Vermögens als zu weitgehend und nicht akzeptabel erschienen. Man hat deshalb diesen Komplex aus § 6 wieder herausgenommen und als zweiten Satz an den die Auseinandersetzungsverbindlichkeiten regelnden ersten Satz des Absatzes 1 von § 5 angehängt, so daß sich nun der neue Absatz 2 von § 5, der das Bestehenbleiben der Privilegierung bei Gläubigerwechsel zwischen Auseinandersetzungsberechtigten bestimmt, nur auf den ersten Satz des Absatzes 1 von § 5 bezieht, von dem er durch den zweiten Satz getrennt ist — das Ergebnis ist genau das gleiche wie nach der ursprünglichen Magistratsfassung, und man wird kaum behaupten können, daß § 5 gesetzestechnisch durch diese Umstellung der Absätze gewonnen hat.

6. Für Verfahren, welche die im Artikel II behandelten Umstellungsfälle betreffen, gelten nicht die Vorschriften des § 9, sondern es verbleibt bei der sachlichen Zuständigkeit der streitigen Gerichtsbarkeit — vgl. § 10 und Anmerkungen dazu, S. 63. Wenn schon vor Verkündung dieses Gesetzes Entscheidungen der Gerichte ergangen sind, die mit den Vorschriften des Artikel II nicht im Einklang stehen, so können solche Verfahren ohne Rücksicht auf die Rechtskraft erneut anhängig gemacht werden (§ 11); diese Vorschrift ist mit Rücksicht auf die widerspruchsvolle Rechtsprechung des Kammergerichts notwendig gewesen (vgl. Anmerkung 2 zu § 6 S. 46).

§ 5

(1) Verbindlichkeiten aus der Auseinandersetzung zwischen Gesellschaftern, Miterben, Ehegatten, geschiedenen Ehegatten, Eltern und Kindern, Verbindlichkeiten gegenüber Pflichtteilsberechtigten und Vermächtnisnehmern, sowie Hypotheken, Grundschulden und Rentenschulden, die zur Sicherung solcher Verbindlichkeiten bestellt sind, sind in Abweichung von der Vorschrift des Artikel 16 Ziffer 36 Absatz a, 3 der Umstellungsverordnung dann mit der Wirkung umgestellt, daß an die Stelle von zehn Reichsmark eine Deutsche Mark der Bank Deutscher Länder tritt, wenn der Berechtigte sein Recht aus der Verbindlichkeit durch Rechtsgeschäft übertragen hat. Das gleiche gilt für Verbindlichkeiten, die der Übernehmer eines Vermögens dem anderen Vertragsteil gegenüber oder zur Abfindung eines Dritten eingegangen ist sowie für Hypotheken, Grundschulden und Rentenschulden, die zur Sicherung solcher Verbindlichkeiten bestellt sind.

(2) Ist die Übertragung gemäß Absatz 1 Satz 1 an einen aus dem gleichen Rechtsgrund Mitberechtigten erfolgt, so verbleibt es bei einer Umstellung der Verbindlichkeit und der Hypothek, Grundschuld oder Rentenschuld entsprechend Artikel 16 Ziffer 36 Absatz a, 3 der Umstellungsverordnung mit der Wirkung, daß an die Stelle von einer Reichsmark eine Deutsche Mark der Bank Deutscher Länder tritt.

Anmerkungen:

1. Amtliche Begründung zu § 5 Absatz 1 Satz 1 und Absatz 2:

„1. § 5 Absatz 1 Satz 1 betrifft die in Artikel 16 Ziffer 36 Absatz a, 3 Umstellungsverordnung besonders geregelten Auseinandersetzungsverbindlichkeiten. Bei diesen steht das Gesetz auf dem Standpunkt, daß eine rechtsgeschäftliche Übertragung den Grund für eine bevorzugte Umstellung im Verhältnis 1 : 1 wegfallen läßt. Der Grund für diese Abweichung liegt darin, daß im Fall der rechtsgeschäftlichen Übertragung der ursprünglich Berechtigte den vollen Gegenwert von dem Zessionar erhalten hat und deshalb kein Anlaß mehr besteht, eine solche Verbindlichkeit vor anderen rechtsgeschäftlichen Verbindlichkeiten zu bevorzugen. Das vorliegende Gesetz folgt also nicht der in der Rechtsprechung vereinzelt aufgetauchten Ansicht, daß lediglich der Entstehungsgrund einer Forderung die Ursache für ihre bevorzugte Umstellung bildet, sondern gibt der entgegenstehenden Ansicht Raum, daß die Person des ursprünglich Berechtigten die Ursache für eine Bevorzugung darstellt. Da jedoch die Person des Berechtigten für die Bevorzung entscheidend ist, muß diese auch aufrecht erhalten bleiben, wenn etwa der rechtsgeschäftliche Erwerber gleichfalls zu dem nach Artikel 16 Ziffer 36 Absatz a, 3 Umstellungsverordnung bevorzugten Personenkreis gehört; dies ist im zweiten Absatz zum Ausdruck gebracht."

2. Die Frage, wann eine nach Artikel 16 Ziffer 36 Absatz a, 3 Umstellungsverordnung im Verhältnis 1 : 1 umgestellte Auseinandersetzungsverbindlichkeit vorliegt, ist im Laufe der Zeit in Literatur und Rechtsprechung mehr und mehr umstritten geworden; ein Kommentar zur Umstellung der Grundpfandrechte und zu der für Forderungen in Artikel II getroffenen Sonderregelung kann auf diese Frage nicht im einzelnen eingehen. Es muß insoweit auf die Ausführungen von Harmening-Duden, I S. 248 ff. und besonders von Binder-Wetter-Reinbothe, II/2 S. 192 ff. verwiesen werden. Zusätzlich zu der bei Binder-Wetter-Reinbothe, II/2 S. 142 und S. 192 angegebenen Literatur sei noch auf folgendes hingewiesen: Allgemein zu Auseinandersetzungsverbindlichkeiten Skaupy JR 1949 S. 20, Weber NJW 1949 S. 294, Kohler NJW 1949 S. 731, Patsche BB 1951 S. 184, zur Auseinandersetzung zwischen Eheleuten OLG Frankfurt NJW 1949 S. 311, OLG Hamm JMBl. NW 1950, S. 264, Bayer. ObLG JMBl. Bayern 1951 S. 58, OLG Stuttgart SJZ 1950 Sp. 750 u. DRiz 1951 S. 74, OLG Braunschweig Nds.Rpfl. 1951 S. 84, BGH NJW 1951 S. 355 und OGH BZ NJW 1950 S. 144, MDR 1950 S. 92 mit weitgehender Definition des Begriffes Auseinandersetzung, OLG Oldenburg NdsRpfl. 1951 S. 34 insbes. zum Rückgewährungsanspruch aus eingebrachtem Gut, zur Ausstattung und Aussteuer Stepp MDR 1950 S. 194, AG Hannover MDR 1950 S. 298, LG Köln DRZ 1949 S. 331, zur Auseinandersetzung zwischen Eltern und Kindern Bayer. ObLG NJW 1951 S. 24 u. 25 u. JZ 1951 S. 87, OLG Hamm JMBl. NW 1950 S. 183 ff. und S. 263 ff. sowie MDR 1951 S. 363, OLG Düsseldorf NJW 1951 S. 156 und JMBl.NW 1951 S. 8, zur Erbauseinandersetzung LG Bochum MDR 1949 S. 692, LG Köln NJW 1949 S. 951, OLG Hamm JMBl.NW 1949 S. 61 und MDR 1951 S. 363, OLG Düsseldorf NJW 1950 S. 33, OLG Hamm NJW 1951 S. 33 und S. 34, BGH NJW 1951 S. 355 zum Vermächtnis OLG Hamm DRZ 1949 S. 470 und MDR 1950 S. 114,

Pflichtteil OLG München SJZ 1950 S. 125, zum Unterschied zwischen Darlehen und Gesellschaftsauseinandersetzung LG Berlin HuW 1950 S. 454, zur Auseinandersetzung bei der stillen Gesellschaft Reinicke MDR 1949 S. 201, OLG Hamm JR 1950 S. 156 und MDR 1950 S. 44, KG DRZ 1950 S. 874, OLG Oldenburg Nds.Rpfl. 1951 S. 85, Bayer. ObLG JZ 1951 S. 303, bei der KG LG Wiesbaden JR 1949 S. 415, über Aktienveräußerung als Auseinsetzung siehe BB 1951 S. 403. Eine teilweise Zusammenstellung der vorstehenden Entscheidungen ist in JuV 1950 S. 186 enthalten. Hinsichtlich solcher Auseinandersetzungsforderungen besteht nach der Regelung des § 18 Absatz 1 Ziffer 3 Umstellungsgesetz im Bundesgebiet und der Regelung des Artikel 16 Ziffer 36 Absatz a, 3 Umstellungsverordnung in Berlin kein Unterschied — diese Vorschriften differieren nur hinsichtlich der Verbindlichkeiten aus Vermögensübernahme und aus Gutsübernahme, vgl. Anmerkung 8 und zu § 6 Anmerkung 2 S. 45.

3. Die Frage, ob ein Gläubigerwechsel bei einer Forderung, die unter die Privilegierungsvorschriften der Umstellungsgesetzgebung fällt, den Verlust der privilegierten Umstellung 1 : 1 zur Folge haben kann, ist in Schrifttum und Rechtsprechung lebhaft umstritten. Dabei kommt durchgängig nicht klar zum Ausdruck, ob ein Gläubigerwechsel vor oder nach dem Umstellungsstichtag gemeint ist. So führt z. B. Bergmann NJW 1947/48 S. 705 aus, spätere rechtliche Veränderungen, u. a. Abtretung, seien ohne Einfluß auf die Privilegierung, „mögen sie vor oder nach der Währungsreform liegen"; er läßt damit erkennen, daß auch der Einfluß von nach der Währungsumstellung liegenden Veränderungen der Erörterung wert sei. Insoweit aber können gar keine Zweifel bestehen, und es ist Bergmann a. a. O. Recht zu geben, daß ein Gläubigerwechsel, der nach dem Währungsstichtag liegt (in Berlin 25. Juni 1948, im Bundesgebiet 21. Juni 1948), an der privilegierten Umstellung nichts ändern kann. Die Umstellung — gleichgültig ob 10 : 1 oder 1 : 1 — tritt mit dem Währungsstichtag ein (bei Grundpfandrechten siehe § 26 Absatz 1). An dieser einmal eingetretenen Umstellung kann grundsätzlich nur durch Gesetz etwas geändert werden, andere Änderungen tatsächlicher oder rechtlicher Natur bleiben auf die eingetretene Umstellung ohne Einfluß. Eine andere Auffassung würde zu einer völlig untragbaren Rechtsunsicherheit führen; es könnte sich dann z. B. noch bei einer im Jahre 1970 erfolgenden Abtretung einer 1 : 1 umgestellten Erbauseinandersetzungsforderung die Frage erheben, ob sie in der Hand des Zessionars nur $^1/_{10}$ wert ist, und es wäre niemals feststellbar, ob eine Umstellungsgrundschuld (im Bundesgebiet) oder eine Aufbaugrundschuld (in Berlin) entstanden ist. Infolgedessen ist auch die vielfach besonders von der Rechtsprechung gewählte Terminologie unrichtig, die Forderungen seien „umzustellen"; die Forderungen sind „umgestellt", und die Rechtsprechung hat lediglich festzustellen, wie sie umgestellt sind. Die auf anderer Ebene liegende Wirkung etwaiger vertraglicher Umstellungsvereinbarungen oder des Vertragshilfeverfahrens wird später erörtert (Anmerkung 3 zu § 8, S. 53). Es ist demnach überhaupt nur die Frage einer Erörterung bedürftig, ob ein vor dem Währungsstichtage liegender Gläubigerwechsel an der privilegierten Umstellung etwas ändern kann. Verneinend beantwortet wird diese Frage mit der Begründung, daß nur der Entstehungsgrund der Forderung für die privilegierte Umstellung entscheidend sei, von Binder-Wetter-Reinbothe II/2

S. 196, Däubler DRZ 1949 S. 4, Häusler MDR 1949 S. 146, LG Hamburg MDR 1949 S. 293, LG Kiel MDR 1949 S. 692, LG Göttingen Nds. Rpfl. 1950 S. 109, Meyer SJZ 1950 Sp. 526, LG Göttingen BB 1950 S. 466, Bayer. ObLG JMBl. Bayern 1951 S. 59. Demgegenüber stehen auf dem Standpunkt, daß ein Gläubigerwechsel vor dem Währungsstichtag einen Verlust der Privilegierung zur Folge haben kann Henning-Götze S. 70, LG Berlin HuW 1949 S. 282, JR 1949 S. 549, HuW 1950 S. 194 (wobei nicht verkannt ist, daß sich diese Entscheidungen unmittelbar nur auf die in § 6 geregelten Fälle beziehen), Kozer HuW 1949 S. 280, Wörbelauer NJW 1950 S. 34, Schubert SJZ 1950 S. 169, Abhandlung des Verf. HuW 1950 S. 141, LG Braunschweig u. Bochum, zit. NdsRpfl. 1951 S. 82, OLG Braunschweig Nds.Rpfl. 1951 S. 84, OLG Oldenburg NdsRpfl. 1951 S. 82 u. MDR 1951 S. 425. Einen vermittelnden Standpunkt nimmt Harmening-Duden I S. 249 ein, nach dessen Auffassung es darauf ankommen soll, ob mit dem Gläubigerwechsel eine Novation stattgefunden hat (siehe dazu auch Anm. 6 S. 40). Diese Auffassung wird zwar von dem Berliner Gesetzgeber abgelehnt, nach dem es nicht auf die Modalitäten der Forderung, sondern allein auf die Person des Berechtigten ankommt, im übrigen aber nimmt auch er unter Anknüpfung an § 11 Aufwertungsgesetz einen vermittelnden Standpunkt ein, nach welchem ein Gläubigerwechsel nur dann, aber auch immer dann zu einem Verlust der Privilegierung führt, wenn der neue Gläubiger nicht gleichfalls zu dem privilegierten Personenkreis gehört. Damit ist diese Streitfrage für Berlin geklärt, und zwar sowohl für Forderungen als auch für dingliche Rechte, auch wenn sie nicht zur Sicherung von Forderungen dienen (§ 7). Die Fassung des § 5 stellt klar, daß es sich hinsichtlich der Forderungen um eine ergänzende Änderung des Artikel 16 Ziffer 36 Absatz a, 3 Umstellungsverordnung handelt (vgl. auch Vorbemerkung zu Teil I Ziffer 3 S. 3).

4. Nur ein Gläubigerwechsel, der auf einem Rechtgeschäft beruht, hat den Verlust der privilegierten Umstellung zur Folge. Gemeint ist die Abtretung durch Vertrag nach § 398 BGB. Nicht geregelt ist der Forderungsübergang kraft Gesetzes; jedenfalls ist § 412 BGB nicht uneingeschränkt anwendbar. Man wird nach dem gesetzgeberischen Zweck des § 5 unterscheiden müssen: Tritt der gesetzliche Forderungsübergang als Folge einer Rechtshandlung ein, welche denselben wirtschaftlichen Inhalt und Erfolg hat wie eine Abtretung, so wird auch ein solcher Gläubigerwechsel den Verlust der Privilegierung zur Folge haben müssen. In dieser Hinsicht kommen insbesondere in Betracht § 268 Absatz III BGB (Übergang der Forderung auf einen Dritten, der kraft seines Ablösungsrechts den Gläubiger befriedigt) und § 774 Absatz I BGB (Übergang der Forderung auf den Bürgen, der den Gläubiger befriedigt); in diesen Fällen ist die Lage die gleiche wie bei der Abtretung, der Gläubiger hat (vor der Währungsumstellung) den Gegenwert erhalten, und in der Person des Zedenten kraft Gesetzes liegt der Privilegierungstatbestand nicht vor. Der für den gesetzlichen Forderungsübergang aufgestellte Grundsatz der wirtschaftlichen Gleichbehandlung wird auch bei der — praktisch seltenen — Pfändung und Überweisung der Forderung an Zahlungs Statt gelten müssen. In diesem Fall geht nach § 935 Absatz II ZPO die Forderung auf den Gläubiger mit der Wirkung über, daß der Gläubiger in

Höhe seiner Forderung als befriedigt anzusehen ist. Der Schuldner (bisheriger Gläubiger der Auseinandersetzungsforderung) ist von seiner Verpflichtung gegenüber dem neuen Gläubiger frei geworden, ist also in den wirtschaftlichen Genuß des Gegenwerts der Forderung des neuen Gläubigers gekommen, bei dem der Privilegierungstatbestand nicht vorliegt. Eine vor der Währungsumstellung erfolgte Pfändung und Überweisung an Zahlungs Statt kann also nach § 5 einen Verlust der Privilegierung zur Folge haben. Eine Pfändung und Überweisung zur Einziehung dagegen — der Normalfall — kann diese Folge nicht haben, weil die Überweisung zur Einziehung keinen Forderungsübergang zur Folge hat wie die Überweisung an Zahlungs Statt (Baumbach, ZPO, Anmerkung 3 zu § 835). Im Gegensatz zu den vorstehend erörterten Fällen des gesetzlichen Forderungsüberganges nach § 268 Absatz III, § 774 Absatz I BGB und § 935 Absatz II ZPO scheiden die Fälle des gesetzlichen Forderungsübergangs durch Gesamtrechtsnachfolge, insbesondere Erbgang (§ 1922 BGB) für die Anwendbarkeit des § 5 aus; sie haben keinen Verlust der Privilegierung zur Folge, weil der Erbe nach dem Zweck des § 5 nicht anders gestellt sein kann als der Erblasser (vgl. LG Berlin HuW 1949 S. 282 u. Bayer. ObLG in JMBl. Bayern 1951 S. 59 sowie MDR 1951 S. 425 zur Gesamtrechtsnachfolge). Dies gilt ohne Unterschied, ob es sich um einen Forderungsübergang kraft gesetzlicher Erbfolge oder um einen solchen kraft letztwilliger Verfügung handelt; unter Rechtsgeschäfte im Sinne des § 5 fallen allgemein nicht solche von Todes wegen (Testament und Erbvertrag). Dies ergibt sich schon aus den Worten „übertragen hat" in § 5; ein Übergang durch den Erbfall ist keine „Übertragung". Deshalb ist eine Anwendung des § 5 auch ausgeschlossen, falls etwa — ein ungewöhnlicher Fall — laut Testament nicht eine Universalsukzession, sondern eine Singularsukzession in eine Auseinandersetzungsforderung eintreten sollte. Die Entgeltlichkeit des Rechtsgeschäfts ist jedoch nicht Voraussetzung des Verlustes der Privilegierung nach § 5. Auch eine schenkungsweise Abtretung kann also den Verlust der Privilegierung zur Folge haben.

5. Gehört im Falle eines Gläubigerwechsels auch der neue Gläubiger zu dem in Artikel 16 Ziffer 36 Absatz a, 3 Umstellungsverordnung bezeichneten Personenkreis, so bleibt der Gläubigerwechsel umstellungsrechtlich ohne Bedeutung, d. h. die Forderung bleibt trotz des Gläubigerwechsels 1 : 1 umgestellt. Das ist die notwendige Konsequenz daraus, daß es der Gesetzgeber allein auf die Person des Berechtigten, nicht aber auf den Entstehungsgrund der Forderung oder die Gründe und Modalitäten des Gläubigerwechsels abgestellt hat.

6. Bei dieser Rechtslage erscheint es zweifelhaft, ob eine etwa mit dem Gläubigerwechsel verbundene Novation von Einfluß auf die Umstellung sein kann. Die Materialien zu dem Gesetz lassen keinen Rückschluß darauf zu, ob der Gesetzgeber in Artikel II die Ausnahmen von der privilegierten Umstellung hat abschließend regeln wollen, so daß die Annahme weiterer Ausnahmen durch die Rechtsprechung ausgeschlossen ist, oder ob er nur besonders bedeutsame Fälle hat erfassen wollen, so daß die Annahme weiterer Fälle der Rechtsprechung überlassen bleibt. Aus der Tatsache allerdings, daß bewußt an die Person des Berechtigten und nicht an die Modalität der Forderung angeknüpft wird, ist zu folgern,

das eine mit einem Gläubigerwechsel verbundene Novation bei einer Auseinandersetzungsforderung auf jeden Fall dann ohne Einfluß ist, wenn der Gläubigerwechsel im Rahmen des § 5 Absatz 2, d. h. zwischen Auseinandersetzungsberechtigten erfolgt. Gehört der neue Gläubiger aber nicht zu dem bevorzugten Personenkreis, so hat die Abtretung auch ohne Novation den Verlust der Privilegierung zur Folge nach § 5 Absatz 1 Satz 1. Die Frage der Novation ist also bei Auseinandersetzungsforderungen für Berlin nicht von Bedeutung. Im Bundesgebiet stellen es Harmening-Duden I S. 249 — s. Anmerkung 3 a E. — für einen Verlust der Privilegierung allein auf die Frage der Novation ab, während Binder-Wetter-Reinbothe II/2 S. 195 ihr jeden Einfluß absprechen. Das LG Tübingen verneint in dem von ihm entschiedenen Fall (NJW 1949 S. 827) aus tatsächlichen Gründen das Vorliegen einer Novation, läßt aber nicht erkennen, wie die Rechtsfrage zu entscheiden wäre, wenn eine vorläge. Das OLG Düsseldorf (NJW 1950 S. 353, JMBl. NW 1950 S. 186 u. JR 1950 S. 663) dagegen hält es nicht für entscheidend, ob eine Novation vereinbart worden sei, sondern stellt es allein auf die „wirtschaftliche Herleitung der Forderung aus dem Auseinandersetzungsvertrage" ab (ähnlich wohl auch LG Tübingen MDR 1950 S. 362 und JR 1950 S. 664 sowie NJW 1951 S. 158). Besonders eingehend zur Frage des Einflusses der Novation Dürkes im BB 1950 S. 858 unter Heranziehung der Rspr. des RG in gleichgelagerten Aufwertungssachen.

7. Amtliche Begründung zu § 5 Absatz 1 Satz 2:

„2. § 5 Absatz 1 Satz 2 betrifft Verbindlichkeiten, die der Übernehmer eines Vermögens dem anderen Vertragsteil gegenüber oder zur Abfindung eines Dritten eingegangen ist und dafür bestellte dingliche Sicherheiten. Diese sollen abweichend von der Regelung des Artikel 16 Ziffer 36 Absatz a, 3 Umstellungsverordnung dann nur im Verhältnis 10 : 1 und nicht im Verhältnis 1 : 1 umgestellt sein, wenn der Berechtigte sein Recht aus der Verbindlichkeit durch Rechtsgeschäft übertragen hat. Der Grund dafür ist der gleiche wie vorstehend bei Ziffer 1 ausgeführt. Bei diesen Vermögensübertragungen besteht jedoch kein Anlaß, die privilegierte Umstellung im Verhältnis 1 : 1 aufrechtzuerhalten, wenn der rechtsgeschäftliche Erwerber zu dem bevorzugten Personenkreis gehört. Deshalb bezieht sich Absatz 2 des § 5 nicht auf solche Übertragungen der Verbindlichkeit nach Absatz 1 Satz 2. Dies ist in Absatz 2 des § 5 dadurch zum Ausdruck gebracht, daß es sich um eine Übertragung gemäß Absatz 1 Satz 1 handeln muß, wenn die privilegierte Umstellung 1 : 1 aufrechterhalten bleiben soll."

8. Bei der Umstellung der Verbindlichkeiten aus Vermögensübernahme weicht der Wortlaut des Umstellungsgesetzes im Bundesgebiet und der Umstellungsverordnung in Berlin voeinander ab; während nach § 18 Absatz 1 Ziffer 3 Umstellungsgesetz 1 : 1 umgestellt sind Verbindlichkeiten, die der Übernehmer eines Vermögens dem anderen Vertragsteil gegenüber zur Abfindung eines Dritten eingegangen ist, also nach dem Wortlaut nur Forderungen des Dritten, sind nach Artikel 16 Ziffer 36 Absatz a, 3 Umstellungsverordnung 1 : 1 umgestellt Verbindlichkeiten, die der Übernehmer eines Vermögens dem anderen Vertragsteil gegenüber o d e r zur Abfindung eines Dritten eingegangen ist, also nicht nur Forderungen des Dritten,

sondern auch des Übergebers. Für den speziellen Fall der Vermögensübernahme ist dieser Unterschied noch nicht Gegenstand der Erörterungen geworden, sondern nur für den Fall der Gutsübernahme, der zu § 6 behandelt wird. Vorweggenommen sei jedoch schon hier zur Vermögensübernahme der Hinweis, daß gewichtige Stimmen auch im Bundesgebiet das Fehlen des „oder" in der Fassung des Umstellungsgesetzes als Redaktionsversehen bzw. Druckfehler ansehen (for compensating statt or compensating, vgl. im einzelnen BB 1950 S. 411)) und demgemäß entsprechend der Berliner Regelung auch die Forderungen des Übergebers, nicht nur die eines Dritten, als 1 : 1 umgestellt betrachten — vgl. Harmening-Duden I S. 260 und insbesondere Duden NJW 1949 S. 719 mit umfangreicher Literaturangabe, LG Augsburg NJW 1949 S. 872 unter Berufung auf die gleichgelagerten Vorschriften des Aufwertungsgesetzes sowie insbesondere AG Düsseldorf in BB 1950 S. 409 mit eingehender Begründung ,jedoch aufgehoben durch LG Düsseldorf BB 1950 S. 827, a. A. auch LG Wiesbaden NJW 1949 S. 719 und Binder-Wetter-Reinbothe II/2 S. 210, die das Ergebnis aber selbst als ;‚grotesk" bezeichnen.

9. Widersprochen werden muß jedoch der Auffassung von Harmening-Duden I S. 259 (ebenso OLG Hamm JMBl.NW 1950, S. 265), daß eine Umstellung 1 : 1 auch bei der Vermögensübernahme nur in Betracht kommt, wenn es sich um Personen handelt, die in einer „besonderen rechtlichen Gemeinschaft" stehen — gemeint sind die in derselben Vorschrift genannten Auseinandersetzungsberechtigten. Für diese Annahme bietet das Gesetz keine Grundlage. § 18 Absatz 1 Ziffer 3 Umstellungsgesetz und Artikel 16 Ziffer 36 Absatz a, 3 Umstellungsverordnung vereinigen — wie schon in den Vorbemerkungen Ziffer 5 zu Artikel II S. 35 hervorgehoben ist — ihrem materiellen Gehalt nach inkongruente Tatbestände: Die Umstellung von Auseinandersetzungsverbindlichkeiten, bei denen das familien- oder gesellschaftsrechtliche Band die Ursache der Privilegierung ist, und die Umstellung, von Verbindlichkeiten, bei denen die Beteiligung am Sachwert mit Rücksicht auf dessen Wertbeständigkeit und auf die Dauer der Beteiligung die Ursache der Privilegierung ist. Bei letzteren kann gleichzeitig das familien- oder gesellschaftsrechtliche Band hinzukommen, es muß dies aber nicht, um die Privilegierung anzunehmen, sonst wäre die besondere Erwähnung der Vermögensübernahme usw. überflüssig (vgl. dazu auch Anmerkung 2 zu § 6 S. 46).

10. In unserem bisherigen Recht ist die Vermögensübernahme behandelt in § 419 BGB. Es fallen nicht darunter die Fälle der unmittelbaren Gesamtnachfolge (vgl. im einzelnen Palandt Anmerkung 3, a zu § 419 S. 436). Die Übertragung eines Handelsgeschäftes nach § 25 HGB kann unter den Begriff der Vermögensübernahme fallen, wenn das Handelsgeschäft das Gesamtvermögen des Veräußerers ist (vgl. Palandt Anmerkung 3, b zu § 419 S. 437).

11. Wenn der Übergeber des Vermögens oder der aus dem Übergabevertrag begünstigte Dritte seine Forderung vor der Währungsumstellung abgetreten hat, so tritt die Privilegierung nicht ein, sondern die Forderung ist 10 : 1 umgestellt, und zwar auch dann, wenn zwar der Zedent (Übergeber bzw. Dritter) zu dem Schuldner in einem die Privilegierung begründenden familien- oder gesellschaftsrechtlichen Verhältnis gestanden hat, der

Zessionar zum Schuldner aber nicht. Besteht aber neben der Vermögensübernahme ein solches Verhältnis sowohl zwischen Zedenten (Übergeber bzw. Dritten) und Schuldner wie auch zwischen diesem und Zessionar, so kommt nicht § 5 Absatz 1 Satz 2 (Vermögensübernahme), sondern § 5 Absatz 1 Satz 1 und Absatz 2 (Auseinandersetzungsverbindlichkeiten) in Betracht, und die Privilegierung bleibt trotz Abtretung erhalten. Es kann ein Privilegierungstatbestand, der bei Abtretung bestehen bleibt, nicht dadurch vernichtet werden, daß ein gleichzeitig vorliegender anderer Privilegierungstatbestand bei Abtretung hinfällig wird.

12. Zum Begriff und zu Einzelheiten des Gläubigerwechsels vgl. Anmerkung 4 S. 39 und Anmerkung 6 S. 40.

13. Nicht nur Grundpfandrechte, die zur Sicherung einer Verbindlichkeit aus einer Vermögensübernahme bestellt sind, sondern auch abstrakte Grundschulden, die auf einer solchen Verbindlichkeit beruhen, gehen im Fall des Gläubigerwechsels der privilegierten Umstellung verlustig (§ 7).

§ 6

Verbindlichkeiten, die der Übernehmer einer unbeweglichen Sache dem anderen Vertragsteil gegenüber oder zur Abfindung eines Dritten eingegangen ist, insbesondere Restkaufgeldverbindlichkeiten aus der Veräußerung von Grundstücken, sowie Hypotheken, Grundschulden und Rentenschulden, die zur Sicherung solcher Verbindlichkeiten bestellt sind, sind in Abweichung von der Vorschrift des Artikel 16 Ziffer 36 Absatz a, 3 der Umstellungsverordnung dann mit der Wirkung umgestellt, daß an die Stelle von zehn Reichsmark eine Deutsche Mark der Bank Deutscher Länder tritt, wenn

a) die Verbindlichkeit vor dem 1. September 1939 begründet worden ist oder

b) der Berechtigte sein Recht aus der Verbindlichkeit durch Rechtsgeschäft übertragen hat. Handelt es sich um eine Übertragung zwischen Gesellschaftern, Miterben, Ehegatten, geschiedenen Ehegatten, Eltern und Kindern, Pflichtteilsberechtigten oder Vermächtnisnehmern, so verbleibt es bei einer Umstellung der Verbindlichkeit und der Hypothek, Grundschuld oder Rentenschuld entsprechend Artikel 16 Ziffer 36 Absatz a, 3 der Umstellungsverordnung mit der Wirkung, daß an die Stelle von einer Reichsmark eine Deutsche Mark der Bank Deutscher Länder tritt.

Anmerkungen:

1. Amtliche Begründung zu § 6:

„3. § 6 betrifft die gleichfalls nach Artikel 16 Ziffer 36 Absatz a, 3 Umstellungsverordnung im Verhältnis 1 : 1 umgestellten Verbindlichkeiten, die der Übernehmer einer unbeweglichen Sache dem anderen Vertragsteil gegenüber oder zur Abfindung eines Dritten eingegangen ist und Sicherungsrechte für solche Verbindlichkeiten. Dazu gehören insbesondere auch Restkaufgeldforderungen. Der dieser Regelung zugrunde liegende Zweck ist, daß der Veräußerer eines Grundstücks, der den Gegenwert bisher ganz oder teilweise nicht erhalten hat, nach der Währungsumstellung nicht nur $^1/_{10}$ des noch ausstehenden Gegenwertes erhalten soll, weil das Grundstück seinen realen Wert für den Erwerber durch die Umstellung unbeeinträchtigt behalten hat. Dieser Zweck bedeutet aber auch zugleich die Grenze einer Umstellung im Verhältnis 1 : 1. In den im § 6 geregelten Fällen kommt deshalb als Ausnahme von der Regelung in Artikel 16 Ziffer 36 Absatz a, 3 Umstellungsverordnung eine Umstellung nur im Verhältnis 10 : 1 in Betracht, wenn die Forderung ihren Charakter als Restkaufgeldforderung eingebüßt hat:

a) Dies ist einmal dann der Fall, wenn die Forderung vor einer so langen Zeit begründet ist, daß sie durch den Zeitablauf des Charakters als gestundete Kaufgeldforderung entkleidet worden ist und den Charakter einer Geldanlage angenommen hat. Das Aufwertungsgesetz vom 16. 7. 1925 (RGBl. I S. 117) kennt eine gleiche Regelung in § 10 Absatz 1 Ziffer 5 und in Absatz 3. Danach ist eine Restkaufgeldforderung nur bis zur Höhe von 25% des Goldmarkwertes aufwertbar, wenn sie vor dem 31. 12. 1908 begründet worden ist. Ist sie dagegen zwischen dem 1. 1. 1909 und dem 1. 1. 1912 begründet worden, so ist sie bis zur Höhe von 75% des Goldmarkwertes, ist sie nach dem 1. 1. 1912 begründet worden, so ist sie bis zu 100% des Goldmarkwertes aufwertbar. Der Grund für diese Abstufung, auf die jetzt verzichtet werden kann, liegt in der stufenweisen Entwertung der Mark in der damaligen Zeit. Das Aufwertungsgesetz ist am 15. 7. 1925 in Kraft getreten. Forderungen, die vor dem 31. 12. 1908, also mehr als 16½ Jahre vor dem Inkrafttreten des Gesetzes begründet worden sind, werden danach nicht mehr als gestundete Restkaufgeldforderungen, sondern als Geldanlagen angesehen, für die eine höhere Aufwertung als zu dem normalen Satz von 25% nicht gerechtfertigt ist. Wenn man jetzt ungefähr die gleiche Zeitspanne zugrunde legt, wie sie das Aufwertungsgesetz aus wohlüberlegten Gründen angenommen hat, so kommt man, vom Inkrafttreten der Umstellungsverordnung an gerechnet, etwa auf den 1. Januar 1933. Für diesen Stichtag sind schwerwiegende Gründe geltend gemacht worden. Er würde insbesondere den sozialen Gesichtspunkten insoweit Rechnung tragen, als diejenigen Gläubiger von Restkaufgeldhypotheken, die ihre Grundstücke in der Zeit zwischen dem 1. 1. 1933 und dem Kriegsbeginn veräußert und jetzt auf den Bezug der Zinsen in höherem Lebensalter angewiesen sind, den vollen Zinsbezug behalten würden. Der Stichtag vom 1. 1. 1933 würde auch nur geringfügig in die mit der Umstellung bereits erworbenen Rechte der Gläubiger von Restkaufgeldhypotheken, die bisher auf die Umstellung im Verhältnis 1 : 1 vertraut haben, eingreifen. Gleichwohl ist der insbesondere von der Berliner Zentralbank in Vorschlag gebrachte Stichtag vom 1. 9. 1939 von den gesetzgebenden Körperschaften gewählt worden, weil mit diesem Stichtag eine größere Zahl von Restkaufgeldhypotheken im Verhältnis 10 : 1 umgestellt sind, dadurch mehr Aufbaugrundschulden nach Artikel V des Gesetzes entstehen und mehr Aufbaukredite gegeben werden können.

b) Eine Forderung hat auch dann den Charakter als Restkaufgeldforderung eingebüßt, wenn sie der Veräußerer des Grundstücks übertragen hat, weil der Veräußerer in diesem Fall den vollen Gegenwert für den aus der Hand gegebenen Realwert des Grundstücks erhalten hat, im Verhältnis zwischen dem Erwerber des Grundstücks und dem neuen Gläubiger aber eine Veräußerung eines durch die Umstellung nicht betroffenen Realwertes nicht stattgefunden hat, so daß der Schutzzweck des Artikel 16 Ziffer 36 Absatz a, 3 Umstellungsverordnung für diesen Fall nicht anzuerkennen ist. Dies gilt aber nur, falls die Übertragung der Forderung im Wege des Rechtsgeschäfts erfolgt ist, da beispielsweise bei einem Forderungsübergang im Wege des Erbfalls der Erbe den Gegenwert nicht erhalten hat und für ihn der genannte Schutzzweck also vorliegt. Erfolgt die Übertragung an eine Person des Kreises, der in Artikel 16 Ziffer 36 Absatz a, 3 Umstellungsverordnung näher umgrenzt ist, so handelt es sich bei der Übertragung um eine Vorwegnahme der Auseinandersetzung, für welche die ausnahmslose Privilegierung dieser Bestimmung gilt. Die Übertragung einer Restkaufgeldforderung muß in einem solchen Fall genau so behandelt werden wie im Fall des § 5 Absatz 2, d. h. es erfolgt eine Umstellung im Verhältnis 1 : 1. Das Aufwertungsgesetz enthält entsprechende Regelungen in § 11 in Verbindung mit § 3 Absatz 1 Ziffer 2 bis 11.

c) Veräußert der Erwerber des Grundstücks dieses an einen Dritten weiter und übernimmt dieser die Restkaufgeldverpflichtung, tritt also ein Schuldnerwechsel ein, so ist dies im Gegensatz zu dem unter b) behandelten Fall des Gläubigerwechsels für den Charakter als Restkaufgeldforderung ohne Bedeutung, weil der Dritte, der den realen Wert des Grundstücks erhalten hat, dem Veräußerer genau so haften muß wie der ursprüngliche Erwerber. In dem Fall des Schuldnerwechsels also bleibt der Schutzzweck des Artikel 16 Ziffer 36 Absatz a, 3 Umstellungsverordnung bestehen, in diesem Fall findet also nicht eine Umstellung im Verhältnis 10 : 1 entsprechend § 6, sondern eine solche im Verhältnis 1 : 1 gemäß § 1 Absatz 1 statt.

d) In allen Fällen, in denen nicht die unter a) und b) erörterten Ausnahmen vorliegen, sind Restkaufgeldforderungen gemäß Artikel 16 Ziffer 36 Absatz a, 3 Umstellungsverordnung im Verhältnis 1 : 1 umgestellt. Zur Klarstellung ist dies in dem Wortlaut des § 6 ausdrücklich hervorgehoben."

2. Bei der Umstellung der Verpflichtungen aus der Übernahme einer unbeweglichen Sache besteht zwischen der Rechtslage im Bundesgebiet und in Berlin ein zweifacher Unterschied: § 18 Absatz 1 Ziffer 3 Umstellungsgesetz (Bundesgebiet) spricht von Verpflichtungen, die der Übernehmer eines „Gutes" eingegangen ist, Artikel 16 Ziffer 36 Absatz a, 3 Umstellungsverordnung (Berlin) von solchen, die der Übernehmer einer „unbeweglichen Sache" eingegangen ist. § 18 Absatz 1 Ziffer 3 Umstellungsgesetz spricht von Verpflichtungen, die dem anderen Vertragsteil gegenüber zur Abfindung eines Dritten eingegangen sind, Artikel 16 Ziffer 36 Absatz a, 3 Umstellungsverordnung von solchen, die dem anderen Vertragsteil gegenüber „oder" zur Abfindung eines Dritten eingegangen sind. Zu dem Begriff der „Gutsübernahme" besteht im Bundesgebiet leider

keineswegs die Übereinstimmung, daß sie der Übernahme einer „unbeweglichen Sache" gleichzusetzen sei, wie Henning JR 1949 S. 45 annimmt. Aus der umfangreichen Literatur und Rechtsprechung sei nur folgendes hervorgehoben: Harmening-Duden I S. 259 sieht eine Gutsübernahme im Sinne von § 18 Umstellungsgesetz nur als gegeben an, wenn es sich um eine solche in Verfolg eines familienrechtlichen Bandes handelt; ähnlich Schubert SJZ 1950 S. 173. Das AG München NJW 1950 S. 312 fordert Weitergabe einer wirtschaftlichen Existenz an einen familienrechtlich Nahestehenden für dessen wirtschaftliche Existenz gegen Zahlung eines Übergabepreises als Versorgungsäquivalent. Dagegen vergleiche auch schon Anmerkung 9 zu § 5 S. 42. Auch das AG Hannover NJW 1950 S. 310 nimmt an, daß § 18 Absatz 1 Ziffer3 Umstellungsgesetz nicht für jeden Grundstückskaufvertrag gilt. Dagegen steht das LG Wiesbaden NJW 1949 S. 719 und MDR 1949 S. 628 auf dem Standpunkt, daß nicht nur die Übernahme einer geschlossenen Wirtschaftseinheit, sondern auch die Übernahme eines einzelnen Grundstücks ohne Rücksicht auf dessen wirtschaftliche Struktur unter den Begriff Gutsübernahme fällt; ähnlich wohl Binder-Wetter-Reinbothe II/2 S. 209. Gegen die Auffassung, daß zwischen Käufer einer unbeweglichen Sache und Übernehmer einer Liegenschaft ein Unterschied gemacht wird, wendet sich auch mit eingehender und besonders für die Berliner Gerichte beherzigenswerter Begründung AG Düsseldorf BB 1950 S. 411. Für Berlin hat zunächst lange Zeit kein Zweifel bestanden, daß Kauf eines Grundstücks auch ohne familienrechtliches Band unter den Begriff Übernahme einer unbeweglichen Sache fällt (vgl. Zusammenstellung der einschlägigen Literatur in Anmerkung 3 zur Abhandlung d. Verfassers in HuW 1950 S. 141). Lediglich die 8. und 22. Zivilkammer des LG Berlin (HuW 1950 S. 114, JR 1950 S. 347) und der 7. Zivilsenat des KG (JR 1950 S. 346) haben sich auf den — inzwischen im Bundesgebiet mehrfach verlassenen — Standpunkt der Notwendigkeit des familienrechtlichen Bandes gestellt, vgl. dagegen Abhandlung des Verfassers HuW 1950 S. 105 und S. 141, 20. Zivilkammer des LG Berlin HuW 1949 S. 282, 25. Zivilkammer des LG Berlin HuW 1950 S. 194 und insbesondere 6. Zivilsenat des KG in den Urteilen 6 U 3718/49 vom 24. 1. 1950 (JR 1950 S. 605, DRiZ 1951 S. 74) und 6 U 406/50 vom 23. 5. 1950, ebenso 2. Zivilsenat des KG in 2 U 1401/49 vom 4. 10. 1949. Es braucht auf das Für und Wider im einzelnen nicht mehr eingegangen zu werden, da für Berlin die Zweifelsfrage, die auch vorher keine war, wenn man den Unterschied zwischen Umstellungsgesetz und Umstellungsverordnung in Betracht zieht, durch die Fassung des § 6 geklärt ist. Gerade mit Rücksicht auf die zuerst erwähnten Entscheidungen der 8. Zivilkammer und des 7. Zivilsenats sind nämlich zusätzlich zu der Magistratsfassung (JR 1950 S. 317) in den Parlamentsberatungen die Worte eingefügt worden „insbesondere Restkaufgeldverbindlichkeiten aus der Veräußerung von Grundstücken". Gemeint ist mit Veräußerung der Erwerb, aus dem die Verbindlichkeit resultiert, jedoch ist der gesamte Veräußerungsvorgang die Ursache der Entstehung der Restkaufgeldverbindlichkeit. Es ist damit im Wege der Legaldefinition klargestellt worden, daß schlechthin die Veräußerung von Grundstücken unter den Begriff der Übernahme einer unbeweglichen Sache fällt, ohne daß insbesondere ein familienrechtliches

Band vorzuliegen braucht, wie sich dies auch schon aus der Trennung der Auseinandersetzungsverbindlichkeiten und der Verbindlichkeiten aus der Übernahme unbeweglicher Sachen in zwei verschiedene Paragraphen des Gesetzes ergibt. Aus demselben Grund sind weiterhin zusätzlich zur Magistratsfassung die Worte eingefügt worden „in Abweichung von der Vorschrift des Artikel 16 Ziffer 36 Absatz a, 3 der Umstellungsverordnung", und damit ist im Wege der Legalinterpretation klargestellt, daß die Unterstellung der Verbindlichkeiten, die aus der Veräußerung eines Grundstücks dem Erwerber erwachsen, unter den Begriff der „Verbindlichkeiten aus der Übernahme einer unbeweglichen Sache" nicht nur für § 6, sondern auch für Artikel 16 Ziffer 36 Absatz a, 3 Umstellungsverordnung gilt, und daß solche Verbindlichkeiten, wenn die Voraussetzungen des § 6 nicht vorliegen, 1 : 1 umgestellt sind. Wegen des weiteren Unterschiedes, der zwischen Umstellungsgesetz und Umstellungsverordnung durch die Einfügung des „oder" entstanden ist, vergleiche zu der Entwickelung im Bundesgebiet die Ausführungen am Anfang der Anmerkung 8 zu § 5 S. 41. Für Berlin ist die Rechtslage insoweit durch das „oder" völlig klar, es fallen nicht nur Forderungen eines Dritten, sondern auch solche des Übergebers unmittelbar gegen den Übernehmer unter Artikel 16 Ziffer 36 Absatz a, 3 Umstellungsverordnung bzw. § 6.

3. Was nach Artikel 16 Ziffer 36 Absatz a, 3 Umstellungsverordnung und § 6 für „Rest"kaufgeldverbindlichkeiten gilt, muß erst recht zur Geltung kommen, wenn nicht nur ein Rest, sondern der gesamte Kaufpreis gestundet wird; denn der Grund für die besondere umstellungsrechtliche Behandlung ist nicht nur die Tatsache, daß ein Kaufpreisrest „stehen bleibt", sondern daß es sich um einen langfristigen Austauschvertrag über einen — wenn man so sagen darf — 1 : 1 erhalten gebliebenen Realwert handelt.

4. Wenn die Verbindlichkeit aus der Übernahme einer unbeweglichen Sache vor dem 1. September 1939 begründet worden ist, ist sie 10 : 1 umgestellt; dies ist eine ergänzende Änderung des Artikel 16 Ziffer 36 Absatz a, 3 Umstellungsverordnung, der eine solche Modifizierung nicht kennt. Das gleiche gilt für dingliche Sicherungsrechte und für abstrakte dingliche Rechte, die auf solchen Verbindlichkeiten beruhen (§ 7). Entscheidend für die Zeitpunkt der „Begründung der Verbindlichkeit" ist das Entstehen der obligatorischen Verpflichtung, also meist der Vertragsschluß. Die Übergabe des Grundstücks oder die Eintragung des Rechtes im Grundbuch sind für die Entstehung der obligatorischen Verpflichtung ohne Bedeutung, wenn nicht etwa im Vertrage etwas Abweichendes vereinbart ist. Aus der amtlichen Begründung für die grundsätzliche Einführung eines Stichtages ergibt sich, daß das Gesetz in einem besonders langen Stehenlassen einer Restkaufgeldverbindlichkeit eine Art stillschweigender Novation in eine Darlehensschuld sieht. Damit, daß das Gesetz diesem Gedanken der Novation bei der Verbindlichkeit aus der Übernahme einer unbeweglichen Sache Bedeutung und Einfluß beimißt, während es ihm bei Auseinandersetzungsverbindlichkeiten die Wirkung abspricht (vgl. Anmerkung 6 zu § 5 S. 40), bleibt das Gesetz konsequent bei der Auffassung, daß die Verbindlichkeiten aus der Übernahme einer unbeweglichen Sache mit den Auseinandersetzungsverbindlichkeiten in keiner Weise zusammen-

hängen (vgl. Anmerkung 9 zu § 5 S. 42 und Anmerkung 2 zu § 6 S. 45) und daher nach anderen Grundsätzen behandelt werden müssen. Allerdings stellt der vom Gesetz schließlich gewählte Stichtag vom 1. September 1939 eine einschneidende und vom sozialen Gesichtspunkt aus nicht unbedenkliche Maßnahme dar. Der Magistratsentwurf hatte den 1. Januar 1933 gewählt. Die Begründung dafür in der dem Plenum vorgelegten Drucksache Nr. 760 fuhr nach den oben Anmerkung 1 S. 44 wiedergegebenen Ausführungen über das Aufwertungsrecht, die beibehalten worden sind, hinter den Worten „etwa auf den 1. Januar 1933" folgendermaßen fort:

„Von anderer Seite (Berliner Zentralbank) ist der 1. September 1939 als Stichtag in Vorschlag gebracht worden. Dies würde bedeuten, daß praktisch der weitaus überwiegende Teil sämtlicher Restkaufgeldforderungen abweichend von der Regelung in Artikel 16 Ziffer 36 Absatz a, 3 Umstellungsverordnung im Verhältnis 10 : 1 umgestellt is, weil nach dem 1. September 1939 Grundstücke — wenn überhaupt — dann meist gegen Barzahlung verkauft worden, Restkaufgeldforderungen also nicht entstanden sind. Es erscheint nicht vertretbar, auf dem Umweg über den Stichtag des 1. September 1939 die Ansprüche des größten Teils der Gläubiger von Restkaufgeldforderungen zu beschneiden, weil dies der wirtschaftlichen Bedeutung und dem Zweck der Restkaufgeldforderung sowie der bereits durch die Umstellungsgesetzgebung geschaffenen Rechtslage widersprechen würde: Die zur Sicherung einer Restkaufgeldforderung bestellte Hypothek hat insbesondere auf Stadtgrundstücken in großem Umfang die gleiche wirtschaftliche Bedeutung wie die Altenteilslast bei ländlichen Grundstücken. Vielfach haben Grundstückeigentümer in höherem Alter ihre Grundstücke gegen Bestellung einer Restkaufgeldhypothek veräußert, um zwar der mit der Verwaltung verbundenen Lasten ledig zu werden, jedoch gleichzeitig eine sichere Rente für das höhere Lebensalter zu erhalten. Eine derartige Restkaufgeldhypothek stellt ein enges wirtschaftliches und rechtliches Band zwischen dem früheren Grundstückeigentümer und dem veräußerten Grundstück dar; darin liegt der bedeutsame Unterschied zur Darlehenshypothek, bei welcher der Gläubiger Geld hingegeben hat, das er — umgestellt — zurückverlangen kann, während der Gläubiger der Restkaufgeldhypothek das Grundstück hingegeben hat, das seinen Realwert in der Hand des Erwerbers behält. Dieser wirtschaftlichen Verbundenheit ist durch die grundsätzliche Umstellung im Verhältnis 1 : 1 in Artikel 16 Ziffer36 Absatz a, 3 Umstellungsverordnung Rechnung getragen. Eine nachträgliche Abweichung von dieser Bestimmung muß auf das engste Maß beschränkt bleiben, weil die Gläubiger von Restkaufgeldhypotheken bereits seit Bestehen der Umstellungsverordnung, also seit beinahe zwei Jahren, auf die Umstellung im Verhältnis 1 : 1 vertraut haben und es einen schwerwiegenden Eingriff bedeutet, ihnen nachträglich diese bereits erworbenen Rechte zu nehmen. Auch aus sozialen Erwägungen erscheint der Stichtag des 1. September 1939 bedenklich, weil gerade die Grundstückseigentümer, die im Alter von etwa 50 bis 60 Jahren in der Zeit zwischen 1933 und Kriegsbeginn ihre Grundstücke gegen Bestellung einer Restkaufgeldhypothek veräußert haben, jetzt in hohem Lebensalter durch den Stichtag vom 1. September 1939 des Zinsbezuges aus diesen Forderungen verlustig gingen. Auch bei den Gerichten in der Bundesrepublik Deutschland hat sich in letzter Zeit die Erkenntnis durchgesetzt, daß vielfach Restkaufgeldforderungen den Charakter einer Altersversorgung haben können und deshalb unter Umständen die Verpflichtungen im Verhältnis 1 : 1 umgestellt sind, obwohl der Währungsgesetzgebung in der Bundesrepublik Deutschland eine der Berliner Umstellungsverordnung entsprechende Vorschrift für Restkaufgeldforderungen fehlt (so insbesondere LG Paderborn in der Monatsschrift für Deutsches Recht 1949 Seite 750 für eine bereits im Jahre 1933 bestellte Restkaufgeldforderung). Alle diese Schwierigkeiten werden vermieden, wenn man entsprechend der Regelung der Aufwertungsgesetzgebung als Stichtag den 1. Januar 1933 wählt. Der Gedanke, daß bei diesem Stichtag eine größere Zahl von Restkaufgeldhypotheken im Verhältnis 1 : 1 umgestellt bleibt und nach diesen kein Raum für die Entstehung einer Aufbaugrundschuld ist, dürfte gegenüber den Bedenken, die gegen den Stichtag vom 1. September 1939 sprechen, nicht entscheidend ins Gewicht fallen."

Zu den Bedenken, die gegen den Stichtag vom 1. September 1939 bestanden haben, vergleiche auch die Ausführungen des Verfassers in HuW 1950 S. 141. Trotz dieser Bedenken hat die Stadtverordnetenversammlung den 1. September 1939 gewählt, mit der — wie die amtliche Begründung Anmerkung 1 S. 44 richtig wiedergibt — einzigen Rechtfertigung, daß bei diesem Stichtag die Zahl der 1 : 1 umgestellten Restkaufgeldforderungen gering ist und infolgedessen mehr Grundstücke mit 10 : 1 umgestellten Hypotheken für eine Kreditaufnahme zur Verfügung stehen als bei einem Stichtag vom 1. Januar 1933. Tatsächlich hat man im Erfolg mit dem Stichtag vom 1. September 1939 nicht nur Ausnahmen von der Vorschrift des Artikel 16 Ziffer 36 Absatz a, 3 Umstellungsverordnung geschaffen, sondern diese Vorschrift fast vollständig beseitigt, weil Restkaufgeldhypotheken nach dem 1. September 1939 nur in ganz geringem Umfang bestellt worden sind, alle vorher bestellten aber nicht mehr unter die Umstellung 1 : 1 nach Artikel 16 Ziffer 36 Absatz a, 3 Umstellungsverordnung, sondern unter die Umstellung 10 : 1 nach § 6 Buchstabe a fallen. Während im Bundesgebiet die Entwickelung dahingeht, eine Umstellung der Restkaufgeldforderungen ohne zeitliche Grenze im Verhältnis 1 : 1 anzunehmen, obwohl der Wortlaut des § 18 Absatz 1 Ziffer 3 Umstellungsgesetz dabei Schwierigkeiten bereitet — vgl. dazu Absatz VIII der Ausführungen in HuW 1950 S. 142 und besonders die leider aufgehobene (BB 1950 S. 827) Entscheidung des AG Düsseldorf in BB 1950 S. 409 —, geht man in Berlin den entgegengesetzten Weg und beseitigt praktisch die 1 : 1-Umstellung der Restkaufgeldhypotheken, obwohl sie in Artikel 16 Ziffer 36 Absatz a, 3 Umstellungsverordnung ohne zeitliche Beschränkung ausdrücklich vorgeschrieben ist.

5. Diese vorstehend gekennzeichnete Entwickelung wird die Gerichte in Berlin nun insbesondere aus sozialen Gründen zwingen, die Bestellung von Restkaufgeldforderungen besonders eingehend ihrem materiellen Gehalt nach dahingehend zu prüfen, ob nicht etwa auf Grund anderer Vorschriften eine Umstellung 1 : 1 in Betracht kommt. Dies ist besonders dann der Fall, wenn der Kaufpreis oder Kaufpreisrest eine Art „Verrentung" durch Amortisationen oder Teilzahlungen erfahren hat (vgl. dazu OLG Hamburg MDR 1949 S. 494, LG Bielefeld und LG Paderborn MDR 1949 S. 750 und insbesondere Schoan DRZ 1950 S. 351, OLG Hamburg MDR 1950 S. 298 und OLG Hamm NJW 1951 S. 32 sowie MDR 1951 S. 106, einschränkend

OLG Celle NdsRpfl. 1951 S. 123). Dann kommt eine Umstellung 1 : 1 ohne Ausnahme und ohne Stichtag nach Artikel 16 Ziffer 36 Absatz 1 (I) Umstellungsverordnung in Betracht, selbst wenn die Verbindlichkeit nach außen hin und grundbuchmäßig als Kaufpreisverbindlichkeit erscheint. Die gleiche Rechtsfolge tritt nach Artikel 16 Ziffer 36 Absatz a, 1 (III) Umstellungsverordnung ein, wenn der Kaufpreis oder Kaufpreisrest den inneren Charakter einer Altenteilslast hat; dies kann unter Umständen auch dann der Fall sein, wenn keine besonderen wiederkehrenden Leistungen (Amortisationen, Annuitäten), sondern nur Zinsen vereinbart sind. Ein wesentliches Indiz für die Absicht, eine altenteilsähnliche Verbindlichkeit begründen zu wollen, wird darin zu sehen sein, daß der Grundstückseigentümer in höherem Alter sein Grundstück veräußert hat, um sich im Wege einer verzinslichen Restkaufgeldforderung eine Altersrente zu sichern. Dieser Gedanke wird besonders bei den Stadtgrundstücken in Berlin beachtet werden müssen, wo die klassische ländliche Altenteilslast als Reallast nicht in Betracht kommt.

6. Erfolgt die Begründung einer Verbindlichkeit aus der Übernahme einer unbeweglichen Sache im Rahmen einer Auseinandersetzung zwischen den in Artikel 16 Ziffer 36 Absatz a, 3 Umstellungsverordnung genannten besonderen Personenkreisen, so ist schon allein dieser Tatbestand der Grund für eine Umstellung 1 : 1, und bei Auseinandersetzungsverbindlichkeiten bewirkt ein bestimmter Stichtag keinen Verlust der Privilegierung. Es kann nicht, weil ein Privilegierungstatbestand wegfällt, auch ein anderer hinfällig werden (vgl. Anmerkung 11 zu § 5 S. 42). An diesem Bestehenbleiben der Privilegierung bei Zusammenfallen von Auseinandersetzungsverbindlichkeit und Verbindlichkeit aus Übernahme einer unbeweglichen Sache wird auch dadurch nichts geändert, daß der Einfluß eines Auseinandersetzungstatbestandes in § 6 Buchstabe b Satz 2 nur für den Fall des rechtsgeschäftlichen Gläubigerwechsels bestimmt ist; denn diese „antizipierte Auseinandersetzung" im Fall des rechtsgeschäftlichen Gläubigerwechsels bezieht sich nur auf das Verhältnis zwischen dem alten Gläubiger (Zedent) und dem neuen Gläubiger (Zessionar) — vgl. auch unten Anmerkung 8. Das hier erwähnte, den Stichtag des § 6 Buchstabe a hinfällig machende Auseinandersetzungsverhältnis dagegen bezieht sich auf das Verhältnis zwischen ursprünglichem Gläubiger (Übergeber bzw. begünstigtem Dritten) einerseits und Übernehmer andererseits.

7. Auch ein rechtsgeschäftlicher Gläubigerwechsel hat den Verlust der Privilegierung zur Folge. Zum Begriff des rechtsgeschäftlichen Gläubigerwechsels vergleiche Anmerkung 4 zu § 5 S. 39. Da Buchstabe a und Buchstabe b des § 6 durch „oder" verbunden sind, tritt der Verlust der Privilegierung durch Gläubigerwechsel auch ein, wenn die abgetretene Forderung nach dem 1. September 1939 entstanden ist.

8. Der Verlust der Privilegierung durch Gläubigerwechsel tritt nicht ein, wenn der neue Gläubiger zu dem in Artikel 16 Ziffer 36 Absatz a, 3 Umstellungsverordnung genannten, bei Auseinandersetzungsverbindlichkeiten bevorzugten Personenkreis gehört. Bei Verbindlichkeiten aus der Übernahme einer unbeweglichen Sache erkennt also das Gesetz im Gegensatz zu der Regelung bei Verbindlichkeiten aus Vermögensübernahme (vgl.

Anmerkung 11 zu § 5) einer „antizipierten Auseinandersetzung" die Wirkung zu, daß die Umstellung 1 : 1 erhalten bleibt. Das den Privilegierungstatbestand bildende Auseinandersetzungsverhältnis braucht nur zwischen dem ersten Gläubiger (Zedenten) und neuem Gläubiger (Zessionar) vorzuliegen, dagegen ist nicht erforderlich, daß das Auseinandersetzungsverhältnis auch zwischen altem Gläubiger (Zedenten) und Übernehmer (Schuldner) oder zwischen neuem Gläubiger (Zessionar) und Übernehmer (Schuldner) vorliegt. Wenn aber ein privilegiertes Auseinandersetzungsverhältnis sowohl zwischen dem neuen Gläubiger (Zessionar) und dem Übernehmer (Schuldner) als auch zwischen dem alten Gläubiger (Zedenten) und Übernehmer (Schuldner) vorliegt, so bedarf es nicht der Regelung des § 6 Buchstabe b Satz 2, sondern es kommt unmittelbar § 5 Absatz 1 Satz 1 und Absatz 2 zur Anwendung, und die Verbindlichkeit bleibt danach schon 1 : 1 umgestellt.

9. Ein Schuldnerwechsel dagegen muß ohne Einfluß auf das Umstellungsverhältnis bleiben — vgl. im einzelnen Buchstabe c der in Anmerkung 1 S. 45 wiedergegebene amtlichen Begründung und insoweit zutreffend Meyer SJZ 1950 Sp. 526 gegen Schubert SJZ 1950 Sp. 169.

§ 7

Auf Fremdgrundschulden, die auf einem der in Artikel 16 Ziffer 36 Absatz a der Umstellungsverordnung bezeichneten Rechtsverhältnisse beruhen und nicht zu Sicherungszwecken bestimmt sind, finden die Vorschriften der §§ 5 und 6 entsprechende Anwendung.

Anmerkungen:

1. Amtliche Begründung zu § 7:

> „4. Die §§ 5 und 6 des Gesetzes erfassen dingliche Rechte nur, soweit sie zur Sicherung der in diesen Paragraphen genannten Verbindlichkeiten bestellt sind. Die gleichen Grundsätze, d. h. der Verlust der bevorzugten Umstellung im Verhältnis 1 : 1 im Falle der rechtsgeschäftlichen Übertragung bzw. des Zeitablaufs müssen auch Platz greifen, wenn es sich um dingliche Rechte handelt, die auf derartigen Rechtsverhältnissen beruhen, aber nicht zu Sicherungszwecken bestimmt sind. Dies spricht § 7 aus."

2. Nach § 1 Absatz 2 werden forderungslose Fremdgrundschulden wie obligatorische Forderungen behandelt, d. h. sie sind 10 : 1 umgestellt — vgl. Anmerkung 6 zu § 1 S. 7. Wenn jedoch forderungslose Fremgrundschulden auf einem der nach Artikel 16 Ziffer 36 Absatz a, 3 Umstellungsverordnung privilegierten Rechtsverhältnisse beruhen, sind sie nach § 2 Ziffer 6 im Verhältnis 1 : 1 umgestellt — vgl. Anmerkung 17 zu § 2 S. 29 —, jedoch nur, soweit sich „nicht aus § 7 etwas anderes ergibt". Etwas anderes ergibt sich aus § 7 insoweit, als forderungslose Fremdgrundschulden, die auf einem privilegierten Rechtsverhältnis beruhen, in demselben Umfang bei Gläubigerwechsel und Zeitablauf der Privilegierung verlustig gehen wie Forderungen und Grundpfandrechte, die zur Sicherung einer Forderung bestellt sind. Die Anmerkungen zu den §§ 5 und 6 gelten daher auch für solche forderungslosen Fremdgrundschulden.

Artikel III

Verfahren bei der Umstellung

§ 8

(1) Zur Eintragung des Umstellungsbetrages in das Grundbuch ist die Bewilligung des Gläubigers und des Eigentümers erforderlich. Im übrigen finden die Vorschriften der Grundbuchordnung Anwendung.

(2) Wird ein Umstellungsbetrag eingetragen, der sich auf mehr als eine Deutsche Mark der Bank Deutscher Länder für je zehn Reichsmark beläuft, und behauptet der Eigentümer, daß die durch das dingliche Recht gesicherte Reichsmarkforderung nach den Vorschriften der Umstellungsverordnung auf einen niedrigeren Betrag oder überhaupt nicht auf Deutsche Mark der Bank Deutscher Länder umgestellt sei, so ist auf seinen Antrag ein Widerspruch in das Grundbuch einzutragen.

(3) Für die Eintragung des Umstellungsbetrages (Absatz 1) oder eines Widerspruchs (Absatz 2) in das Grundbuch und für die Beurkundung oder Beglaubigung der hierzu erforderlichen Erklärungen wird die Hälfte der sonst hierfür zu entrichtenden Gebühren erhoben. Geschäftswert ist der Umstellungsbetrag.

Anmerkungen:

1. § 8 entspricht mit nur geringfügigen Änderungen dem § 5 der 40. DVO — vgl. Teil II/1 S. 140.

2. Amtliche Begründung zu § 8 Absatz 1:

„1. Nach § 8 Absatz 1 ist zur Eintragung des Umstellungsbetrages in das Grundbuch die Bewilligung des Gläubigers und des Eigentümers erforderlich. Von dem Erfordernis der Bewilligung des Eigentümers kann grundsätzlich auch bei der Eintragung eines Umstellungsbetrages von einer Deutschen Mark für je zehn Reichsmark nicht abgesehen werden, weil auch in diesen Fällen die Möglichkeit von Rechtsnachteilen für den Eigentümer besteht. Für die Zustimmung von Drittberechtigten, z. B. Pfandgläubiger, gelten die allgemeinen Bestimmungen der Grundbuchordnung."

3. Die amtliche Begründung zur 40. DVO ist ausführlicher — vgl. Teil II/2 S. 152 — und erklärt, an welche Rechtsnachteile für den Eigentümer dabei gedacht ist; dies ist insbesondere die Gefahr des Rangverlustes bei Eigentümergrundschulden, die durch Teilrückzahlung entstanden sein können — siehe auch Duden, DRZ 1949 S. 562, Lauterbach ZJBl. 1949 S. 219 und bes. Cammerer DNotZ 1950 S. 13. Aber nicht nur aus diesem Grund ist der Grundstückseigentümer selbst dann Betroffener im Sinne von § 19 GBO, wenn der für ihn günstige Umstellungssatz 10 : 1 in Betracht käme, sondern auch deshalb, weil dem Gläubiger unter Umständen noch weniger als 10% des Grundpfandrechtes zustehen können. Der von Harmening-Duden II S. 65 hierzu erwähnte Fall der überhaupt nicht

umgestellten Verbindlichkeiten des Reichs usw. (Artikel 12 Umstellungsverordnung, § 14 Umstellungsgesetz) dürfte allerdings nicht hierher gehören, sondern unter das Widerspruchsrecht des Absatzes 2 des § 8; wohl aber zwingt zu einer Beteiligung des Grundstückseigentümers am Eintragungsverfahren die Möglichkeit, daß ein anderer Umstellungssatz als 1 : 1 oder auch 10 : 1 sich aus Maßnahmen des Vertragshilfeverfahrens nach der Durchführungsbestimmung Nr. 18 (in Berlin) oder der 28. DVO (im Bundesgebiet) ergeben können oder zwischen Grundstückseigentümer und Gläubiger vereinbart worden sein kann. Eine derartige Vereinbarung wird sich allerdings normalerweise auf eine Erhöhung des Umstellungssatzes beziehen. Ist eine solche Vereinbarung v o r dem Währungsstichtag geschlossen, so wird man unterscheiden müssen: Die Vereinbarung kann unmittelbar auf einen von der gesetzlichen Regelung abweichenden Umstellungssatz gerichtet sein, also z. B. daß eine Darlehensforderung 1 : 1 umgestellt sein soll oder daß eine Forderung nicht auf weniger als 60% des RM-Nennwertes abgewertet sein soll. Harmening-Duden I S. 214 halten derartige Vereinbarungen für unwirksam wegen Verstoßes gegen den zwingenden Charakter der Umstellungsvorschriften, ebenso Schubert NJW 1950 S. 288 mit weiterer Literatur; im Ergebnis gleich LG Braunschweig MDR 1949 S. 752 u. OLG Düsseldorf NJW 1951 S. 362 aus dem Zweck der Mark-gleich-Mark-Gesetzgebung, ebenso LG Berlin JR 1950 S. 668 u. HuW 1950 S. 455, zu einem besonders gelagerten Fall eingehend LG Flensburg MDR 1951 S. 39. Die Vereinbarung kann aber auch dahin gehen, daß nicht der Umstellungssatz einer bereits bestimmten Forderung betroffen wird, sondern daß die Forderung nach Inhalt oder Höhe unbestimmt bleibt und die Bestimmung nach der Währungsumstellung durch den Gläubiger oder einen Dritten beispielsweise nach Recht und Billigkeit oder auf der Grundlage der neuen Preise oder nach anderen Grundsätzen erfolgen soll; derartige Vereinbarungen sind wirksam, weil in diesem Fall die Forderung nicht den Umstellungsvorschriften unterliegt (vgl. u. a. aus der neueren Rechtsprechung und Literatur LG Hamburg MDR 1949 S. 493, OLG Hamburg MDR 1950 S. 231 — dabei in der Anmerkung der Schriftleitung die gesamte Literatur, siehe auch JuV 1950 S. 187 — LG Memmingen MDR 1950 S. 232, OLG München MDR 1950 S. 487, OLG Neustadt NJW 1950 S. 827, DNotZ 1950 S. 431, OLG Hamm NJW 1950 S. 954 u. JMBl.NW 1950, S. 185, Rowedder NJW 1949 S. 419, Eppig NJW 1949 S. 534, Skaupy JR 1949 S. 343, Schubert NJW 1950 S. 285). Die Vereinbarung kann schließlich dahin gehen, daß die nach der Umstellung zu erbringende Leistung nach einer bestimmten Menge von Sachwerten bemessen wird (nach Münzel JR 1949 S. 341 Wertbeständigkeits- und Wertpreisplauseln); während anfangs die Auffassung dahin ging, daß derartige Klauseln die Anwendung der jeweils in Betracht kommenden gesetzlichen Umstellungsvorschriften nicht hindern (vgl. insbesondere Hammes MDR 1949 S. 275, Münzel JR 1949 S. 341), ist man allmählich mehr zu dem Grundsatz gelangt, von dieser Auffassung Ausnahmen für gewisse Fälle der Wertpreisklausel (vgl. Schubert NJW 1950 S. 287) und auch von der Wertbeständigkeitsklausel für den Fall zu machen, daß die Wertbeständigkeitsklausel auf den Eintritt der Währungsreform abgestellt gewesen ist (vgl. KG in JR 1949 S. 476, OLG Braunschweig in JR 1950 S. 154, Münzel ebenda, siehe auch §§ 11 und 12 DM-Bilanzgesetz und dazu Klauss JR 1950 S. 304, sowie insbesondere Schubert NJW 1950 S. 285, entgegengesetzt jedoch BGH BB 1951 S. 377 und MDR 1951 S. 417). Ist eine Vereinbarung, die auf einen von der gesetzlichen Regelung abweichenden Umstellungssatz gerichtet ist, nach dem Währungsstichtag geschlossen worden, so ist sie nach dem Grundsatz der Vertragsfreiheit wirksam (vgl. Harmening-Duden I S. 214 und S. 223, II S. 66, Binder-Wetter-Reinbothe II/2 S. 354, Skaupy JR 1949 S. 344, Duden DRZ 1949 S. 562, Baur NJW 1950 S. 49, Caemmerer SJZ 1950 Sp. 8 und insbesondere §§ 24 Absatz 3 und 30 Absatz 3 DM-Bilanzgesetz). Für das Bundesgebiet wird dabei betont, daß auch eine währungsrechtlich zwischen den Parteien wirksame Vereinbarung über den Umstellungssatz gegenüber der Umstellungsgrundschuld nach dem LASG mit Rücksicht auf deren öffentlich-rechtlichen Charakter keine Wirkung habe. Diese Erwägung trifft für die Rechtslage in Berlin in dieser Form nicht zu, da die Aufbaugrundschuld des § 13 eine echte Eigentümergrundschuld, belastet durch die Verfügungsbeschränkung des § 19, ist, keinen öffentlich-rechtlichen Charakter trägt und Vereinbarungen über den Umstellungssatz des ihr vorgehenden, umgestellten Rechtes daher ihr gegenüber unter Umständen von Bedeutung sein könnten (vgl. auch LG Berlin JR 1950 S. 668), Jedoch ist die Aufbaugrundschuld nach § 13 in Verbindung mit § 26 Abs. 1 im Rahmen der durch Art. I und II des Gesetzes festgelegten Umstellung am 25. 6. 1948 entstanden. Eine nach dem 25. 6. 1948 getroffene Vereinbarung, die eine höhere Umstellung des Stammrechts als im Gesetz vorgesehen zum Gegenstand hat, würde also gleichzeitig die Höhe der Aufbaugrundschuld beeinträchtigen, damit eine Verfügung über diese darstellen und daher nach § 19 genehmigungspflichtig sein; ohne eine derartige Genehmigung entbehrt eine solche Vereinbarung der grundbuchrechtlichen Wirksamkeit (vgl. Verfügung des Senators f. Justiz vom 31. 3. 1951, JR 1951 S. 253, siehe auch Krech JR 1951 S. 234 sowie Abhandlung des Verfassers HuW 1951 S. 203 Abs. V, vgl. auch Anm. 9 zu § 9 S. 62 und Anm. 5 zu § 10 S. 66 sowie Anm. 10 zu § 14 S. 93.

4. Bewilligung des Eigentümers und des Gläubigers sind nach § 8 Absatz 1 erforderlich, aber nach der GBO nicht ausreichend, sondern hinzukommen muß ein Antrag nach § 13 GBO. Da für die Bewilligung das Recht des Eigentümers und des Gläubigers durch die Umstellung als betroffen angesehen wird (vgl. Anmerkung 3), gilt das gleiche beim Antrag, d. h. nach § 13 Absatz 2 GBO ist sowohl der Eigentümer als auch der Gläubiger antragsberechtigt. Für den Antrag ist eine bestimmte Form nicht vorgeschrieben. Der Antrag kann auch die erforderliche Bewilligung umfassen, dann muß er jedoch in der für diese vorgeschriebene Form gestellt sein (§ 30 in Verbindung mit § 29 GBO).

5. Nach dem § 8 entsprechenden § 5 der 40. DVO ist als „betroffen" im Sinne von § 19 GBO bezeichnet auch die Stelle, welche die Umstellungsgrundschulden zu verwalten hat (vor der 40. DVO abgelehnt vom OLG Düsseldorf JR 1950 S. 89). Dies mag mit Rücksicht darauf gerechtfertigt sein, daß Gläubiger der Umstellungsgrundschuld die öffentliche Hand ist. Die Aufbaugrundschuld des § 13 aber ist eine Eigentümergrundschuld. Die Tatsache, daß eine Verfügung darüber durch eine Behörde genehmigt werden muß (§ 19) kann im allgemeinen nicht dazu führen, diese Behörde als „betroffen" im Sinne der GBO bei der Eintragung der

Umstellung oder der Aufbaugrundschuld anzusehen. Im praktischen Erfolg erfährt dieser Grundsatz eine gewisse Einschränkung für den Fall, daß etwa mit einem Verfahren nach § 8 bereits eine Verfügung über die Aufbaugrundschuld verbunden ist, vgl. oben Anm. 3 am Ende. Auf derselben Ebene liegt eine Entscheidung des OLG Kiel Schl.H.A. 1950 S. 175, DRiZ 1950 S. 296, nach welcher zwar das Grundbuchamt auch nach Erlaß der 40. DVO ohne Rücksicht auf das sachliche Umstellungsverhältnis den vereinbarten höheren Umstellungssatz eintragen muß — unter der Voraussetzung aber, daß auch die mit der Verwaltung der Umstellungsgrundschuld beauftragte Stelle eine derartige Eintragung bewilligt. Ähnlich AG Selb JMBl. Bayern 1951 S. 80.

6. § 8 Absatz 1 Satz 2 stellt ausdrücklich klar, daß die Bewilligung des Eigentümers und des Gläubigers das Mindesterfordernis sind, weitergehende Vorschriften der GBO aber unberührt bleiben. Dies ist einmal für das Antragserfordernis (Anmerkung 4) von Bedeutung, weiterhin aber vor allem für die allgemeine grundbuchrechtliche Notwendigkeit der Bewilligung von Drittberechtigten, die als „betroffen" im Sinne von § 19 GBO anzusehen sind, das sind diejenigen, deren dingliches Recht durch die Eintragung der Umstellung nur mittelbar betroffen wird (Thieme S. 46, Güthe-Triebel Bd. I S. 377 und 391), insbesondere Pfandgläubiger und Nießbraucher (siehe auch Harmening-Duden II S. 66, Baur NJW 1950 S. 49).

7. Eine Berichtigung des Grundbuches auf Grund der Umstellung ist vor der 40. DVO von den Gerichten teils abgelehnt, teils zugelassen worden (vgl. über die Entwickelung Reinicke MDR 1949 S. 730, Krech JR 1949 S. 274 und „Mitteilungen" JR 1949 S. 485 sowie OLG Kiel JR 1950 S. 25). Nach der Regelung des § 8 ist ein Verfahren nach § 22 GBO ausgeschlossen, weil § 8 die Bewilligung zwingend vorschreibt, und sie deshalb nicht durch den „Nachweis der Unrichtigkeit" nach § 22 GBO ersetzt werden kann (ebenso Harmening-Duden II S. 66 und Reinicke MDR 1949 S. 730, siehe auch LG Hamburg DRiZ 1950 S. 296). Cammerer DNotZ 1950 S. 13 bemerkt, daß der Ersatz der Bewilligung durch Nachweis der Unrichtigkeit insofern nicht ausgeschlossen erscheint, als die Vorlegung einer rechtskräftigen Entscheidung über die Umstellung von der Bewilligung absehen läßt. Das Berliner Gesetz trägt dem Rechnung, indem es in § 9 Absatz 3 Satz 3 ausdrücklich bestimmt, daß eine Entscheidung in dem für die Umstellungsfragen vorgesehenen besonderen Verfahren die Bewilligung — und zwar sämtlicher Betroffenen — ersetzt. Dieses Verfahren greift in Berlin nicht nur Platz, wenn Streit oder Ungewißheit über die Umstellung besteht, sondern auch, wenn ein Beteiligter die Bewilligung verweigert (§ 9 Absatz 1 Satz 2), während im Bundesgebiet in diesem Fall die ordentliche Klage notwendig ist (Harmening-Duden II S. 66). Was für eine Entscheidung in dem besonderen Verfahren nach § 9 gilt, muß erst recht für eine Entscheidung im streitigen Verfahren nach § 10 und § 11 gelten; dies ergibt sich auch für diese Verfahren aus § 894 ZPO, wenn auf Abgabe der Bewilligungserklärung geklagt ist.

8. Amtliche Begründung zu § 8 Absatz 2:

„2. Wegen der Gründe für die in § 8 Absatz 2 vorgesehene erleichterte Eintragung eines Widerspruchs auf Antrag des Eigentümers im Falle der Eintragung eines Umstellungsbetrages von mehr als einer Deutschen Mark für je zehn Reichsmark siehe oben unter Absatz I Ziffer 3 zu b) sowie Ziffer 6 und 7. In der Zwangsversteigerung wird das durch den Widerspruch des Eigentümers geschützte Recht wie ein aufschiebend bedingtes Recht behandelt (Hinterlegung des auf das eingetragene Recht entfallenden Versteigerungserlöses). Ein solcher Widerspruch kann trotz der vorangegangenen Bewilligung nach Absatz 1 eingetragen werden."

9. Die vorstehend erwähnten Stellen der amtlichen Begründung sind wiedergegeben an folgenden Stellen:

Ziffer 3 zu b in Anm. 2 zu § 2 S. 9
Ziffer 6 in Anm. 12 zu § 2 S. 24
Ziffer 7 in Anm. 14 zu § 2 S. 28.

10. Für die Eintragung eines Widerspruchs nach § 8 Abs. 2 kommen folgende Möglichkeiten einer Divergenz zwischen gesicherter Forderung und umgestellten Grundpfandrecht in Betracht: Die gesicherte Forderung ist überhaupt nicht auf Westmark umgestellt, entweder weil es sich um eine Verbindlichkeit des Reichs usw. handelt (§ 2 Ziff. 1 in Verbindung mit Art. 12 Umstellungsverordnung, vgl. Anm. 5 zu § 2 S. 16) oder weil ein Angehöriger der Vereinten Nationen Gläubiger ist und der Umstellung wider sprochen hat (§ 2 Ziff. 4 in Verbindung mit Art. 13 Ziff. 29 Satz 2 Umstellungsverordnung, vgl. Anm. 13 zu § 2 S. 25). Die gesicherte Forderung ist auf einen niedrigeren Betrag als das Grundpfandrecht umgestellt, entweder weil ein Angehöriger der Vereinten Nationen Gläubiger ist und der Umstellung nicht widersprochen hat (§ 2 Ziff. 4 in Verbindung mit Art. 13 Ziff. 29 S. 1 Umstellungsverordnung, vgl. Anm. 13 zu § 2 S. 26) oder weil die gesicherte Forderung ihrerseits zur Sicherung einer Valutaforderung bestimmt ist (§ 2 Ziff. 5, vgl. Anm. 15 zu § 2 S. 29). Im Gegensatz zu Harmening-Duden II S. 67 wird die Auffassung vertreten, daß weiterhin ein Widerspruch nach § 8 Abs. 2 zulässig ist, wenn die durch ein Westmark-Grundpfandrecht gesicherte Forderung ausnahmsweise auf Ostmark umgestellt ist, weil in diesem Fall eine ähnliche Rechtslage besteht, wie wenn ein Angehöriger der Vereinten Nationen der Umstellung nicht widersprochen hat, ohne daß aber bei einer Umstellung auf Ostmark der Ausschluß des Entstehens einer Eigentümergrundschuld vorgeschrieben ist wie nach § 3 Abs. 1, so daß die Eintragung eines Widerspruchs notwendig erscheint (vgl. Anm. 4 zu § 2 S. 15 und Anm. 1 zu § 3 S. 31).

11. Nicht anwendbar ist § 8 Abs. 2, wenn die unmittelbar durch Reichsmark-Grundschuld gesicherte Forderung auf fremde Valuta lautet (§ 2 Ziff. 1 erste Alternative) oder aus anderem Grund nicht in RM bezifferbar gewesen ist (vgl. Anm. 3 zu § 2 S. 10). Nicht anwendbar ist § 8 Abs. 2 auch auf Höchstbetragsrechte, die nach § 2 Ziff. 2 im Verhältnis 1 : 1 umgestellt sind, weil bei diesen durch die Umstellung die Rechtslage des Eigentümers hinsichtlich der Differenz zwischen valutiertem umgestellten Teil und nichtvalutiertem Eigentümerteil der Forderung nicht anders ist als ohne Umstellung hinsichtlich des nichtvalutierten Teils (vgl. Anm. 8 zu § 2 S. 17, ebenso Harmening-Duden II S. 67, Duden DRZ 1949 S. 562).

12. Der Einragung eines Widerspruchs steht nicht entgegen, daß der Antragsteller die Umstellung nach § 8 Abs. 1 bewilligt hat (Harmening-

Duden II S. 67, Cammerer DNotZ 1950 S. 14, Duden DRZ 1949 S. 562, Lauterbach ZJBl. 1949 S. 219). Zu der Bewilligung ist der Eigentümer nach den Umstellungsschriften verpflichtet, sie kann im Rahmen des § 9 oder § 10 erzwungen werden. Gleichgültig, ob sie freiwillig erteilt oder durch gerichtliche Entscheidung ersetzt wird, kann der Eigentümer gleichwohl die Eintragung eines Widerpsruchs verlangen, wenn die Voraussetzungen des § 8 Abs. 2 vorliegen.

13. Für die Eintragung des Widerspruchs ist lediglich der einseitige Antrag des Eigentümers erforderlich, keine Bewilligung des Gläubigers und keine gerichtliche Entscheidung im Sinne von § 899 Abs. II BGB. Harmening-Duden II S. 67 weisen mit Recht darauf hin, daß es sich nicht um einen Widerspruch gegen die Unrichtigkeit des Grundbuchs nach § 899 BGB handelt, wohl aber liegt die von Cammerer DNotz 1950 S. 14 gezogene Parallele zu dem Widerspruch auf Grund der exceptio non numeratae pecuniae nach § 1139 BGB auf der Hand. Ein Nachweis der Voraussetzungen ist nicht erforderlich (Harmening-Duden II S. 67, Staudinger Bd. III/2 Anm. 2 zu § 1139 S. 1184, Palandt Anm. 2 zu § 1159 S. 1185), es genügt Behauptung des Eigentümers, die aber selbstverständlich substantiiert sein und die Voraussetzungen des § 8 Abs. 2 erkennen lassen muß, die sich übrigens vielfach schon aus dem Grundbuch selbst ergeben werden. Die in § 29 GBO vorgeschriebene Form dürfte für den Antrag nach § 8 Abs. 2 nicht erforderlich sein, da durch den Antrag keine zu der Eintragung erforderliche „Erklärung" ersetzt wird (§ 30 GBO). Palandt Anm. 2 zu § 1139 S. 1185 läßt sogar für den Antrag nach § 1139 BGB Formfreiheit zu, während Staudinger Bd. III/2 Anm. 2 zu § 1139 S. 1184 u. Güthe-Triebel Bd. I S. 737 die Form des § 29 GBO mit der Begründung verlangen, daß mit dem Antrag die Erklärung abgegeben wird, die Hingabe des Darlehens sei unterblieben. Bei § 8 Abs. 2 wird aber nicht einmal eine solche Erklärung abgegeben, sondern nur vorgetragen, daß nach den gesetzlichen Vorschriften über die Umstellung eine Divergenz zwischen Forderung und Grundpfandrecht eingetreten ist. Dies kann nicht als Erklärung im Sinne von § 30 GBO angesehen werden. Zur Löschung des Widerspruchs ist entweder die Bewilligung des Eigentümers oder eine diese ersetzende gerichtliche Entscheidung notwendig; diese könnte jedoch z. Z. nur darauf beruhen, daß die Voraussetzungen des § 8 Abs. 2 nicht vorgelegen haben, nicht aber darauf, daß sie weggefallen sind, denn der Wegfall kann der Natur dieser Voraussetzungen nach nur durch Gesetz erfolgen (z. B. endgültige Regelung der Umstellung von Forderungen der Angehörigen der Vereinten Ntionen). Beruht der Wegfall auf Rechtsgeschäft, z. B. Tilgung der gesicherten Forderung, so geht das Recht auf den Eigentümer über, und dieser wird selbst die Löschung des Widerspruchs nicht nur bewilligen, sondern beantragen. Fehl geht jedoch die Ansicht Cammerers DNotZ 1950 S. 15, eine gerichtliche Entscheidung in dem für die Umstellung vorgesehenen besonderen Verfahren (§ 6 der 40. Durchführungsverordnung, § 9 dieses Gesetzes) könne die Bewilligung zur Löschung des Widerspruchs ersetzen; diese Entscheidung betrifft nur die Umstellung selbst, die Eintragung oder Löschung des Widerspruchs aber ist ein Rechtsakt, der gerade außerhalb des eigentlichen Umstellungsverfahrens liegt.

14. Amtliche Begründung zu § 8 Absatz 3:

„3. Absatz 3 von § 8 bestimmt, daß für die Eintragung des Umstellungsbetrages in das Grundbuch und für die Beurkundung oder Beglaubigung der hierzu erforderlichen Erklärungen nur die Hälfte der sonst hierfür zu entrichtenden Gebühren zu erheben ist."

15. Wichtig ist, daß immer der Umstellungsbetrag Geschäftswert ist, und zwar auch für den Widerspruch nach Absatz 2 (Harmening-Duden II S. 68). Über „Kostenfragen bei umgestellten Hypotheken und Grundschulden" vergleiche im einzelnen Vogt in DNotZ 1950 S. 289, weiterhin BB 1950 S. 576, 661, 881 und BB 1951 S. 377 sowie Folter in Rpfl. 1950 Sp. 489. Über die Gebührenfreiheit der die Umstellungsgrundschulden im Bundesgebiet verwaltenden Stellen vgl. AV des Nds.MdJ in Nds.Rpfl. 1950 S. 146 sowie OLG Bamberg BB 1950 S. 661, DRiZ 1950 S. 296 und Bay. ObLG in Rpfleger 1951 Sp. 94, entgegensetzt OLG Düsseldorf in Rpfleger 1951 Sp. 92.

§ 9

(1) Besteht Streit oder Ungewißheit über die Umstellung einer Hypothek, Grundschuld, Rentenschuld oder Reallast oder einer Forderung, nach deren Umstellung sich die Umstellung einer Hypothek, Grundschuld oder Rentenschuld richtet, so entscheidet auf Antrag eines Beteiligten das Amtsgericht im Verfahren der freiwilligen Gerichtsbarkeit. Das gleiche gilt, wenn einer der Beteiligten die nach § 8 Absatz 1 erforderliche Bewilligung verweigert. Örtlich zuständig ist ausschließlich das Amtsgericht, in dessen Bezirk das Grundstück gelegen ist; § 36 Ziffer 4 der Zivilprozeßordnung ist entsprechend anzuwenden.

(2) Richtet sich die Umstellung einer Hypothek, Grundschuld oder Rentenschuld nach der Umstellung einer Forderung, so ist über die Umstellung des dinglichen Rechts und über die Umstellung der Forderung zu entscheiden, auch wenn nur das eine oder andere beantragt ist.

(3) Gegen die Entscheidung des Amtsgerichts findet die sofortige Beschwerde statt. Über die sofortige Beschwerde entscheidet das Landgericht. Gegen die Entscheidung des Beschwerdegerichts ist die sofortige weitere Beschwerde an das Kammergericht zulässig, wenn die Entscheidung auf einer Verletzung des Gesetzes beruht.

(4) Eine Entscheidung nach Maßgabe des Absatzes 3 wird mit der Rechtskraft wirksam. Die rechtskräftige Entscheidung ist für die Gerichte und Verwaltungsbehörden bindend. Sie ersetzt die Bewilligung nach § 8 Absatz 1 Satz 1.

(5) Das Gericht entscheidet nach freiem Ermessen, wer die Kosten des Verfahrens zu tragen hat. Für die Entscheidung des Gerichts wird in jedem Rechtszuge eine volle Gebühr (§ 26 der

Kostenordnung) erhoben. Der Geschäftswert bestimmt sich nach § 24 der Kostenordnung.

(6) Hängt die Entscheidung in einem nach anderen Vorschriften anhängig gemachten Verfahren von einer Entscheidung gemäß Absatz 1 ab, so ist das Verfahren bis zu dieser Entscheidung auszusetzen.

(7) Erledigt sich ein nach anderen Vorschriften anhängig gemachtes Verfahren durch die im Absatz 1 getroffene Regelung, so sind die Gerichtskosten niederzuschlagen; die außergerichtlichen Kosten der Parteien oder Beteiligten sind als gegeneinander aufgehoben anzusehen.

Anmerkungen:

1. Amtliche Begründung zu § 9:

„4. Nach § 9 soll bei Meinungsverschiedenheiten über die Umstellung von Grundpfandrechten und von Forderungen, nach deren Umstellung sich die Umstellung dieser Grundpfandrechte gemäß § 1 richtet, im Verfahren der freiwilligen Gerichtsbarkeit entschieden werden. Diese Regelung knüpft an die entsprechenden Vorschriften in der Aufwertungsgesetzgebung nach der Inflation von 1923 an. Zuständig ist das Amtsgericht, in dessen Bezirk das Grundstück gelegen ist (§ 9 Abs. 1). Die Entscheidung des Amtsgerichts kann nach § 9 Abs. 3 mit der sofortigen Beschwerde angefochten werden, über die das Landgericht entscheidet (§ 9 Abs. 3). Gegen die Entscheidung des Beschwerdegerichts ist die sofortige weitere Beschwerde an das Kammergericht zulässig, wenn die Entscheidung auf einer Verletzung des Gesetzes beruht. Die Entscheidung wird mit der Rechtskraft wirksam und ist für die Gerichte und Verwaltungsbehörden bindend (§ 9 Abs. 4). Demzufolge bestimmt § 9 Abs. 6, daß ein nach anderen Vorschriften anhängig gemachtes Verfahren, bei dem die Entscheidung von einer Entscheidung gemäß § 9 Abs. 1 abhängt, bis zu dieser Entscheidung auszusetzen ist. Erledigt sich ein nach anderen Vorschriften anhängig gemachtes Verfahren durch die in § 9 Abs. 1 getroffene Regelung, so sind die Gerichtskosten niederzuschlagen und die außergerichtlichen Kosten der Parteien oder Beteiligten als gegeneinander aufgehoben anzusehen (§ 9 Abs. 7). Das gleiche Verfahren wie bei Streit oder Ungewißheit über die Umstellung soll nach § 9 Abs. 1 Satz 2 auch Platz greifen, wenn einer der Beteiligten die nach § 8 Abs. 1 erforderliche Bewilligung verweigert. Eine solche Verweigerung würde möglicherweise nicht als Streit angesehen werden können und würde zur Folge haben, daß ohne eine derartige Ausdehnung der andere Beteiligte zunächst im ordentlichen Rechtswege auf Abgabe der Willenserklärung klagen müßte. Im Interesse einer möglichst raschen Klarstellung der grundbuchrechtlichen Verhältnisse erscheint es zweckmäßig, derartige Fälle auch in dem besonders geregelten Verfahren nach § 9 zu behandeln. Da eine rechtskräftige Entscheidung nach § 9 für die Gerichte bindend ist, muß sie für das Grundbuchamt auch die nach § 8 Abs. 1 erforderliche Bewilligung ersetzen. Dies ist zur Klarstellung in Abs. 4 Satz 3 ausgesprochen."

2. § 9 entspricht dem § 6 der 40. Durchführungsverordnung (vgl. Teil II/1 S. 140), unterscheidet sich jedoch besonders darin wesentlich von dieser Vorschrift, daß nach § 9 Abs. 1 Satz 2 das Amtsgericht auch bei Verweigerung der Bewilligung entscheidet.

3. Die Vorschriften der Aufwertungsgesetzgebung, die nach der Begründung zum Vorbild gedient haben, sind in den §§ 69 ff. Aufw.Ges. und Art. 117 ff. Aufw.DVO enthalten — vgl. im einzelnen Cammerer DNotZ 1950 S. 16.

4. Harmening-Duden II S. 71 führen aus, das Verfahren nach § 6 der 40. Durchführungsverordnung sei nicht anwendbar schlechthin zur Klärung irgendwelcher durch die Umstellung ungewiß oder streitig gewordener Fragen über dingliche Rechtsverhältnisse, sondern nur zur Klärung des Betrages der Umstellung. Sie begründen diese Einschränkung damit, daß das neue Verfahren auf beschleunigte Klärung des Rechtsverhältnisses der unmittelbar Beteiligten gegenüber der öffentlichen Hand mit Rücksicht auf die Umstellungsgrundschuld abzielt, weniger aber auf die Regelung des Rechtsverhältnisses der unmittelbar Beteiligten untereinander. Dies ergibt sich für den Bereich der 40. Durchführungsverordnung auch daraus, daß nach § 6 Abs. 1 Satz 3 der 40. Durchführungsverordnung Beteiligter am Verfahren die Stelle ist, welcher die Verwaltung der Umstellungsgrundschuld obliegt. Für Berlin fallen diese Gesichtspunkte weg. Die öffentliche Hand ist nicht beteiligt, die durch die Umstellung entstehende Aufbaugrundschuld ist Eigentümergrundschuld, es kommt also auch für sie ausschließlich auf das Rechtsverhältnis zwischen den unmittelbar Beteiligten an. Der Kreis der Fälle nach § 9 des Gesetzes ist also grundsätzlich weiter als der nach § 6 der 40. Durchführungsverordnung. Für eine erweiterte Anwendung auch des § 6 der 40. Durchführungsverordnung bei Streitigkeiten darüber, ob eine Eigentümergrundschuld mangels Valutierung vorliegt, treten mit Recht Stoeckert NJW 1950 S. 679 und Mattern NJW 1951 S. 142 ein. Nach den Entscheidungen des LG Köln (JMBl.NW 1951 S. 103) und des OLG Hamm (MDR 1951 S. 363) ist in dem Verfahren nach § 6 der 40. DVO (§ 9 dieses Gesetzes) lediglich über die Umstellung, aber nicht über das Bestehen oder die Höhe der umzustellenden Forderung zu entscheiden, dagegen steht das OLG Stuttgart auf dem wohl nach dem Grundsatz der Prozeßökonomie zutreffenden Standpunkt, daß in diesem Verfahren auch die Ungewißheit über den Bestand einer Hypothekenforderung geklärt werden kann (BB 1951 S. 350). Es kann aber nach § 9 genau wie nach § 6 der 40. DVO nicht über die Umstellung allein einer Forderung entschieden werden, wenn die Umstellung des Grundpfandrechtes von der Umstellung der Forderung nicht abhängig ist. Es kann also zwar über die Umstellung der in § 2 genannten dinglichen Rechte entschieden werden, aber nicht über die Umstellung der solchen Rechten zugrunde liegenden Forderung (vgl. Harmening-Duden II S. 70, Duden DRZ 1949 S. 562, Lauterbach ZJBl. 1949 S. 219). Dieser Gedanke kommt auch in § 9 Abs. 2 zum Ausdruck, wonach über die Umstellung von dinglichem Recht und Forderung nur dann gemeinsam zu entscheiden ist, wenn sich die Umstellung des dinglichen Rechts nach der Umstellung der Forderung richtet. Aus der Erwägung, daß in einem Verfahren nach § 9, in dem über die Umstellung eines dinglichen Rechtes nach § 2 entschieden wird, nicht über die diesem

Recht zugrunde liegende Forderung entschieden werden kann, ergibt sich auch, daß über das Widerspruchsrecht nach § 8 Abs. 2 nicht in dem Verfahren nach § 9 entschieden werden kann, weil dieses Widerspruchsrecht auf der Divergenz zwischen Umstellung der Forderung und Umstellung des dinglichen Rechts beruht. Daß über die Umstellung einer Forderung allein nicht nach § 9 entschieden werden kann, wenn nicht die Umstellung des dinglichen Rechts von der Umstellung der Forderung abhängig ist, bedeutet aber nicht, daß in einem nach § 9 wegen der Umstellung des dinglichen Rechts anhängigen Verfahren die umstellungsrechtlich bedeutsame Natur der Forderung unerörtert bleiben muß; sie kann dies gar nicht, denn ihre Rechtsnatur ist gerade für die „vorsorgliche", von der Forderung losgelöste 1 : 1-Umstellung in § 2 entscheidend (z. B. ob es sich um eine Verbindlichkeit des Reichs handelt oder um eine gegenüber einem Angehörigen der Vereinten Nationen). Die in § 9 Abs. 4 Satz 2 ausgesprochene Bindung wird sich auch auf die über die Forderung getroffene Feststellung erstrecken, wenn nicht sie, sondern nur das dingliche Recht Gegenstand des Tenors ist. Hat z. B. das Amtsgericht in einem Verfahren nach § 9 entschieden, daß ein Grundpfandrecht 1 : 1 umzustellen ist, weil die gesicherte Forderung einem Angehörigen der Vereinten Nationen zusteht, so kann nicht das Prozeßgericht in einem Rechtsstreit, der auf Bewilligung zur Löschung eines nach § 8 Abs. 2 eingetragenen Widerspruchs gerichtet ist, die Auffassung vertreten, es liege keine Verbindlichkeit gegenüber einem Angehörigen der Vereinten Nationen vor.

5. Im Gegensatz zu § 6 der 40. Durchführungsverordnung ist auch die Umstellung von Reallasten dem Verfahren des § 9 unterworfen, dagegen sind die Umstellungsfälle des Art. 16 Ziffer 36 Abs. a, 3 Umstellungsverordnung dem Verfahren nach § 9 entzogen — vgl. § 10.

6. Ein Verfahren nach § 9 ist auch dann noch zulässig, wenn ein am Währungsstichtag eingetragen gewesenes Grundpfandrecht vor Verkündung dieses Gesetzes gelöscht worden ist. Dies ergibt sich zwingend aus der Tatsache, daß auch in einem solchen Fall eine Aufbaugrundschuld nach § 13 entstehen kann, und daß das Verfahren nach § 9 die Voraussetzung für die Eintragung der Aufbaugrundschuld nach § 14 Abs. 2, § 15 bilden kann. Auch für das Bundesgebiet wird hinsichtlich § 6 der 40. DVO das Gleiche angenommen (vgl. LG München MDR 1950 S. 677). Dagegen dürfte ein Verfahren nach § 9 nicht zulässig sein, wenn noch kein Grundpfandrecht eingetragen ist, sondern der Anspruch auf Bestellung eines solchen erst durch Vormerkung gesichert ist (OLG Hamm in DNotZ 1950 S. 88, JMBl.NW 1950 S. 185, DRiZ 1950 S. 296).

7. Wenn es sich um „Streit oder Ungewißheit" über die Umstellung handelt, wird der Antrag und Tenor auf Feststellung der Umstellung gerichtet sein. Das Gericht stellt nicht konstitutiv um, sondern deklariert die durch Gesetz getroffene Umstellung (vgl. dazu auch Anm. 3 zu § 5 S. 38). Aber auch wenn es sich um Verweigerung der Bewilligung handelt, wird man annehmen müssen, daß Antrag und Entscheidung auf Feststellung der Umstellung lauten; denn ein Antrag auf Einwilligung zur Eintragung der Umstellung hätte zur Voraussetzung, daß eine Verurteilung zur Erteilung der Bewilligung möglich ist; eine solche Verurteilung aber

kann in dem Beschlußverfahren des § 9 nicht erfolgen. Allerdings ist in § 9 Absatz 4 Satz 3 der Ersatz der Bewilligung durch gerichtliche Entscheidung ausdrücklich ausgesprochen, so daß dieselbe Folge eintritt, wie nach § 894 ZPO bei einer Klage auf Einwilligung. Mit Rücksicht auf diese Folge kann es zweifelhaft sein, ob ein auf Einwilligung gerichteter Antrag als unzulässig zurückgewiesen werden kann. Die Frage dürfte kaum von Bedeutung sein, denn wenn das Amtsgericht auch für den Fall der Verweigerung den Feststellungsantrag für richtig hält, wird sich der Antragsteller einem entsprechenden Hinweis nicht verschließen. Auch, wenn die „Ungewißheit" nicht zwischen den Beteiligten, sondern beim Grundbuchamt besteht, dürfte das Verfahren nach § 9 gegeben sein. Diese Folgerung ist mit Rücksicht darauf notwendig, daß einerseits neben dem Verfahren nach § 9 das Grundbuchbeschwerdeverfahren nicht zulässig sein dürfte (siehe unten Anm. 9), andererseits die Beteiligten durch übereinstimmende Erklärungen nach § 8, die etwa nach Ansicht des Grundbuchamtes der materiellen Rechtslage nicht entsprechen, die Entstehung der Aufbaugrundschuld nicht beeinträchtigen können (vgl. Anm. 3 zu § 8 S. 54 und Anm. 10 am Ende zu § 14 S. 93 über die Durchbrechung des formellen Konsensprinzips). In einem solchen Falle kann dem Grundbuchamt nichts anderes übrig bleiben, als die Beteiligten auf eine Klärung im Wege des § 9 zu verweisen.

8. Antragsberechtigt im Verfahren nach § 9 sind die unmittelbar und mittelbar „Beteiligten". Dazu gehören nicht die in § 19 Absatz 3 genannten Behörden, anders § 6 Absatz 1 Satz 3 der 40. Durchführungsverordnung hinsichtlich der Verwaltungsstellen für Umstellungsgrundschulden (vgl. Anm. 3 u. 5 zu § 8 S. 53). Die Nichtzuziehung des beteiligten Eigentümers stellt einen wesentlichen Verfahrensmangel dar (OLG Neustadt DNotZ 1951 S. 271 und Bayer. ObLG NJW 1951 S. 527). Für das Beschwerdeverfahren siehe §§ 20 ff. FGG, Frist zwei Wochen (§ 22 FGG). Beteiligt ist auch ein Gläubiger eines nach § 24 an die Stelle der Aufbaugrundschuld tretenden Grundpfandrechtes, vgl. § 7 der 1. DVO, abgedruckt Teil I/2, S. 124 Begründung dazu siehe Teil I/3 S. 126, vgl. auch Abhandlung des Verfassers HuW 1951 S. 203 Abs. IV.

9. Die ausschließliche Zuständigkeit des Amtsgerichts für Verfahren nach § 9 läßt es nicht zu, daß die Parteien etwa durch Unterlassung eines Antrages nach § 9 übereinstimmend die Zuständigkeit des Prozeßgerichts begründen — vgl. OGH BZ in NJW 1950 S. 701. Ebenso läßt es die ausschließliche Zuständigkeit als ausgeschlossen erscheinen, daß etwa eine Entscheidung über die Umstellung eines Vollstreckungstitels im Verfahren nach der Durchführungsbestimmung Nr. 13 zur UmstVO (Berlin, abgedr. VOBl. 1949 I S. 163) bzw. der 16. DVO zum Umst.Ges (Bundesgebiet) präjudizielle Wirkung für ein Verfahren nach § 9 bzw. § 6 der 40. DVO hat (so auch Stoeckert BB 1951 S. 426). Dies ergibt sich für Berlin ebenso wie für das Bundesgebiet aus der Notwendigkeit, eine Beeinträchtigung der Aufbaugrundschuld (bzw. Umstellungsgrundschuld) durch übereinstimmende, der materiellen Rechtslage nicht entsprechende Erklärungen der Beteiligten zu verhindern (vgl. dazu Anm. 3 zu § 8 am Ende S. 54 und Anm. 5 zu § 8 am Ende S. 55). Mit Rücksicht auf dieses Fehlen der präjudiziellen Wirkung wird man in solchen Fällen einem Verfahren nach der Durch-

führungsbestimmung Nr. 13 bzw. der 16. DVO das Rechtsschutzinteresse versagen müssen. Für Berlin wird dies voraussichtlich in der 2. DVO klargestellt werden. In den Fällen, in denen ein Verfahren nach § 9 zulässig ist, also in denen, die nicht durch § 10 diesem besonderen Verfahren entzogen sind, erscheint auch mit Rücksicht auf § 9 Abs. 6 das normale Grundbuchbeschwerdeverfahren nach den §§ 71 ff. GBO nicht zulässig (anders für die 40. DVO OLG München JMBl. Bayern 1951 S. 95).

10. Über die geschäftliche Behandlung der Anträge nach § 6 der 40. DVO vgl. für Bayern AV des Bayerischen Justizministers in Justizamtsblatt für Bayern 1949 S. 160, für Niedersachsen AV des Nds. Justizministers in Nds.Rpfl. 1950 S. 30, zu § 9 dieses Gesetzes AV des Senators für Justiz vom 19. 3. 1951 — VOBl. II S. 369 —, abgedruckt Teil I/4 S. 133. Während für Bayern ausdrücklich bestimmt ist, daß die Grundbuchämter auch für das Verfahren nach § 6 der 40. DVO zuständig sein sollen, ist für Berlin bewußt auf eine solche Bestimmung verzichtet und es der Geschäftsverteilung der Amtsgerichte überlassen, ob das Grundbuchamt oder ein Richter der Freiwilligen Gerichtsbarkeit für die Anträge nach § 9 zuständig sein soll. Das Gesetz selbst legt nur die Zuständigkeit des Amtsgerichts als solchen fest.

§ 10

Die Vorschriften des § 9 finden keine Anwendung, wenn Streit oder Ungewißheit besteht

a) über die Umstellung einer der in Artikel 16 Ziffer 36 Absatz a, 3 der Umstellungsverordnung genannten Verbindlichkeiten oder

b) über die Umstellung einer Hypothek, Grundschuld, Rentenschuld oder Reallast, die sich nach der Umstellung einer der unter a bezeichneten Verbindlichkeiten richtet oder

c) über die Umstellung in den in §§ 5 bis 7 bezeichneten besonderen Fällen.

Anmerkungen:

1. Amtliche Begründung zu § 10:

„5. Die Regelung des § 9 entzieht die Entscheidung der Frage, in welchem Verhältnis ein Grundpfandrecht umgestellt ist, der streitigen Gerichtsbarkeit und überträgt sie einem besonders geregelten Verfahren der freiwilligen Gerichtsbarkeit. Dies erscheint zwar vertretbar und im Interesse der Rechtsangleichung an die Bundesrepublik Deutschland notwendig, soweit es sich um die im Artikel I geregelten allgemeinen Fälle der Umstellung handelt. Soweit es sich jedoch um die nach Art. 16 Ziff. 36 Abs. a, 3 Umstellungsverordnung privilegierten und die im Artikel II geregelten besonderen Fälle der Umstellung handelt, die für die abweichende Rechtslage in Berlin von weittragender Bedeutung sind, erscheint es angebracht, die Entscheidung dem streitigen Verfahren zu belassen, wie dies auch bisher schon der Fall gewesen ist. Dies wird in § 10 ausgesprochen."

2. Da ein Verfahren bei Verweigerung der Bewilligung nach § 9 Abs. 1 Satz 2 nur dann im Rahmen des § 9 möglich ist, wenn die Voraussetzungen des § 9 Abs. 1 Satz 1 vorliegen, und da § 10 eine Ausnahme gerade von § 9 Abs. 1 Satz 1 darstellt, ist auch bei Verweigerung der Bewilligung in den in § 10 genannten Fällen nicht das Verfahren nach § 9 möglich, ohne daß dies besonders erwähnt zu sein braucht.

3. Die Vorschrift wird eine sorgfältige Handhabung durch das eventuell zunächst nach § 9 angegangene Amtsgericht erfordern, wenn sie nicht zu erheblichen Schwierigkeiten führen soll. Beantragt beispielsweise der Grundstückseigentümer nach § 9 Feststellung der Umstellung im Verhältnis 10 : 1 und bringt der Gläubiger demgegenüber vor, es handele sich um eine 1 : 1 umgestellte Hypothek zur Sicherung einer Auseinandersetzungsverbindlichkeit, so kann das Amtsgericht in der Sache selbst nicht entscheiden. Zu der in § 10 genannten Entscheidung „über die Umstellung" gehört auch die Entscheidung über die Voraussetzungen der Umstellung. Das Amtsgericht kann daher nicht im Verfahren nach § 9 prüfen und aussprechen, daß eine Verbindlichkeit nach Art. 16 Ziff. 36 Abs. a, 3 Umstellungsverordnung nicht vorliegt, denn gerade diese Entscheidung steht dem Prozeßgericht zu. Der Sinn des § 10 ist, daß das Prozeßgericht entscheiden soll, wenn Streit oder Ungewißheit darüber besteht, ob eine privilegierte Verbindlichkeit oder eine Ausnahme von der Privilegierung nach Art. II vorliegt. Eine unsubstanziierte Behauptung zwingt selbstverständlich das Amtsgericht nicht, seine Zuständigkeit zu verneinen. Ob aus einem Verfahren der freiwilligen Gerichtsbarkeit nach § 9 eine Verweisung analog §§ 506, 280 ZPO an das Prozeßgericht möglich ist, kann zweifelhaft sein. Mit Rücksicht darauf, daß es sich in beiden Fällen um ein Verfahren mit dem gleichen Ziel und Erfolg handelt, das nach § 9 nur aus Gründen der raschen Erledigung der freiwilligen Gerichtsbarkeit überwiesen ist, dürfte aber die Zulässigkeit der Verweisung oder eventuell Abgabe bejaht werden können, zumal eine Parallele für die Abgabe bereits im umgekehrten Fall in § 18 der 6. Durchführungsverordnung zum Ehegesetz (HausratsVO) besteht. Wollte man eine Verweisung oder vielmehr Abgabe an das Prozeßgericht nicht zulassen, so könnte das Amtsgericht nicht etwa aussetzen und die Parteien auffordern, das Rechtsverhältnis im Prozeß zu klären, da das Amtsgericht im Falle des § 10 nicht wieder zuständig werden, das Verfahren also nicht etwa nach § 9 fortgesetzt werden kann, wenn das Prozeßgericht entschieden hat, sondern die Entscheidung des Prozeßgerichts selbst hat Bindung des Grundbuchamtes zur Folge. Das Amtsgericht könnte also nur ohne Entscheidung in der Sache selbst den Antrag als in der gewählten Verfahrensart unzulässig zurückweisen — ein umständliches Verfahren, das vermeidbare Kosten bereitet, zu Verzögerungen führt und deshalb dem Zweck der §§ 9 und 10 zuwiderläuft. Läßt man aber die hier befürwortete Abgabe — und zwar am besten von Amts wegen entsprechend der Regelung in § 18 HausratsVO — zu, so ist dann vor dem Prozeßgericht nur Ladung erforderlich. Der Antrag kann der gleiche bleiben — Feststellung des Umfanges des Rechtsverhältnisses, über den Zweifel oder Streit zwischen den Parteien besteht (Stein-Jonas-Schönke, § 256, III, 1). Es kann allerdings zweifelhaft sein, ob das Feststellungsinteresse im Prozeßverfahren

zu bejahen ist, da die Klage auf Verurteilung zur Bewilligung der Eintragung (Leistungsklage) möglich ist; jedoch wird man das Feststellungsinteresse vielleicht deshalb bejahen können, weil die Feststellungsklage das Verfahren vereinfacht und dasselbe erreicht (RG 140/235). Falls aber insoweit Zweifel bestehen, wird sich im Verfahren vor dem Prozeßgericht der Übergang zur Leistungsklage empfehlen, d. h. eine Änderung des Antrages auf Verurteilung zur Bewilligung der Eintragung der Umstellung. Dieser Übergang ist keine Klageänderung, sondern nach § 268 Ziff. 2 ZPO zulässig (Stein-Jonas-Schönke § 268 V, 2).

4. Die Wirkung einer Entscheidung des Prozeßgerichts in einem Verfahren im Rahmen des § 10 ist gleich, ob es sich um einen Fall der Abgabe handelt wie in Anm. 3 erörtert oder ob von vornherein vor dem Prozeßgericht geklagt ist. Man muß jedoch bei positivem oder negativem Ausgang des Verfahrens unterscheiden: Ist nach Klageantrag verurteilt, so ergibt sich bei der auf Einwilligung gerichteten Leistungsklage die Bindung des Grundbuchamtes aus § 894 ZPO (vgl. Anm. 7 zu § 8 S. 55), bei Feststellungsklagen ergibt sie sich aus der persönlichen Rechtskraftwirkung (Baumbach, Einf. zu § 322 ZPO Anm. 4) und aus der Überlegung, daß ein Feststellungsurteil des Prozeßgerichts erst recht die Wirkung haben muß, die in § 9 Abs. 4 Satz 3 dem Beschluß nach § 9 zugeschrieben ist. Wird aber die Klage abgewiesen, so bedarf es für den Fall, daß die Klage auf Bewilligung der Eintragung gerichtet gewesen ist, keiner Erörterung, daß der Beklagte nicht auf Grund des klageabweisenden Urteils Eintragung verlangen kann, da dieses Urteil nur den Umstellungsanspruch des Klägers verneint, aber nicht über den Umstellungsanspruch des Beklagten befindet. Genau so ist es bei Abweisung einer Feststellungsklage. Der Vergleich mit dem üblichen Feststellungsurteil paßt nicht. Ist bei diesem beantragt, das Bestehen eines Rechtsverhälnisses festzustellen, und wird die Klage abgewiesen, so ist festgestellt, daß das Rechtsverhältnis nicht besteht. Hier handelt es sich aber nicht um das Ob, sondern um das Wie, und die Verneinung der Umstellung 10 : 1 besagt noch nicht, daß die Umstellung 1 : 1 Platz greift, die Verbindlichkeit kann z. B. auch gar nicht umgestellt sein. Es dürfte keine andere Möglichkeit geben, als daß der Beklagte seinen Umstellungsanspruch im Wege der Widerklage geltend macht, wenn er Wert darauf legt, in demselben Verfahren eine Entscheidung zu bekommen, die ihm seinerseits eine Eintragung der Umstellung ermöglicht. Dabei ist zu beachten, daß Leistungswiderklage das Feststellungsinteresse des Klägers beseitigt.

5. In den Fällen, die durch § 10 dem Verfahren nach § 9 entzogen sind, ist noch viel weniger als in den Fällen des § 9 ein Verfahren nach der Durchf.Best. Nr. 13 zur Umst.VO möglich (siehe Anm. 9 zu § 9 S. 62). Dies ergibt sich ganz klar aus der amtlichen Begründung und dem Sinn des § 10: Die in diesem genannten Fälle sind wegen ihrer besonderen Wichtigkeit dem Schnellverfahren des § 9 entzogen. Das Verfahren nach der Durchf.Best. Nr. 13 ist ein ganz besonders primitiv gestaltetes mit nur einer Beschwerdeinstanz; es erscheint völlig widersinnig, eine Gruppe von Fällen einem besonders schnellen, aber mit allen Kautelen der Rechtssicherheit ausgestatteten Verfahren wegen ihrer Bedeutung zu entziehen, und statt dessen ein Verfahren anzuwenden, bei dem diese Kautelen nicht gegeben sind. Die

Entscheidung des LG Berlin vom 22. 3. 1951 — 71 T 30/51 —, in welcher in einem solchen Falle das Verfahren nach der Durchf.Best. Nr. 13 ohne nähere Begründung als zulässig angesehen ist, muß deshalb abgelehnt werden. Die Frage wird voraussichtlich in der 2. DVO geklärt werden. Im Gegensatz zu der Rechtslage bei § 9 (siehe Anm. 9 dazu S. 62) erscheint in den unter § 10 fallenden Fällen das Grundbuchbeschwerdeverfahren zulässig. Neben § 9 ist es wegen der Ausschließlichkeit dieses Verfahrens ausgeschlossen und weil es dabei ausreicht, daß die „Ungewißheit" beim Grundbuchamt besteht, auch wenn die Parteien übereinstimmende Erklärungen abgeben. Sind sich aber die Parteien in Fällen des § 10 einig und bestehen nur beim Grundbuchamt Zweifel, ob ihre Erklärungen der materiellen Rechtslage entsprechen, so wäre es sinnlos, sie auf einen Prozeß zu verweisen; dies würde nur zu einem Anerkenntnisurteil führen und hätte den Erfolg, daß auf diesem Wege durch eine Umstellungsvereinbarung die Entstehung der Aufbaugrundschuld beeinträchtigt würde, wie es in Anm. 3 zu § 8 S. 54 abgelehnt ist. Geben also die Beteiligten in einem unter § 10 gehörenden Fall übereinstimmende Erklärungen nach § 8 ab und hat das Grundbuchamt Zweifel, ob diese Erklärungen der materiellen Rechtslage entsprechen, so kann es nicht die Beteiligten auf eine Klärung im Wege des § 9 verweisen, sondern es wird keine andere Möglichkeit geben, als daß das Grundbuchamt den Eintragungsantrag zurückweist und die Zweifel im Grundbuchbeschwerdeverfahren geklärt werden, das in seiner Ausgestaltung jedenfalls eine größere Rechtssicherheit bietet als das Verfahren nach der Durchf.Best. Nr. 13. Vergleiche dazu auch Anm. 10 zu § 14 S. 93.

§ 11

Sind vor der Verkündung dieses Gesetzes gerichtliche Entscheidungen ergangen, die mit den Vorschriften des Artikels II des Gesetzes nicht im Einklang stehen, so steht die Rechtskraft solcher Entscheidungen einem Verfahren nach § 10 nicht entgegen.

Anmerkungen:

1. Amtliche Begründung zu § 11:

„6. Über die Umstellung der in Artikel II des Gesetzes behandelten Sonderfälle sind bereits vor Verkündung des Gesetzes einander widersprechende Entscheidungen der Gerichte ergangen. Da die Umstellung der Grundpfandrechte auf den Währungsstichtag vom 25. Juni 1948 zurückwirkt (vgl. § 26 Abs. 1), ist es nicht tragbar, daß solche Entscheidungen aufrechterhalten bleiben, weil dies zu einer Ungerechtigkeit gegenüber den Personen führen würde, die nach Verkündung des Gesetzes auf Grund von Artikel II eine für sie günstigere Umstellung erreichen können. Deshalb sieht § 11 vor, daß solche Fälle erneut anhängig gemacht werden können, d. h. daß die Rechtskraft bereits ergangener Entscheidungen einem erneuten Verfahren nicht entgegensteht. Nach der in § 10 erfolgten Regelung kommt nur ein Verfahren nach den allgemeinen Grundsätzen der Zivilprozeßordnung in Betracht, nicht das besonders gestaltete Verfahren nach § 9."

2. § 11 betrifft nicht nur Entscheidungen, in denen die Ausnahme von der Privilegierung des Art. 16 Ziff. 36 Abs. a, 3 Umstellungsverordnung infolge Gläubigerwechsels oder Zeitablaufs behandelt und anders als nach den §§ 5—7 entschieden ist, sondern auch und gerade Entscheidungen, in denen eine Privilegierung unmittelbar auf Grund von Art. 16 Ziff. 36 Abs. a. 3 Umstellungsverordnung verneint ist, während sie auf Grund der Legalinterpretation in § 6 bejaht werden müßte. Zu dieser Legalinterpretation vgl. Anm. 2 zu § 6 S. 47. Gemeint sind mit § 11 gerade die Entscheidungen der 8. und 22. ZK des LG Berlin und des 7. ZS des KG, nach denen Restkaufgeldhypotheken 10 : 1 umgestellt sein sollen — vgl. auch über diese Entscheidungen Anm. 2 zu § 6 S. 46. Dies ergibt sich auch eindeutig aus der in Anm. 1 wiedergegebenen amtlichen Begründung. „Mit den Vorschriften des Art. II nicht im Einklang stehen" bedeutet daher nicht etwa nur, daß auf Umstellung 1 : 1 erkannt ist, während infolge Zeitablaufs oder Gläubigerwechsels nach §§ 5 bis 7 10 : 1 umgestellt ist, sondern es bedeutet auch, daß auf Umstellung 10 : 1 erkannt ist, während sich aus den in Art. II enthaltenen Grundsätzen ergibt, daß der Gesetzgeber von einer Umstellung 1 : 1 ausgeht. Auch die sprachliche Fassung des § 11 bringt dies zum Ausdruck, indem nicht etwa verlangt ist, daß die Entscheidung den §§ 5 bis 7 widersprechen muß, und daß unrichtig auf 1 : 1 erkannt sein muß, sondern nur, daß sie mit Art. II nicht im Einklang steht. Auch, daß in § 11 ein erneutes Verfahren im ganzen Rahmen des § 10 und nicht nur im Falle des § 10 Buchstabe c zugelassen ist, bedeutet, daß auch bei einer gegen Art. 16 Ziff. 36 Abs. a, 3 Umstellungsverordnung verstoßenden Entscheidung auf Umstellung 10 : 1 (§ 10 Buchstabe a) ein erneutes Verfahren nach § 11 zulässig ist.

3. § 11 beseitigt die Wirkungen der Rechtskraft nach §§ 322, 705 ZPO. In dem neuen Verfahren kann nicht die Einrede der rechtskräftig entschiedenen Sache erhoben werden. Es erfolgt kein irgendwie geartetes Wiederaufnahmeverfahren, sondern es kann erneut das gleiche Verfahren im ordentlichen Rechtswege anhängig gemacht werden. Ist im ersten Verfahren der Instanzenzug erschöpft gewesen, so besteht keine andere Möglichkeit als ein erneutes Verfahren. Normalerweise wird eine Feststellungsklage der gegebene Weg sein, aber auch eine Vollstreckungsgegenklage erscheint auf der Grundlage des § 11 angängig und unter Umständen zweckmäßig (in diesem Sinne zutreffend LG Berlin in Sachen 22 O 118/51); in diesem Fall liegt bei einem Vergleich mit der normalen Vollstreckungsgegenklage die Annahme besonders nahe, daß der frühere Titel nicht in seiner Gesamtheit vernichtet wird, sondern zwar existent, aber ohne Wirkung ist (vgl. RG Bd. 75 S. 201). Dies kann auch für die Kostenerstattung von Bedeutung sein — vgl. unten Anm. 4. Ist jedoch im ersten Verfahren die Rechtskraft infolge Ablaufs der Rechtsmittelfrist oder Verzichts auf Rechtsmittel eingetreten, so könnte man auch eine Fortsetzung des Verfahrens durch Rechtsmitteleinlegung für zulässig halten; auch dies ist eine Folge der durch § 11 erfolgten Beseitigung der Rechtskraft und bedeutet ein Weniger gegenüber der durch § 11 eröffneten Möglichkeit eines neuen Verfahrens, hält sich also im Rahmen der durch § 11 eröffneten Möglichkeiten. In diesem Falle allerdings tritt eine Beseitigung der ersten Entscheidung ein.

4. Für die Gebühren des ersten Verfahrens kann gegebenenfalls § 6 GKG in entsprechender Anwendung in Betracht kommen. Ein im ersten Verfahren bereits ergangener Kostenfestsetzungsbeschluß, nach welchem dem Gegner die Kosten zu erstatten sind, dürfte seine Wirksamkeit behalten, wenn bei Feststellungs- oder Vollstreckungsgegenklage der frühere Titel existent bleibt (vgl. oben Am. 3, ebenso LG Berlin 22 O 118/51, auch RG Bd. 75 S. 201).

5. § 11 findet nur Anwendung bei „gerichtlichen Entscheidungen". Ein außergerichtlicher Vergleich fällt nicht unter § 11, aber auch nicht ein gerichtlicher nach § 794 Abs. I Ziff. 1 ZPO, der Prozeßhandlung der Parteien, aber nicht gerichtliche Entscheidung ist (vgl. KG in JZ 1951 S. 453). Solche Vergleiche können allenfalls nach § 779 BGB unwirksam sein. Ob allerdings diese Vorschrift Anwendung findet, wird von der Lage des Einzelfalles abhängig und kann zweifelhaft sein; es sei in dieser Hinsicht auf die einschlägige Rechtsprechung des RG für gleichgelagerte Fälle in Aufwertungssachen verwiesen, vgl. Palandt, Anm. 5 zu § 779 S. 760. Im übrigen muß hinsichtlich der Wirkung gegenüber der Aufbaugrundschuld des § 13 für einen solchen Vergleich das gleiche gelten wie für jede andere Umstellungsvereinbarung, vgl. insoweit Anm. 3 zu § 8 S. 53; danach wäre ein Vergleich, der eine höhere Umstellung zum Inhalt hat als nach Art. I und II des Gesetzes vorgesehen ist, grundbuchrechtlich nur mit Genehmigung nach § 19 wirksam.

6. In vielen Fällen haben Schuldner von Restkaufgeldverbindlichkeiten entweder unmittelbar auf Grund gerichtlicher Entscheidung oder beeinflußt durch solche Entscheidungen freiwillig die Zinsen im Verhältnis 1 : 1 bezahlt, obwohl nach Art. II diese Verbindlichkeit 10 : 1 umgestellt ist. Es kann zweifelhaft sein, ob in einem solchen Falle ein auf § 812 BGB gegründeter Bereicherungsanspruch des Schuldners gegeben ist. Für den Fall, daß die Leistung auf Grund gerichtlicher Entscheidung erfolgt ist, hat dies das LG Berlin in Sachen 22 O 118/51 verneint. Im übrigen hat das RG in Bd. 126 S. 230 ausgesprochen, daß eine Gesetzesänderung (wie sie durch Art. II im Verhältnis zu Art. 16 Ziff. 36 Abs. a, 3 Umst.VO erfolgt ist, vgl. Vorbem. 4 vor Art. I S. 3 und Anm. 3 am Ende zu § 5 S. 39 keinen Wegfall des rechtlichen Grundes im Sinne des § 812 Abs. I S. 2 BGB bedeutet; danach erscheint ein Bereicherungsanspruch auch dann nicht gegeben, wenn keine gerichtliche Entscheidung als „rechtlicher Grund" vorliegt. Diese Ergebnisse erscheinen gerechtfertigt, zumal normalerweise die Bereicherung nicht mehr vorhanden sein und deshalb § 818 Abs. III BGB eingreifen wird. § 8 der Verordnung über die Aufwertung von Versicherungsleistungen (RGBl. 1926 I S. 249) trägt dieser Rechtslage für die frühere Aufwertung durch ausdrückliche Vorschrift Rechnung. Umgekehrt haben Schuldner von Restkaufgeldverbindlichkeiten Zinsen im Verhältnis 10 : 1 bezahlt, obwohl die Verbindlichkeit nach Art. 16 Ziff. 36 Abs. a, 3 im Verhältnis 1 : 1 umgestellt und dies durch Art. II des Gesetzes nunmehr endgültig klargestellt ist. In diesem Falle würde ein Nachzahlungsanspruch des Gläubigers wohl nicht auf Bereicherungsvorschriften, sondern unmittelbar auf

Art. 16 Ziff. 36 Abs. a, 3 Umst.VO in Verb. mit den Vorschriften des Art. II und des § 26 dieses Gesetzes beruhen. Wenn man aber den eingangs erörterten Bereicherungsanspruch verneint, erscheint es nicht gerechtfertigt, einen solchen Nachzahlungsanspruch anzuerkennen. In beiden Fällen kann dies aber nur für Zinsen, nicht jedoch für Kapitaltilgung gelten. Möglicherweise wird die vorstehend geschilderte Rechtslage für Berlin ausdrücklich klargestellt werden.

Artikel IV

Schiffshypotheken und Pfandrechte an Bahneinheiten

§ 12

Die Vorschriften der Artikel I bis III dieses Gesetzes sind auf Hypotheken an Schiffen und Schiffsbauwerken und auf Pfandrechte an Bahneinheiten entsprechend anzuwenden.

Anmerkungen:

1. Amtliche Begründung zu Art. IV:

„IV. Nach Artikel IV sind die Vorschriften des Gesetzes auf Hypotheken an Schiffen und Schiffsbauwerken und auf Pfandrechte an Bahneinheiten entsprechend anzuwenden."

2. Über die Schiffshypothek, d. h. die Belastung eines Schiffes zur Sicherung einer Forderung in der Weise, daß der Gläubiger berechtigt ist, wegen einer bestimmten Geldsumme Befriedigung aus dem Schiff zu suchen, vgl. §§ 8 und 24 ff. des Gesetzes über Rechte an eingetragenen Schiffen und Schiffsbauwerken vom 15. 11. 1940 RGBl. I S. 1499. Schiffsbauwerk ist das auf einer Schiffswerft im Bau befindliche Schiff (§ 76 ebenda), an welchem eine Hypothek wie am fertigen Schiff bestellt werden kann. Nach dem Gesetz über Bahneinheiten in der Fassung der Bekanntmachung vom 8. 7. 1902 (Preußische Gesetzessammlung 1902 S. 238) bildet eine Privateisenbahn und eine Kleinbahn mit den dem Bahnunternehmen gewidmeten Vermögenswerten eine Einheit (Bahneinheit). Vorbehalt für die Landesgesetzgebung in Artikel 112 EGBGB. Vgl. im einzelnen Staudinger Bd. VI zu Artikel 112. Vgl. auch Reichsgesetz vom 26. 9. 1934 RGBl. II S. 811, nach welchem die Bahneinheit definiert ist als die einem Bahnunternehmen gewidmeten Grundstücke und sonstigen Vermögensgegenstände als Einheit. Die Bahneinheit bezieht sich also nicht auf die Reichsbahn. Die in Art. IV genannten Rechte unterliegen zwar den Umstellungsvorschriften des Gesetzes, es entsteht aber nach den umgestellten Rechten keine Aufbaugrundschuld nach § 13 (vgl. § 23 Buchst. a und b), anders nach § 1 Abs. 2 des LASG und § 11 der 2. Durchführungsverordnung zum LASG (vgl. Teil II/3 S. 155 und Teil II/5 S. 162).

Artikel V

Grundschulden für den Eigentümer

(Aufbaugrundschulden)

Vorbemerkung:

1. Die zusammenfassende Einleitung der amtlichen Begründung zu Art. V lautet:

„V. Artikel V betrifft die bereits in Abschnitt A Abs. IV erwähnten Grundschulden für den Eigentümer. Diese sind, da sie vorwiegend für Aufbauzwecke bestimmt sind, als Aufbaugrundschulden bezeichnet worden. Ihre Entstehung hat zur Folge, daß Grundpfandrechte, welche im Range nach anderen umgestellten Grundpfandrechten stehen, nicht vorrücken, sondern daß sie in ihrer früheren Rangstelle bleiben. Solche Aufbaugrundschulden sollen vor allen Dingen zur Unterbringung der Kredite aus den ERP-Mitteln dienen."

2. Der oben erwähnte Abschnitt A Abs. IV der amtlichen Begründung ist abgedruckt in Vorbemerkung 1 vor Art. I S. 2, vgl. auch Vorbemerkung 6 vor Art. I S. 4. Der ganze Artikel V schließt sich in Form und Inhalt weitgehend an die Gesetzgebung über die Umstellungsgrundschuld an, vgl. Teil II/3 S. 155, jedoch mit dem grundlegenden Unterschied, daß die Umstellungsgrundschuld des § 1 LASG der öffentlichen Hand als Gläubigerin zusteht, während die Aufbaugrundschuld des § 13 eine echte Eigentümergrundschuld ist; der Eigentümer ist lediglich in der Verfügung über die Aufbaugrundschuld beschränkt (§ 19), damit die Grundschuld ihrem Zweck als „Aufbaugrundschuld" zugeführt wird. Auch im Bundesgebiet aber kann die Umstellungsgrundschuld für Aufbauzwecke zur Eigentümergrundschuld werden nach den §§ 3a ff. LASG und § 5 der 1. Durchführungsverordnung zum LASG, so daß für Aufbauzwecke eine weitgehende Angleichung der Rechtslage in Berlin an die im Bundesgebiet besteht, ohne daß jedoch in Berlin der umständliche und teure Umweg über die Einschaltung einer Treuhandverwaltung wie im Bundesgebiet gewählt worden ist. Zu den Problemen der Aufbaugrundschuld vergleiche insbesondere die zusammenfassenden Abhandlungen des Verfassers in HuW 191 S. 65, S. 104, S. 142 und S. 203 sowie Krech. JR 1951 S. 234.

§ 13

(1) Sind Hypotheken, Grundschulden oder Rentenschulden nach den Bestimmungen dieses Gesetzes anders umgestellt als mit der Wirkung, daß an die Stelle einer Reichsmark eine Deutsche Mark der Bank Deutscher Länder tritt, so entstehen im Range unmittelbar nach ihnen Grundschulden in Deutscher Mark der Bank Deutscher Länder für den Eigentümer (Aufbaugrundschulden) in Höhe des Betrages, um den der Reichsmarkbetrag der noch bestehenden Hypothek, Grundschuld oder Rentenschuld den Umstellungsbetrag in Deutscher Mark der Bank Deutscher Länder übersteigt.

(2) Hat sich eine Hypothek, Grundschuld oder Rentenschuld vor dem 25. Juni 1948 teilweise mit dem Eigentum in einer Person vereinigt, so entsteht die Aufbaugrundschuld im Range vor einem durch die teilweise Vereinigung entstandenen Recht des Eigentümers.

(3) Hat sich eine Hypothek, Grundschuld oder Rentenschuld nach dem 24. Juni 1948, jedoch vor der Verkündung dieses Gesetzes

ganz oder teilweise mit dem Eigentum in einer Person vereinigt, so wird die Vereinigung für die Anwendung dieses Gesetzes erst nach seiner Verkündung wirksam.

Anmerkungen:

1. Amtliche Begründung zu Abs. 1 und 2 des § 13:

„1. § 13 enthält die Entstehung der Aufbaugrundschulden. Er entspricht in seiner Fassung etwa § 1 Abs. 1 des Gesetzes zur Sicherung von Forderungen für den Lastenausgleich. Die Aufbaugrundschulden entstehen neu kraft ausdrücklicher gesetzlicher Bestimmung. Es handelt sich also nicht um die Inanspruchnahme etwa bereits aus der Umstellung entstandener Eigentümergrundschulden. Die Entstehung derartiger Eigentümergrundschulden aus der Umstellung ist bereits in Abschnitt A Abs. I abgelehnt. Nach § 13 entstehen Aufbaugrundschulden im Range nach Hypotheken, Grundschulden oder Rentenschulden, die anders als 1 : 1 umgestellt sind. Es können also Aufbaugrundschulden nicht nur hinter den 10 : 1 umgestellten Grundpfandrechten entstehen, sondern auch hinter solchen, die unter Umständen später einmal durch gesetzliche Bestimmung in einem anderen Verhältnis umgestellt werden; dies könnte bei Grundpfandrechten der Fall sein, deren Forderung unter Artikel 12 oder 13 Umstellungsverordnung fällt. Aufbaugrundschulden nach § 13 entstehen nur insoweit, als im Zeitpunkt der Umstellung das Reichsmarkrecht noch bestanden hat, d. h. valutiert gewesen ist. Wenn das Reichsmarkrecht vor der Umstellung teilweise zurückgezahlt worden ist, so kann eine Eigentümergrundschuld entstanden sein, und in diesem Fall ist insoweit für die Entstehung einer Aufbaugrundschuld kein Raum. In diesem Fall entsteht die Aufbaugrundschuld hinter dem 10 : 1 umgestellten, noch nicht zurückgezahlten Recht, und erst nach der Aufbaugrundschuld rangiert die im Verhältnis 1 : 1 umgestellte, durch die Rückzahlung entstandene freie Eigentümergrundschuld. Zur Klarstellung ist dieser Erfolg, der auch der Rechtslage bei den Umstellungsgrundschulden im Bundesgebiet entspricht, in Absatz 2 des § 13 besonders ausgesprochen."

2. § 13 Abs. 1 weicht außer in der grundsätzlichen Frage der Gläubigerschaft auch darin von § 1 Abs. 1 LASG ab, daß Aufbaugrundschulden nach anders als 1 : 1 umgestellten Grundpfandrechten entstehen, während Umstellungsgrundschulden nur nach 10 : 1 umgestellten Grundpfandrechten entstehen. Es kommen jedoch nicht nur die in der amtlichen Begründung genannten Fälle in Betracht, in denen eventuell im Wege der Gesetzgebung die unter Art. 12 oder 13 Umstellungsverordnung fallende Forderung endgültig anders als 1 : 1 umgestellt wird, sondern eventuell auch Fälle, in denen im Wege der Vertragshilfe ein anderer Umstellungssatz als 1 : 1 oder 10 : 1 erzielt wird.

3. Die Aufbaugrundschuld entsteht als selbständiges neues Recht — vgl. Abschnitt A Abs. I der amtlichen Begründung, wiedergegeben Vorbemerkung 1 vor Art. I S. 4 sowie Vorbemerkung 6 vor Art. I S. 6. Sie ist eine echte Eigentümergrundschuld, nicht etwa nur ein Rangvorbehalt wie

er nach § 7 Aufwert.Ges. bestanden hat (insoweit irreführend Zintarra in Berliner Wirtschaft 1951 S. 129, der von Schaffung einer „Rangstelle", von „Vorrang für Wiederaufbauzwecke" spricht; die Aufbaugrundschuld ist mehr als ein Vorrang). Sie ist nach ihrer Entstehung von dem Bestand und Schicksal des umgestellten Rechtes nicht abhängig, dessen Löschung ist nur insoweit für die Aufbaugrundschuld von Bedeutung, als sie spätestens zu diesem Zeitpunkt eingetragen werden muß (§ 14 Abs. 2 Buchstabe b). Über die Unabhängigkeit der Umstellungsgrundschuld des LASG von dem umgestellten Recht vgl. insbesondere OLG Düsseldorf NJW 1949 S. 828, JR 1950 S. 89 und DNotZ 1950 S. 37 sowie Hieber DNotZ. 1950 S. 116.

4. Die Aufbaugrundschuld entsteht ex lege mit der Umstellung, also am Währungsstichtag (§ 26 Abs. 1). Sie entsteht jedoch in der in § 13 näher bezeichneten Höhe nur, soweit das RM-Grundpfandrecht am Währungsstichtag noch bestanden hat, d. h. als Fremdrecht valutiert gewesen ist.

5. Ist der Gläubiger des RM-Grundpfandrechts vor dem Währungsstichtag vollständig befriedigt worden und das RM-Grundpfandrecht auch gelöscht worden, so kann keine Aufbaugrundschuld entstehen; dies entspricht auch der Rechtslage bei der Umstellungsgrundschuld (vgl. Breit-Haaser S. 139). Ist der Gläubiger des RM-Grundpfandrechts zwar vor dem Währungsstichtag befriedigt worden, das RM-Grundpfandrecht aber nicht gelöscht worden, so ist nach § 1163 Abs. I S. 2 und § 1177 eine Eigentümergrundschuld entstanden. Das LASG ist davon ausgegangen, daß auch Eigentümergrundschulden 10 : 1 umgestellt sind und also eine Umstellungsgrundschuld entstanden ist, deren Übertragung der Eigentümer gemäß § 7 der 1. Durchführungsverordnung verlangen kann oder die er durch Löschung des umgestellten Rechts gemäß § 13 der 1. Durchführungsverordnung mit rückwirkender Kraft zum Erlöschen bringen kann (vgl. Breit-Haaser S. 140). Dieser Regelung des LASG ist durch § 2 Ziffer 3 der 40. Durchführungsverordnung der Boden entzogen, wonach Eigentümergrundschulden 1 : 1 umgestellt sind (vgl. zu diesen Fragen im Einzelnen Trinkler NJW 1949 S. 126, LG Dortmund NJW 1949 S. 155, Heydtmann NJW 1949 S. 361, OLG Düsseldorf NJW 1949 S. 509, OLG Hamm NJW 1949 S. 552, OLG Schleswig NJW 1949 S. 594 und besonders Trinkler NJW 1949 S. 849; siehe auch Anm. 10 zu § 2 S. 20). Dieses Durcheinander, das im Bundesgebiet infolge der verkehrten Reihenfolge von LASG und 40. Durchführungsverordnung entstanden ist (vgl. Baur NJW. 1950 S. 50), ist in Berlin glücklicherweise dadurch vermieden worden, daß die Entstehung der Aufbaugrundschuld von der Regelung der Umstellung abhängig gemacht worden ist. Ist also vor dem Währungsstichtag das Grundpfandrecht zum Eigentümerrecht geworden, so kommt die Entstehung einer Aufgrundschuld nicht in Betracht, da das Eigentümerrecht nach § 2 Ziff. 3 nicht „anders umgestellt" ist als 1 : 1. Auf Grund einer löschungsfähigen Quittung kann der Grundstückseigentümer ein solches noch auf RM lautendes Recht ohne weiteres zur Löschung bringen (vgl. auch Hieber DNotZ. 1950 S. 117 und Harmening-Duden II S. 68 sowie insbesondere LG Berlin in HuW 1950 S. 375, KG HuW 1951 S. 32; die weitergehende Ansicht des KG über die Sperre des Grundbuchs beruht

auf einer, wie Krech HuW 1951 S. 26 zutreffend ausführt, völligen Verkennung der Aufgaben des Gerichts und ist durch die Verkündung des hier behandelten Gesetzes überholt; siehe auch Rpfleger 1951 Sp. 59 und OLG Oldenburg ebenda Sp. 88). Das Grundbuchamt muß von Amts wegen prüfen, ob die Eigentümergrundschuld vor dem Währungsstichtag entstanden ist (Breit-Haaser S. 141). Eine Vorschrift entsprechend § 13 der 2. Durchführungsverordnung zum LASG, wonach eine solche Löschung nicht in der Form des § 46 Abs. 2 GBO erfolgen soll, besteht für Berlin nicht.

6. Ist der Gläubiger des RM-Grundpfandrechts vor dem Währungsstichtag teilweise befriedigt und das RM-Grundpfandrecht zum Teil gelöscht worden, so „besteht" ein Grundpfandrecht nur noch in Höhe des nicht gelöschten Teils, nur dieser kann umgestellt und nur in Höhe von 90 % dieses Teils kann eine Aufbaugrundschuld entstanden sein. Ist der Gläubiger zwar vor dem Währungsstichtag teilweise befriedigt, das Grundpfandrecht jedoch noch nicht gelöscht worden, so besteht in Höhe des Teils eine Eigentümergrundschuld, die 1 : 1 umgestellt ist; anders als 1 : 1 umgestellt sein kann das vorgehende Rest-Fremdgrundpfandrecht, hinter dem nach § 13 Abs. 1 „unmittelbar" die Aufbaugrundschuld entsteht. Z. B.: Darlehenshypothek von 50 000 RM, vor dem 25. 6. 1948 zurückgezahlt, aber nicht gelöscht in Höhe von 20 000 RM. Rest-Darlehenshypothek von 30 000 RM umgestellt auf 3000 DM, danach 27 000 DM Aufbaugrundschuld, dann 20 000 DM freie Eigentümergrundschuld. Da schon bei den Beratungen des Gesetzesentwurfs über diese Reihenfolge Zweifel aufgetaucht sind, wenn nur das Wort „unmittelbar" im Absatz 1 des § 13 als Grundlage dafür vorhanden ist, ist dies später im Abs. 2 ausdrücklich klargestellt worden; der Magistratsfassung fehlt diese Bestimmung noch (JR 1950 S. 318, § 11). Die Rechtslage entspricht genau der bei Umstellungsgrundschulden im Bundesgebiet (vgl. Breit-Haaser S. 93, der aber noch von der falschen Voraussetzung ausgeht, daß auch die Eigentümergrundschuld 10 : 1 umgestellt sei), und trägt auch dem Grundsatz Rechnung, der sich aus § 1176 BGB ergibt.

7. Ist die Befriedigung des Gläubigers eines RM-Grundpfandrechts an oder nach dem Währungsstichtag erfolgt, so ist die Umstellung der Forderung und des Grundpfandrechts bereits eingetreten gewesen (Art. 14 Ziff. 32 Umstellungsverordnung in Verbindung mit Ziff. 1a und Ziff. 24 Währungsverordnung, § 26 Abs. 1, vgl. auch Harmening-Duden I S. 218 und II S. 72). Gleichzeitig mit der Umstellung ist auch die Aufbaugrundschuld nach § 13 in Verbindung mit § 26 Abs. 1 entstanden. Ob und wann die Löschung vorgenommen wird, ist dabei ohne Einfluß. Die Magistratsfassung (§ 11 Abs. 2 JR 1950 S. 318) hat dieses Ergebnis vermeiden wollen und vorgesehen, daß die nach dem Währungsstichtag, aber vor Verkündung dieses Gesetzes erfolgte Löschung als vor dem Währungsstichtag vollzogen gilt, so daß eine Aufbaugrundschuld nicht entstanden wäre. Maßgebend dafür ist nach der amtlichen Begründung der Magistratsfassung (Grundstückswirtschaft 1950 S. 92, V/2) die Überlegung gewesen, daß bei einer vor Verkündung erfolgten Löschung praktisch keine wirksame Grundbucheintragung mehr vorhanden ist, an die für die Eintragung der Umstellung und der Aufbaugrundschuld angeknüpft werden kann, vor

allem aber der Grundsatz des öffentlichen Glaubens des Grundbuches. In den Parlamentsberatungen ist vorgebracht worden, daß man nicht Grundstückseigentümer, die die Löschung herbeigeführt haben, und solche, die dies unterlassen, den Gläubiger aber auch befriedigt haben, verschieden behandeln könne; bei den letzteren wäre, wie der Gegenschluß aus § 11 Abs. 2 der Magistratsfassung ergäbe, die Aufbaugrundschuld entstanden gewesen, da Eigentümergrundschuld nur das bereits umgestellte Recht geworden, also eine Umstellung 1 : 1 nicht erfolgt wäre. Mit Rücksicht darauf hat das Parlament an Stelle des früheren § 11 Abs. 2 den jetzigen § 13 Abs. 3 gesetzt. Die amtliche Begründung dazu sagt folgendes:

> „2. Absatz 3 des § 13 behandelt den Fall, daß Grundpfandrechte nach der Umstellung, jedoch vor Verkündung dieses Gesetzes ganz oder teilweise zurückgezahlt worden sind oder sich aus einem anderen Grund mit dem Eigentum in einer Person vereinigt haben. In diesen Fällen soll die Vereinigung für die Anwendung dieses Gesetzes erst nach der Verkündung wirksam werden, d. h. es entsteht auch in diesem Fall eine Aufbaugrundschuld, obwohl das umgestellte Recht bereits getilgt und unter Umständen auch gelöscht ist."

Die Vorschrift des § 13 Abs. 3 ist nachgebildet § 13 Abs. 2 der 1. Durchführungsverordnung zum LASG, wonach für die Enstehung der Umstellungsgrundschuld eine zwischen dem Währungsstichtag und dem Inkrafttreten des LASG erfolgte Befriedigung des Gläubigers erst nach Inkrafttreten des LASG wirksam wird. Für die Wirkung des LASG ist diese Vorschrift notwendig gewesen, weil das LASG erst mit dem 1. Juli 1948 in Kraft tritt, Währungsstichtag aber der 21. Juni 1948 gewesen ist. § 13 dagegen wirkt auf den Währungsstichtag (25. Juni 1948) zurück (§ 26 Abs. 1), zwischen Umstellung und Entstehung der Aufbaugrundschuld kann also kein zeitlicher Zwischenraum liegen, und die Entstehung der Aufbaugrundschuld bei Befriedigung nach dem Währungsstichtag träte auch ohne besondere Bestimmung ein, wenn die dies hindernde Vorschrift des früheren § 11 Abs. 2 lediglich gestrichen worden wäre. Für die Entstehung der Aufbaugrundschuld ist nur von Bedeutung, ob die Befriedigung des Gläubigers vor dem Währungsstichtag oder danach erfolgt ist; im ersteren Fall kann keine Aufbaugrundschuld entstehen, im letzteren Fall würde sie automatisch mit der Umstellung entstanden sein, und es wäre für ihren Bestand ohne jede Bedeutung, ob das umgestellte Recht zwischen dem Währungsstichtag und der Verkündung des Gesetzes oder nach dieser getilgt wird. Die Vorschrift des Abs. 3 des § 13 war daher überflüssig. Jedenfalls erschöpft sich ihre Bedeutung und Wirksamkeit in der ausdrücklichen Deklaration, daß eine Aufbaugrundschuld auch dann entstanden ist, wenn vor der Verkündung des Gesetzes (1. 2. 1951) der Gläubiger des umgestellten Rechtes befriedigt worden ist oder sich dieses Recht aus einem anderen Grund mit dem Eigentum vereinigt hat. Es wäre fehlerhaft, an § 13 Abs. 3 andere, weitergehende Folgerungen zu knüpfen, etwa in der Richtung, daß damit ein Rangwechsel zwischen Aufbaugrundschuld und umgestellten Recht ausgesprochen oder daß die Aufbaugrundschuld erst nach Verkündung des Gesetzes (1. 2. 1951) entstanden sein sollte. — In einer Reihe von Fällen allerdings wird aus tatsächlichen Gründen der mit § 13 Abs. 3 bezweckte Erfolg nicht erreicht, und zwar sind dies folgende: In Berlin sind durch die Kriegsereignisse rund 125 000 Grundbuchblätter in Verlust geraten, d. h. kurz gesagt fast alle Grundbücher (vgl. JR 1949 S. 200 und 552, HuW 1950 S. 103). Bei der Wiederherstellung der Grundbücher werden gelöschte Rechte im allgemeinen nicht übertragen. Wird also nach einer Löschung zwischen Währungsstichtag und Verkündung dieses Gesetzes ein neues Grundbuchblatt angelegt — dies kann auch erst nach der Verkündung dieses Gesetzes der Fall sein —, ohne daß bereits auf dem bisher an Stelle des Grundbuchs stehenden Handblatt die Aufbaugrundschuld eingetragen ist, so ist ihre Eintragung auf dem neuen Grundbuchblatt unmöglich, weil nichts da ist, „nach welchem" sie eingetragen werden könnte, ihre Höhe kann gar nicht festgestellt werden. Eine dem § 13 Abs. 1 der 2. DVO zum LASG entsprechende Vorschrift fehlt in Berlin, wonach bei einer Übertragung auf ein neues Grundbuchblatt gelöschte Rechte mitzuübertragen sind. Sie hätte auch nur begrenzten Wert, weil sie nur zukünftige Fälle erfassen würde, aber nicht solche, in denen die Uebertragung bereits erfolgt ist. Für Fälle also, in denen Löschung zwischen Währungsstichtag und Verkündung erfolgt ist (erfolgt Löschung nach Verkündung, muß gleichzeitig die Aufbaugrundschuld eingetragen werden, § 14 Abs. 2 Buchst. b) und ein neues Grundbuchblatt irgendwann angelegt wird, ohne daß vorher die Aufbaugrundschuld eingetragen ist, ist § 13 Abs. 3 ein Schlag ins Wasser. Diese Fälle sind auch von Bedeutung gewesen für die eingangs dieser Anmerkung dargestellte, in § 11 Abs. 2 der Magistratsfassung (JR 1950 S. 318) niedergelegte Auffassung, daß im Fall der Löschung vor Verkündung dieses Gesetzes (1. 2. 1951) keine Aufbaugrundschuld entstehen sollte; im Falle der Löschung vor dem Währungsstichtag (25. 6. 1948) spielt die Wiederherstellung der Grundbücher keine Rolle, da in diesem Falle ohnehin keine Aufbaugrundschuld entsteht (vgl. oben Anm. 5 S. 72).

8. Bei dem langen Zeitraum zwischen Entstehung der Aufbaugrundschuld (25. 6. 1948) und Verkündung des Gesetzes (1. 2. 1951) werden folgende Fälle nicht selten sein und können erhebliche Schwierigkeiten bereiten: Der Eigentümer hat das belastete Grundstück vor der Verkündung des Gesetzes verkauft, der Erwerber hat das (am Währungsstichtag) umgestellte Grundpfandrecht übernommen, oder der Veräußerer hat das umgestellte Recht vor der Veräußerung löschen lassen, der Erwerber ein anscheinend „lastenfreies" Grundstück erworben. Die Aufbaugrundschuld „für den Eigentümer", also damals den Veräußerer, ist am Währungsstichtag entstanden (§ 13 Abs. 1, § 26 Abs. 1). Im Kaufvertrag ist wegen der Aufbaugrundschuld nichts vereinbart, kann es auch nicht sein, da sie erst mit Verkündung des Gesetzes zutage tritt. Im Gesetz selbst ist ein Übergang der Aufbaugrundschuld, d. h. des Gläubigerrechtes aus ihr, auf den Erwerber für den Fall des normalen Verkaufs nicht ausdrücklich bestimmt. Man könnte der Ansicht sein, daß die Aufbaugrundschuld nicht ohne weiteres ein subjektiv-dingliches Recht ist, d. h. daß bei der Veräußerung des Grundstücks entsprechend dem abktrakten dinglichen Charakter der Grundschuld nur die Haftung auf den Erwerber übergeht, das Gläubigerrecht aber dem Veräußerer bleibt, wenn nichts Abweichendes vereinbart wird (vgl. Palandt, Anm. 3 b zu § 1177 S. 1212, Staudinger Bd. III/2 Anm. 4 zu § 1177 S. 1328, Anm. 2 zu § 1196 S. 1434). In drei

Abhandlungen des Verfassers (HuW 1951 S. 67 Abs. III, S. 104 Abs. I und S. 146 Abs. II am Ende) ist eingehend dargelegt, zu welchen für den Rechtsverkehr kaum überwindbaren Schwierigkeiten diese naheliegende, aber sich aus dem Gesetz nicht zwingend ergebende Auffassung führen würde. Der Senat hat in § 1 der 1. DVO (abgedr. Teil I/2 S. 124, Begründung Teil I/3 S. 126) aus diesen Schwierigkeiten die zutreffende Folgerung gezogen, daß eine Trennung von Gläubigerrecht und Haftung bei der Aufbaugrundschuld nicht dem Sinn des Gesetzes entsprechen würde. Dies ist zu entnehmen insbesondere aus § 19, wonach der „Eigentümer" der Genehmigung bedarf, aber auch aus den §§ 20 bis 22, die erkennbar davon ausgehen, daß zwar eine Aufbaugrundschuld durch eine rechtsgeschäftliche Verfügung über sie selbst zu einem Fremdgrundpfandrecht werden kann, aber nicht automatisch durch eine Verfügung über das Grundstück, auf dem sie lastet (vgl. auch Krech JR 1951 S. 234, der auch die Auffassung vertritt, daß sich der subjektiv-dingliche Charakter der Aufbaugrundschuld aus dem Gesetz selbst ergibt). Um jede Unklarheit über diese aus dem Gesetz gezogene Folgerung auszuschließen, ist nun in § 1 der 1. DVO klargestellt, daß nicht nur die Haftung mit dem Grundstück für die Aufbaugrundschuld, sondern auch das Gläubigerrecht aus ihr automatisch „bei", d. h. mit der Veräußerung des Grundstücks, auf den Erwerber übergeht, und zwar bei Veräußerungen sowohl vor als auch nach dem 2. Februar 1951. Eine besondere Abtretung und Genehmigung ist also dazu nicht erforderlich. Da die Aufbaugrundschuld als solche übergeht, bleibt sie auch in der Hand des Erwerbers genehmigungsgebunden. Dieser automatische Übergang muß sich bei der Kaufpreisberechnung dahin auswirken, daß die Aufbaugrundschuld nicht wie ein Fremdgrundpfandrecht auf den Kaufpreis anzurechnen ist, weil ja der Erwerber die in der Aufbaugrundschuld Ausdruck findende Wertparzelle zur Verfügung im Rahmen des § 19 erhält. Ob etwa mit Rücksicht auf die Hypothekengewinnabgabe des LAG eine andere Kaufpreisberechnung angebracht erscheint, ist eine ganz andere Frage — vgl. dazu Anm. 10 am Ende S. 79. Will der Veräußerer in Abweichung von der mit § 1 der 1. DVO getroffenen Regelung Gläubiger der Aufbaugrundschuld werden, so geht dies nur im Wege der Abtretung durch den Erwerber mit Genehmigung nach § 19. Ob eine solche Verfügung „wirtschaftlich sinnvoll" im Sinne des § 19 ist, wird ganz auf den Einzelfall ankommen.

9. Die Entstehung der Aufbaugrundschuld kann zu einem Rangverlust von Zwischenrechten führen. Ist das umgestellte Recht vor dem 1. 2. 1951 gelöscht worden, so bestimmt sich der Rang der Aufbaugrundschuld nach allgemeinen sachenrechtlichen Gesichtspunkten, d. h. sie rückt, wenn nicht beim umgestellten Recht ein Rangvorbehalt eingetragen war — vgl. auch § 22 — an die Stelle des umgestellten Rechtes. Der Grundstückseigentümer oder ein Erwerber kann nun vor dem 1. 2. 1951 in Unkenntnis der Entstehung (und der Erwerber in Unkenntnis des Überganges) der Aufbaugrundschuld das anscheinend „lastenfreie" Grundstück neu belastet haben (oder, wenn das Stammrecht bestehen geblieben ist, ancheinend mit dem Rang nach diesem). In diesem Fall hat das neue Grundpfandrecht nur den Rang nach der Aufbaugrundschuld erhalten. Diese ist kraft Gesetzes am Währungsstichtag, also vor Bestellung des

neuen Rechtes, entstanden. Gegenüber der gesetzlichen Regelung des Rangverhältnisses in § 13 Absatz 1 kann sich der Erwerber des neuen Rechtes nicht auf guten Glauben nach § 892 BGB berufen. Diese Vorschrift versagt auch deshalb, weil nach ihr der „Inhalt" des Grundbuchs als richtig fingiert wird, sie sich also nur auf Rechte bezieht, die zu ihrer Entstehung der Eintragung bedürfen, die Aufbaugrundschuld aber nach § 14 Abs. 1 Satz 1 zu ihrer Entstehung nicht der Eintragung bedarf. (Wegen der anders gearteten Rechtslage bezüglich der Wirkung des § 891 Abs. 1 BGB für die Aufbaugrundschuld vgl. § 18 und Anmerkungen dazu, S. 99). Im übrigen wird praktisch eine Konkurenz im Rang zwischen etwaigem neuen Recht und Aufbaugrundschuld mit Rücksicht auf die Vorschrift des § 24 wahrscheinlich nicht akut, weil in 99 von 100 Fällen die Aufnahme eines Neukredits Aufbauzwecken im Sinne des § 19 dienen wird.

10. Die Frage der Behandlung der Umstellungsgrundschulden des LASG und — da diese der Vorbereitung des Lastenausgleichs dienen — auch der Behandlung der Ausgleichslast im rechtsgeschäftlichen Verkehr ist im Bundesgebiet mehrfach erörtert worden, vgl. Maubach und Heseler, Staatsgrundschulden im Grundstückskaufvertrag in DNotZ 1950 S. 124, Heseler, Unsichtbare Grundstücksbelastungen im rechtsgeschäftlichen Verkehr mit Grundstücken in NJW 1950 S. 521, Hieber, Lastenausgleich und Grundstückskaufvertrag in DNotZ 1950 S. 204, Krautwig, Zur Übernahme der Ausgleichslasten in NJW 1950 S. 493, Kluge, Zur Übertragbarkeit der Umstellungsgrundschulden auf andere Grundstücke in DNotZ 1950 S. 377, Hoeres, Wer zahlt bei Grundstücksveräußerungen den Lastenausgleich, in DImZ 1951 S. 6. Überwiegend befassen sich diese Erörterungen mit der Frage, welche Vorsichtsmaßregeln bei Grundstückskaufverträgen mit Rücksicht auf die Tatsache getroffen werden müssen, daß die Umstellungsgrundschuld nicht im Grundbuch eingetragen ist. Grundsätzlich wird aber in Berlin die Aufbaugrundschuld in das Grundbuch eingetragen (vgl. §§ 14 und 15). Welches Schicksal sie dann bei einer Veräußerung des Grundstücks hat, ist in § 1 der 1. DVO (vgl. Teil I/2 S. 124) bestimmt. Mit Rücksicht auf den danach eintretenden automatischen Übergang als Eigentümergrundschuld auf den Erwerber wird sich der Kaufpreis wie folgt berechnen: Verkaufswert des Grundstücks (z. B. 100 000 DM) abzüglich der unter Anrechnung auf den Kaufpreis übernommenen umgestellten Rechte (z. B. 8000 DM) gleich Barpreis (z. B. 92 000 DM). Die Aufbaugrundschuld (in diesem Fall von 72 000 DM) wird auf den Kaufpreis keine Anrechnung finden, da dem Erwerber die sich in der Aufbaugrundschuld ausdrückende Wertparzelle des Grundstücks zufällt. Der Erwerber eines mit einer Aufbaugrundschuld belasteten Grundstücks wird aber unter Umständen nicht bereit sein, sie — wie im obigen Beispiel — mit dem vollen Nennwert zu bezahlen, weil er in der Verfügung über sie durch § 19 beschränkt ist. Jedoch sollten „Aufbaugrundschulden mit Disagio" vermieden werden, weil dies dem Zweck des Gesetzes widerspricht und weil es für den Veräußerer mit Rücksicht auf den Lastenausgleich gefährlich sein kann. In Betracht kommt in dieser Hinsicht die Hypothekengewinnabgabe des Dritten Abschnitts (§§ 85 ff) des LAG in der Fassung der Bundestagsdrucksache Nr. 1800. Die Hypothekengewinnabgabe berech-

net sich nach der Differenz zwischen umgestelltem Recht (Stammrecht) und Reichsmarknennbetrag des umgestellten Rechtes, ist also grundsätzlich genau so hoch wie die Aufbaugrundschuld, d. h. 90 % des RM-Nennbetrages. Die Hypothekengewinnabgabe ist primär persönliche Steuerschuld, sekundär dient die nach dem LASG (siehe Teil II/3 S. 155) bereits in derselben Höhe bestehende Umstellungsgrundschuld ihrer dinglichen Sicherung und wird damit zur Sicherungshypothek. In Berlin bestehen bisher keine Umstellungsgrundschulden. Dies aber ist, wie sich aus Vorstehendem ergibt, für die persönliche Abgabeschuld der Hypothekengewinnabgabe ohne Bedeutung. Durch die rein dingliche Belastung der entsprechenden Wertparzelle des Grundstücks mit der Aufbaugrundschuld ändert sich an der persönlichen Abgabeschuld nichts. Persönlicher Schuldner der Hypothekengewinnabgabe ist grundsätzlich derjenige, der am Währungsstichtag Schuldner der umgestellten Verbindlichkeit war. Dies wird normalerweise der Grundstückseigentümer sein. Wenn er das Gründstück, aus dessen Belastung die Abgabeschuld entstanden ist, veräußert, so soll nach der für das Bundesgebiet geplanten Regelung auch die persönliche Abgabeschuld auf den Erwerber übergehen, und zwar auch, wenn die Veräußerung vor Verkündung des LAG erfolgt ist. Dies geht von folgendem zutreffenden Gedanken aus: Die seit dem 1. 7. 1948 bestehende abstrakte Umstellungsgrundschuld ist Fremdgrundschuld zugunsten der Öffentlichen Hand; der Erwerber eines Grundstücks kann sie also nur unter Anrechnung auf den Kaufpreis übernehmen, d. h. der Veräußerer bekommt nur den gleichen Kaufpreis, den er behäme, wenn das Stammrecht 1 : 1 umgestellt wäre (es werden 10 % umgestelltes Stammrecht plus 90 % Umstellungsgrundschuld auf den Kaufpreis angerechnet). Der Veräußerer hat also aus der Umstellung des Grundpfandrechts keinen Währungsgewinn erhalten, sondern dieser ist — ausgedrückt in der Umstellungsgrundschuld — auf den Erwerber übergegangen, dessen dingliche Haftung mit dem Grundstück für die Umstellungsgrundschuld nun auch mit der persönlichen Abgabeschuld ausgefüllt wird. In Berlin dagegen ist die Rechtslage anders: Die Aufbaugrundschuld geht als Eigentümergrundschuld nach § 1 der 1. DVO (siehe Teil I/2 S. 124) auf den Erwerber über und wird daher nicht auf den Kaufpreis angerechnet, sondern mit ihrem Nennwert dem Veräußerer bezahlt. Der Erwerber erhält also einen Preis, als ob das Grundstück nur mit $^1/_{10}$ des RM-Betrages der Grundpfandrechte belastet wäre. Damit erhält der Veräußerer den vollen Währungsgewinn aus der Umstellung der Grundpfandrechte. Der Veräußerer muß deshalb auch persönlicher Schuldner der Hypothekengewinnabgabe bleiben. Die einen Übergang der persönlichen Abgabeschuld auf den Erwerber aussprechenden Vorschriften des LAG werden deshalb für Berlin entsprechend geändert werden müssen. Aus der Tatsache, daß voraussichtlich in Berlin der Veräußerer Schuldner der Hypothekengewinnabgabe bleibt, ergibt sich die Gefahr, die für ihn darin liegt, daß er etwa dem Erwerber ein Disagio auf die Aufbaugrundschuld gewährt. Er bekäme dann weniger als den Nennbetrag der Aufbaugrundschuld ausgezahlt, würde aber für den vollen Betrag haften, denn der Lastausgleichsgesetzgeber kann und wird auf derartige Manipulationen, die auch dem Grundpfandrechtsumstellungsgesetz widersprechen, bestimmt keine Rücksicht nehmen. Wie sich nun die dingliche Haftung für die Abgabeschuld aus der Hypothekengewinnabgabe in Berlin gestalten wird, ist ungewiß; Umstellungsgrundschulden stehen nicht zur Verfügung, die Aufbaugrundschuld ist — solange über sie nicht mit Genehmigung nach § 19 verfügt wird oder im Rahmen des § 24 bereits verfügt ist — Eigentümergrundschuld. Bei der engen Verbunden heit zwischen der gesamten Hypothekengewinnabgabe und dem Grundstück, aus dessen dinglicher Belastung sie entstanden ist, wird wahrscheinlich auf eine irgendwie geartete Verdinglichung oder dingliche Sicherung der persönlichen Abgabeschuld nicht verzichtet werden können. Es länge nahe, dafür die Aufbaugrundschuld in Anspruch zu nehmen, solange sie noch Eigentümergrundschuld geblieben ist oder soweit sie es im Rahmen des § 21 wieder wird; sie würde dann insoweit zur Umstellungsgrundschuld werden. Für den Fall der Veräußerung eines mit einer Aufbaugrundschuld belasteten Grundstückes würde dies bedeuten, daß der Erwerber mit dem Grundstück in Höhe der Aufbau (-Umstellungs)grundschuld für die persönliche Abgabeschuld des Veräußerers haftet. Dieser Unsicherheitsfaktor, der in der Möglichkeit der dinglichen Haftung für fremde Schuld liegt, läßt auch auf Seiten des Erwerbers Vorsicht bei der Auszahlung des Nennwertes der Aufbaugrundschuld angezeigt erscheinen. Eine Hinterlegung des betreffenden Kaufpreisteils oder andere Sicherungen erscheinen naheliegend, stören jedoch unter Umständen den Grundstücksverkehr und gehen möglicherweise in ihrer Wirkung zu weit, da man die auf lange Laufzeit berechnete Hypothekengewinnabgabe nicht in dieser Form kapitalisieren kann.

11. Zu erheblichen Schwierigkeiten kann die Existenz der Aufbaugrundschuld führen, wenn der Eigentümer ihrer weder für Aufbauzwecke an dem Grundstück, auf dem sie lastet, bedarf, weil dieses unbeschädigt oder bereits wieder hergestellt ist, noch sie für andere Aufbauzwecke verwenden kann, und wenn aus denselben Gründen ein eventueller Erwerber keine Verwendung für sie hat. In diesem Fall wird sich der Erwerber dagegen wehren, das Recht als Eigentümerrecht zu übernehmen, weil es die Neubestellung eines unbeschränkt verwendbaren Rechts unmöglich macht. Diese Folge besteht in einem solchen Fall auch für den Eigentümer, wenn er das Grundstück nicht veräußert. Eine derartige Aufbaugrundschuld blockiert das belastete Grundstück völlig, es ist weder veräußerbar noch beleihbar (vgl. auch HuW 1950 S. 103, VII und S. 324, V). Um diese Hemmung des Grundstückverkehrs zu vermeiden, hat die Magistratsfassung in § 18 vorgesehen gehabt, daß der Grundstückseigentümer ohne Genehmigung auf die Aufbaugrundschuld verzichten kann (JR 1950 S. 318, Begründung Grundstückswirtschaft 1950 S. 93, V/17, siehe auch eingehend Anm. 6 zu § 19 S. 105). In den Parlamentsberatungen ist diese Vorschrift ersatzlos gestrichen worden, ein Verzicht nach herrschender Meinung als Verfügung anzusehen und deshalb genehmigungspflichtig (vgl. HuW 1950 S. 324, V). Allerdings bietet § 19 die Möglichkeit, daß auch eine Verfügung über die Aufbaugrundschuld genehmigt werden kann, die nicht für Aufbauzwecke bestimmt ist.

12. Sind mehrere auf einem Grundstück lastende Grundpfandrechte „anders als 1 : 1" umgestellt, so entstehen auch mehrere Aufbaugrund-

schulden, jeweils im Rang nach dem anders als 1 : 1 umgestellten Grundpfandrecht. Die Entstehung mehrerer Aufbaugrundschulden wird auch nicht dadurch beeinträchtigt, daß sich zwischen 10 : 1 umgestellte Grundpfandrechte ein 1 : 1 umgestelltes schiebt. Es sind vielfach — insbesondere von Hypothekenbanken und Versicherungsunternehmen — Grundstückseigentümern mehrere im Range unmittelbar aufeinander folgende Hypotheken von demselben Gläubiger gewährt worden. Diese Art der Kreditgewährung ist zustande gekommen besonders bei Nachbeleihungen nach Aufwertungshypotheken, aber auch dann, wenn das Darlehen in einen unverbürgten und einen reichsverbürgten Teil getrennt worden ist. Bereits bei den Beratungen des Gesetzes ist mehrfach die Frage erörtert worden, ob es notwendig ist, in solchen Fällen die Frage des sogenannten „einheitlichen Rechtes" zu regeln. Die Frage des einheitlichen Rechtes wird nur akut, wenn

a) zugunsten desselben Gläubigers,

b) mehrere Grundpfandrechte in unmittelbarer Rangfolge,

c) auf einem Grundstück des Schuldners eingetragen sind.

Es ergibt sich dann die Frage, ob aus solchen mehreren Grundpfandrechten ein einheitliches Recht im Wege der Parteivereinbarung mit grundbuchrechtlicher Wirksamkeit in der Art gebildet werden kann, daß statt der mehreren Rechte nur ein einziges Recht zugunsten desselben Gläubigers eingetragen ist. Bei jeder Gesetzgebung auf dem Gebiet des Hypothekenrechts erhebt sich dann weiterhin die Frage, ob die Bildung eines solchen einheitlichen Rechtes unabhängig von der Parteivereinbarung automatisch durch positive gesetzliche Vorschrift erfolgen kann oder muß. Für die Aufbaugrundschulden bedeutet dies, an einem Beispiel gezeigt, folgendes: Zugunsten des Gläubigers B sind auf dem Grundstück des Eigentümers E 3 Darlehenshypotheken von 40 000 RM, 30 000 RM und 20 000 RM in unmittelbarer Rangfolge eingtragen, die alle 10 : 1 umgestellt wären. Dann würde die Rangfolge nach § 13 folgendermaßen sein:

1. 4 000 DM Darlehenshypothek,
2. 36 000 DM Aufbaugrundschuld,
3. 3 000 DM Darlehenshypothek,
4. 27 000 DM Aufbaugrundschuld
5. 2 000 Darlehenshypothek
6. 18 000 DM Aufbaugrundschuld.

Wenn man — gleichgültig, ob im Wege der Parteivereinbarung oder durch gesetzliche Vorschrift — ein einheitliches Recht schaffen wollte, so würde die Rangfolge folgendermaßen aussehen:

1. 9 000 DM Darlehenshypothek,
2. 81 000 DM Aufbaugrundschuld.

Dies würde bedeuten, daß die Aufbaugrundschuld von 36 000 DM ihren Rang um 5000 DM. die Aufbaugrundschuld von 27 000 DM ihren Rang um 2000 DM verschlechtert. Die historische Entwicklung bei der Bildung von einheitlichen Rechten hat folgenden Verlauf genommen: Die Gerichte haben dahingehenden Parteivereinbarungen früher vielfach die grundbuchrechtliche Wirksamkeit abgesprochen. Wohl die erste gesetzliche Anerkennung hat der Gedanke des einheitlichen Rechts in § 7 Abs. 1 S. 3 des Aufwertungsgesetzes gefunden, der folgendermaßen lautet:

„Sind in unmittelbarem Zusammenhang mit dem an erster Stelle eingetragenen aufgewerteten Recht zugunsten desselben Gläubigers andere aufgewertete Rechte eingetragen, so gelten, sofern der Gläubiger ein öffentlich-rechtliches oder unter Staatsaufsicht stehendes Unternehmen ist, das nach Gesetz oder Satzung bestimmte Beleihungsgrenzen einzuhalten hatte, die Rechte zusammen im Sinne dieser Vorschrift als ein einheitliches, an erster Stelle eingetragenes Recht."

Abgesehen von dieser ganz besonders gelagerten Vorschrift, in welcher ein Einheitsrecht kraft Gesetzes geschaffen wird, haben allgemein die Gerichte die Bildung eines Einheitsrechtes im Wege der Parteivereinbarung erst seit der grundlegenden Entscheidung des Reichsgerichts vom 27. Juni 1934 (RGZ Bd. 145 S. 47) zugelassen. Ein Einheitsrecht kraft Gesetzes schafft dann wieder § 8 der 1. DVO zum LASG (abgedruckt Teil II/4 S. 158), nach welchem mehrere Rechte in Ansehung ihres Rangverhältnisses zur Umstellungsgrundschuld als einheitliches Recht gelten, wenn sie in unmittelbarer Rangfolge zugunsten desselben Gläubigers eingetragen sind. Für das LASG allerdings erschien diese Regelung zweckmäßig und angängig, weil danach Gläubiger der Umstellungsgrundschuld die Öffentliche Hand ist, für die keine wesentlichen Bedenken zu bestehen brauchen, kraft Gesetzes mit dem Rang der Umstellungsgrundschuld verschlechtert zu werden, d. h. hinter alle umgestellten Rechte rücken zu müssen. In Berlin jedoch ist Gläubiger der Aufbaugrundschuld der Eigentümer. Hier würde also durch eine entsprechende gesetzliche Vorschrift der Rang des Eigentümers mit der Aufbaugrundschuld verschlechtert. Dies würde dann nicht bedenklich sein, wenn eine normale Kreditmarktlage bestünde, d. h. wenn der Eigentümer damit rechnen könnte, von dem Gläubiger der umgestellten Rechte auch den Kredit für die Aufbaugrundschuld zu erhalten. Bei der heutigen Kreditmarktlage kann jedoch damit nicht gerechnet werden, sondern der Eigentümer wird gerade den Rang der Aufbaugrundschuld benötigen, um vielleicht von mehreren Kreditgebern verschiedene Kredite zu erhalten. Es ist zuzugeben, daß bereits der oben erwähnte § 7 Absatz 1 Satz 3 des Aufwertungsgesetzes eine ähnliche Vorschrift über die gesetzliche Bildung von Einheitsrechten enthält. Jedoch betrug der Rangvorbehalt des Eigentümers nach § 7 Aufwertungsgesetz, der durch die Bildung eines gesetzlichen Einheitsrechtes eine Rangverschlechterung erlitt, nur 25 % des Goldmarkwertes des ersten aufgewerteten Rechts, die Aufbaugrundschulden aber betragen 90 % des RM-Nennbetrages der gesamten Belastung, so daß ihre Rangverschlechterung wesentlich bedenklicher wäre. Auch war damals die Kreditgewährung nicht derartig schwierig wie heute, so daß die Bedenken gegen eine solche Vorschrift geringer gewesen sein mögen. Aus allen diesen Gründen ist die Aufnahme einer entsprechenden Vorschrift in das Gesetz unterblieben. Aus Kreisen des Kreditwesens und des Versicherungswesens ist für die Notwendigkeit einer entsprechenden Vorschrift insbesondere auf § 11 des Hypothekenbankgesetzes hingewiesen worden. Danach ist eine Beleihung für Hypothekenbanken der Regel nach nur an erster Stelle zulässig. Die umgestellten Grundpfandrechte, zwischen die sich Aufbaugrundschulden schieben, sind nicht mehr erststellig im Sinne von § 11 Hypothekenbankgesetz. Es handelt sich jedoch dabei um eine Vorschrift, nach welcher „in der Regel" keine andere Beleihung erfolgen soll. Hier ist die anders geartete Beleihung durch späteres Gesetz eingetreten; sie enthält also keinen Verstoß der Hypothekenbanken gegen ihre Plichten. Außerdem hat der Rang und der Wert der umgestellten Rechte durch das Dazwischentreten der Aufbaugrundschulden nicht gelitten, denn diese stehen in genau demselben Rang und belasten genau die gleiche Wertparzelle des Grundstücks wie früher. Schließlich aber zwingt folgender Gedanke dazu, von einer gesetzlichen Regelung des Einheitsrechtes im gegenwärtigen Zeitpunkt abzusehen: Nach § 24 treten Grundpfandrechte, die vor der Verkündung des Gesetzes an bereitester Stelle eingetragen worden sind, mit dem 2. Februar 1951 (§ 26 Absatz 2 GUG) an die Stelle der Aufbaugrundschuld. Dies ist zu diesem Zeitpunkt bereits in weitaus größerem Umfang geschehen gewesen als allgemein angenommen wird. Es ist entsprechend den bereits verteilten ERP-Mitteln auf dem Wohnungsbausektor in Höhe von mindestens 42 Millionen DM, auf dem Industriesektor in Höhe von etwa 200 Millionen DM geschehen gewesen. Der Eintritt dieser Rechte in den Rang der Aufbaugrundschuld ist kraft Gesetzes bereits erfolgt; seine Wirksamkeit ist schwebend bis zur Erteilung einer Bescheinigung nach § 24 Absatz 2 (vgl. Anm. 3 zu § 24 S. 118). Wenn man jetzt kraft Gesetzes Einheitsrechte oder einheitliche Ränge hätte schaffen wollen, so würde man nicht den Rang der Aufbaugrundschuld als Eigentümergrundschuld, sondern den Rang von Fremdgrundpfandrechten verschlechtern, also etwas völlig anderes schaffen als seinerzeit mit § 7 Abs. 1 S. 3 Aufwertungsgesetz bewirkt worden ist. Soweit jedoch die Aufbaugrundschuld noch Eigentümergrundschuld ist, ist es dem Gläubiger von mehreren umgestellten Rechten, die in unmittelbarer Rangfolge eingetragen waren, unbenommen, im Wege der Vereinbarung mit dem Eigentümer ein Einheitsrecht zu schaffen, wie dies auch die Reichsgerichtsentscheidung Bd. 145 S. 47 vorsieht. Eine solche Vereinbarung enthält jedoch eine nach § 19 genehmigungspflichtige Verfügung über die Aufbaugrundschulden, weil diese ihren Rang ändern. Derartige Vereinbarungen sind nunmehr durch § 3 Buchstabe a der 1. DVO insoweit erleichtert worden, als die damit verbundene Verfügung über die Aufbaugrundschuld als allgemein genehmigt gilt, so daß eine Einzelgenehmigung nicht mehr erforderlich ist (vgl. Teil I/2 S. 124). Man wird annehmen können, daß diese allgemeine Genehmigung nicht nur dann gilt, wenn Eigentümer und Gläubiger der Stammrechte diese zu einem Einheitsrecht im technischen Sinn zusammenfassen, sondern auch dann, wenn ihre Vereinbarung nur dahin geht, daß die Stammrechte den Rang unmittelbar hintereinander und vor allen Aufbaugrundschulden haben sollen, ohne daß grundbuchmäßig aus den mehreren Stammrechten ein einziges gebildet wird; denn ein solches bloßes Zusammenrücken stellt ein Minus gegenüber der Bildung eines einzigen Rechtes dar und wird daher auch von der weitergehenden allgemeinen Genehmigung erfaßt. Der Eigentümer ist also nicht gezwungen, um die allgemeine Genehmigung ausnutzen zu können, die unter Umständen mit erheblichen Kosten verbundene und die Tätigkeit der Grundbuchämter stark belastende Bildung eines einzigen Rechtes vorzunehmen, sondern er kann sich, wenn die oben dargestellten Voraussetzungen für die Bildung eines Einheitsrechtes vorliegen, auch damit begnügen, die Stammrechte einerseits und die Aufbaugrundschulden andererseits zusammenrücken zu lassen. Dies ist kostenmäßig günstiger und entlastet die Grundbuchämter.

13. Schwierigkeiten können bei der Gesamthypothek entstehen (§ 1132 BGB, § 48 GBO). Liegen die haftenden Grundstücke in Westberlin, so entsteht eine Gesamtaufbaugrundschuld. Man wird annehmen können, daß der Eigentümer, der gleichzeitig Gläubiger der Gesamtaufbaugrundschuld ist, diese nach § 1132 Abs. 2 BGB verteilen kann; jedoch ist dies eine nach § 19 genehmigungspflichtige Verfügung über die Gesamtaufbaugrundschuld. Liegt eines der mithaftenden Grundstücke außerhalb Westberlins, so kann eine Mithaftwirkung für die Gesamtaufbaugrundschuld bei diesem Grundstück ebensowenig entstehen wie bei einem in Westberlin liegenden Grundstück eine Mithaftwirkung für eine Gesamtumstellungsgrundschuld des Bundesgebiets, weil kein Gesetz Rechtswirkungen außerhalb seines Geltungsbereichs zeitigen kann. Damit erhebt sich die Frage, ob in einem solchen Fall überhaupt eine Aufbaugrundschuld bzw. Umstellungsgrundschuld entstehen kann. Das System der Gesamtbelastung geht davon aus, daß eine solche erst wirksam wird, wenn sie auf allen mithaftenden Grundstücken eingetragen ist (§ 48 GBO). Weder die Umstellungsgrundschuld noch die Aufbaugrundschuld bedürfen zu ihrer Wirksamkeit der Eintragung. Wenn jedoch solche außerhalb des Geltungsbereichs der betreffenden Gesetze gar nicht entstehen können, so könnte diese Nichtexistenz für das Prinzip der Gesamtbelastung die gleiche Wirkung haben wie eine nicht erfolgte Eintragung. Liegt z. B. eins von mehreren mithaftenden Grundstücken im Ausland, so kann eine Gesamthypothek nur entstehen, wenn auch dort eine Miteintragung nach den geltenden Vorschriften möglich ist (vgl. Staudinger Bd. III/2 Anm. 10 zu § 1132 S. 1156). Das Reichsgericht hat in Bd. 157 S. 287 entschieden, daß im Falle der nachträglichen Teilung eines Grundstücks durch Änderung der Reichsgrenze (hier mit Polen) eine Gesamthypothek entstanden ist, wobei allerdings erleichternd hinzukam, daß die in Betracht kommenden international-privatrechtlichen Vereinbarungen die Anwendung der Vorschriften des deutschen Rechtes auch für den im Ausland liegenden Teil vorsahen. Etwa entsprechend liegt auch der hier zur Erörterung stehende Fall. Zwar ist keine nachträgliche Teilung des Grundstücks eingetreten, wohl aber haben sich die Gebiete, in denen die mithaftenden Grundstücke liegen, in ihrer Rechtsentwicklung voneinander entfernt, Westberlin vom Bundesgebiet hinsichtlich des Unterschiedes zwischen Aufbaugrundschuld und Umstellungsgrundschuld, von beiden das Ostwährungsgebiet hinsichtlich des Unterschiedes in der Währungsumstellung. Die Normen über die Gesamtbelastung gelten jedoch in allen drei Rechtsgebieten unverändert weiter. Es kann daher rechtstheoretisch eine Gesamtbelastung möglich sein; daß sie praktisch für die außerhalb des Geltungsbereichs des Grundpfandrechtumstellungsgesetzes bzw. des Lastenausgleichsicherungsgesetzes liegenden Grundstücke infolge der abweichenden Rechtsentwicklung in Währungsfragen nicht zur Wirkung kommt, könnte für die Belastung der

innerhalb des Geltungsbereichs der betreffenden Gesetze liegenden Grundstücke ohne Bedeutung sein (vgl. in dieser Hinsicht auch Beschl. d. OLG Hamm in JZ 1951 S. 176). Brecht, Anm. 3 zu § 12 der 1. DVO, zum LASG, S. 97, führt aus, daß Umstellungsgrundschulden nicht entstehen, wenn das Grundstück außerhalb des Geltungsbereichs des Gesetzes liegt. Es ergibt sich jedoch nicht mit Klarheit, ob damit nur gemeint ist, daß Umstellungsgrundschulden auf dem außerhalb des Geltungsbereichs des Gesetzes liegenden Grundstück nicht entstehen oder ob im Falle der Gesamtbelastung auch solche auf dem innerhalb des Geltungsbereichs des Gesetzes liegenden Grundstück nicht zur Entstehung kommen. Dem Vernehmen nach sollen grundschuldverwaltende Stellen im Bundesgebiet der Auffassung sein, eine Umstellungsgrundschuld auf Grundstücken im Bundesgebiet entstehe auch dann, wenn im Falle der Gesamtbelastung ein mithaftendes Grundstück außerhalb des Bundesgebietes liege. Für Berlin würde dies insbesondere bedeuten, daß eine Aufbaugrundschuld auf Grundstücken in Westberlin auch dann entsteht, wenn mithaftende Grundstücke im Ostwährungsgebiet liegen. Es dürfte allein dem Sinn sowohl des Lastenausgleichssicherungsgesetzes als auch des Grundpfandrechtumstellungsgesetzes entsprechen, wenn man in derartigen Fällen eine Umstellungsgrundschuld bzw. Aufbaugrundschuld auf den Grundstücken im Geltungsbereich des in Betracht kommenden Gesetzes als entstanden ansieht. Dies dürfte auch für den Lastenausgleich, insbesondere die Hypothekengewinnabgabe von erheblicher Bedeutung sein. Bisher gehen die §§ 99 und 114 LAG (Bundestagsdrucksache Nr. 1800) ebenso wie § 12 der 1. DVO zum LASG (Teil II/4 S. 158) nur von dem Fall aus, daß alle mithaftenden Grundstücke im Geltungsbereich des Gesetzes liegen. Das gleiche ergibt sich jedoch aus § 89 LAG für den Fall, daß ein mithaftendes Grundstück außerhalb des Geltungsbereichs des Gesetzes liegt. Mit Rücksicht auf diese Erwägungen sind sämtliche beteiligten Ressorts in Berlin und im Bundesgebiet der Auffassung, die Entstehung der Aufbaugrundschuld bzw. Umstellungsgrundschuld könne dadurch nicht beeinträchtigt werden, daß ein für das Stammrecht mithaftendes Grundstück außerhalb des Geltungsbereichs des in Betracht kommenden Gesetzes liegt. Der Senator für Justiz hat diese Auffassung durch Verlautbarung vom 30. Mai 1951 den Justizbehörden in Berlin bekannt gegeben (abgedruckt JR 1951 S. 413). Dadurch, daß nach einem 10 : 1 umgestellten Gesamtstammrecht in Berlin Aufbaugrundschulden, im Bundesgebiet Umstellungsgrundschulden von 90 % entstehen, tritt in dieser Höhe eine Vervielfältigung der früheren Gesamtbelastung ein, wie an folgendem Beispiel klar wird: Ein Grundstück in Westberlin und eines in Wiesbaden hafteten für eine Gesamthypothek von 40 000 RM, die auf 4000 DM umgestellt ist, d. h. jedes der beiden Grundstücke haftete nur einmal für 40 000 RM und haftet jetzt für 4000 DM. Unterstellt, der Gläubiger würde — weil die Grundstücke gleich im Wert sind — die Gesamthypothek nach § 1132 Abs. 2 BGB gleichmäßig verteilt haben, so haftete vor der Währungsreform jedes Grundstück nur für 20 000 RM, nachher für 2000 DM. Er hat aber nicht verteilt, und so wäre im Bundesgebiet eine Umstellungsgrundschuld von 36 000 DM, in Berlin eine Aufbaugrundschuld von 36 000 DM entstanden, d. h. beide Grundstücke zusammen würden jetzt anstatt für 40 000 RM wie vor der Währungsumstellung für 4000 + 36 000 + 36 000 = 76 000 DM haften. Es liegt auf der Hand, einmal daß dieses Ergebnis zu der Belastungsgrenze der Grundstücke in keinem vernünftigen Verhältnis steht, zum anderen, daß es eventuelle nachrangige Hypothekengläubiger ungerecht benachteiligt. Eine Abhilfe wird vorläufig im Bundesgebiet durch Verzicht der öffentlichen Hand, in Berlin durch Verzicht des Eigentümers mit Genehmigung nach § 19 auf einen den Einheitswertverhältnissen der Grundstücke entsprechenden Teilbetrag der neu entstandenen Belastung herbeigeführt werden können (im obigen Beispiel bei gleichen Einheitswerten Verzicht im Bundesgebiet auf 50 % der Umstellungsgrundschuld gleich 19 000 DM, dasselbe in Berlin bei der Aufbaugrundschuld). Entsprechendes wird zu gelten haben, wenn für das Stammrecht ein im Ostwährungsgebiet liegendes Grundstück mithaftete, dessen Haftung — jedenfalls für die Aufbaugrundschuld und Umstellungsgrundschuld — nicht in Betracht kommt. Wie sich der eventuelle Wegfall der Mithaft auch für das Stammrecht in diesem Falle infolge der anderen Vorschriften der Währungsumstellung und eventuell der Enteignung im Ostwährungsgebiet auf das Stammrecht auswirkt, kann in diesem Rahmen nicht erörtert werden (vgl. dazu auch Seeger JR 1951 S. 359).

14. Eine Aufbaugrundschuld kann sich von selbst in eine Gesamtaufbaugrundschuld verwandeln, wenn das mit der Aufbaugrundschuld belastete Grundstück in einzelne Trennstücke geteilt wird (vgl. Staudinger Bd. III/2 Anm. 5 zu § 1132 S. 1154). Für eine Verteilung einer solchen Gesamtaufbaugrundschuld gilt das oben eingangs Anm. 13 Gesagte. Für eine lastenfreie Abtrennung, d. h. eine Enthaftung des abgetrennten Teils von der Aufbaugrundschuld, besteht folgende Rechtslage: Eine Enthaftungserklärung bedeutet einen Verzicht des Eigentümers auf die Aufbaugrundschuld, soweit eine Mithaft des abgetrennten Teils in Betracht kommt. Dies ist eine nach § 19 genehmigungspflichtige Verfügung. Ob sie „wirtschaftlich sinnvoll" nach § 19 Abs. 2 S. 1 ist, kann von verschiedenen Mdalitäten abhängen: Einmal davon, ob der Gegenwert für das abgetrennte Stück eine „wirtschaftlich sinnvolle" Verwendung im Sinne von § 19 findet — dieser Gesichtspunkt wird besonders dann berücksichtigt werden müssen, wenn das abgetrennte Stück größeren Umfang hat, so daß sich durch die Abtrennung die Sicherung für die Aufbaugrundschuld vermindert; des weiteren davon, ob der Rest für die Sicherung der Aufbaugrundschuld ausreicht — tut er das, so werden gegen eine Genehmigung der Enthaftungserklärung kaum Bedenken bestehen; im übrigen kann die lastenfreie Abtrennung einer kleineren Parzelle — insbesondere für Straßenbauzwecke — auch auf folgende Weise erreicht werden: Nach Art. 120 EGBGB bleiben unberührt die landesgesetzlichen Vorschriften, nach welchen im Falle der Veräußerung eines Teils eines Grundstücks dieser Teil von den Belastungen befreit wird, wenn von der zuständigen Behörde festgestellt wird, daß die Rechtsänderung für die Berechtigten unschädlich ist (sog. Unschädlichkeitszeugnis). Art. 19 PrAGBGB erhält die bestehenden Vorschriften über die Erteilung von Unschädlichkeitszeugnissen aufrecht. In Betracht kommt für Berlin das preußische Gesetz vom 3. März 1850, nach dessen § 2 ein Unschädlichkeitszeugnis nur erteilt werden darf, wenn das Trennstück im Verhältnis zum Hauptgute von geringem Wert und Umfang ist und das Kaufgeld den

Wert erreicht; nach § 3 tritt das Kaufgeld „in Beziehung auf die Hypotheken und Realgläubiger an die Stelle des Trennstücks". Die Einzelheiten darüber, unter welchen Umständen das Trennstück frei von allen Belastungen des Hauptgrundstücks von diesem ohne die Bewilligung der Berechtigten abgeschrieben werden kann, sind in Art. 20 Pr.AGGBO geregelt, der nach Art. 117 GBO in Kraft geblieben ist (vgl. Güthe-Triebel, Bd. II S. 1571). Eine solche lastenfreie Abschreibung auf Grund eines Unschädlichkeitszeugnisses stellt keine genehmigungspflichtige Verfügung über die Aufbaugrundschuld dar; der Grundstückeigentümer ist in seiner Eigenschaft als Gläubiger der Aufbaugrundschuld dabei nicht anders gestellt als die Gläubiger von Fremdrechten, deren Bewilligung nach Art. 20 Pr.AGGBO auch nicht erforderlich ist.

15. Auch auf restitutionspflichtigen Grundstücken entstehen Aufbaugrundschulden (a. A. zu Unrecht Czapski HuW 1951 S. 208, der Aufbaugrundschuld und Hypothekengewinnabgabe verwechselt). Zwar ergibt sich aus Art. 13 REAO (entsprechend Art. 12 Br.REG und Art 15 US.REG), daß grundsätzlich hinsichtlich des Grundstücks die Rechtslage hergestellt wird, wie sie im Entziehungszeitpunkt bestanden hat. Diese Rückwirkung tritt jedoch ein nur durch die Entscheidung einer Rückerstattungsbehörde, und zwar durch die im einzelnen rechtsgestaltende Wirkung dieser Entscheidung (Art. 61 REAO, Art. 59 Br.REG, Art. 67 US.REG), infolgedessen erst mit deren Rechtskraft (Godin, Anm. 2 zu Art. 12 Br.REG S. 332, Peters Anm. 9 zu Art. 29 S. 157, Kubuschok-Weißstein Anm. 1 zu Art. 12/15 S. 124, Lüke S. 29). Am 25. 6. 1948 (vgl. § 26) hat jedenfalls das Stammrecht bestanden und ist die Aufbaugrundschuld entstanden, da zu diesem Zeitpunkt eine rechtskräftige Rückerstattungsentscheidung noch nicht ergangen sein kann. Auch bei den Umstellungsgrundschulden des LASG wird offenbar angenommen, daß sie zunächst einmal entstanden sind (Godin, Anm. 5 zu Art. 12 Br.REG S. 334, Anm. 8 zu Art. 29 US.REG S. 409, Götze Anm. 13 zu Art. 37 US.REG S. 263, WK Würzburg RzW 1950 S. 280, WK München RzW 1950 S. 137, WK Frankfurt RzW 1950 S. 308). Die Rechtskraft einer Rückerstattungsentscheidung hat zunächst die Wirkung, daß der Rückerstattungsberechtigte als vom Entziehungszeitpunkt an Eigentümer des Grundstücks geblieben gilt. Die „für den Eigentümer" entstandene Aufbaugrundschuld steht also dem Rückerstattungsberechtigten zu; dies ergibt sich außer aus den Grundsätzen des Rückerstattungsrechts aus dem Grundgedanken des § 1 der 1. DVO (vgl. Teil I/2 S. 124 u. Teil I/3 S. 127). Es fragt sich, ob etwa weiterhin die entstandene Aufbaugrundschuld durch die rechtgestaltende Wirkung der Rückerstattungsentscheidung eine Beeinträchtigung im Sinne eines ganzen oder teilweisen Erlöschens erfahren kann. Die Regelung des Art. 13 REAO (Art. 12 Br.REG, Art. 15 US.REG) wird entsprechend dem darin enthaltenen Vorbehalt („soweit nichts anderes bestimmt ist") für die dinglichen Rechte ergänzt durch Art. 30 REAO (Art. 29 Br.REG, Art. 37 US.REG). In dieser Vorschrift ist das Schicksal dinglicher Rechte abschließend geregelt. Danach erlöschen bestimmte, das Grundstück belastende dingliche Rechte „Dritter". Die Aufbaugrundschuld aber ist ein Eigentümerrecht im Falle der Rückerstattungsentscheidung des Berechtigten. Ein Eigentümerrecht des Rückerstattungsberechtigten aber ist kein Recht eines Dritten und keine Belastung in diesem

Sinne und dürfte daher einer Beurteilung im Rahmen des Art. 30 REAO entzogen sein. Die Aufbaugrundschuld dürfte danach immer bestehen bleiben. Daran wird auch dadurch nichts geändert, daß eventuell das Stammrecht nach Art. 30 REAO durch die Rechtskraft einer Rückerstattungsentscheidung mit rückwirkender Kraft erlischt, denn die — wie eingangs dargelegt — gleichwohl entstandene Aufbaugrundschuld ist nach ihrer Entstehung von dem Schicksal des Stammrechts unabhängig (vgl. oben Anm. 3 am Ende S. 72). Das — allein zweckmäßige — Ergebnis dieser Erwägungen ist, daß jedenfalls das Grundbuchamt die Eintragung der Aufbaugrundschuld nicht davon abhängig machen kann, ob und in welcher Art eventuell einmal eine Rückerstattungsentscheidung ergeht; ein solches Aufschieben würde auch die Kreditbeschaffung und damit den Wiederaufbau gerade von Restitutionsgrundstücken hemmen. Entgegen der Auffassung Czapskis a. a. O. muß man die Entstehung der Aufbaugrundschuld bei rückerstattungspflichtigen Grundstücken auch deshalb annehmen, weil sich andernfalls eine — grundbuchmäßig undurchführbare — verschiedenartige Behandlung ergäbe je nachdem, ob die Rückerstattung durch Entscheidung oder durch Vergleich erfolgt. Bei einem Rückerstattungsvergleich nämlich findet Art. 13 REAO (Art. 12 Br.REG) unmittelbar keine Anwendung (Godin, Anm. 2 zu Art. 12 Br.REG S. 333, Harmening-Hartenstein Anm. 4 zu Art. 12 Br.REG Bl. 93, wohl auch Lüke S. 21, Götze Anm. 3 zu Art. 15 US.REG S. 186 vor dessen Neufassung durch das Ges. Nr. 5; a. A. Peters Anm. 8 zu Art. 12 Br.REG S. 102 schlechthin und Kubuschok-Weißstein Anm. 1 zu Art. 12/15 S. 124 für den Vergleich vor Wiedergutmachungsbehörden, während diese für den außergerichtlichen Vergleich auch die automatische Rückwirkung ablehnen; daß aber die Ausdehnung der Rückwirkung auch nur auf den Vergleich vor Wiedergutmachungsbehörden nicht zutreffend sein kann, ergibt sich schon daraus, daß für die amerikanische Zone der Gesetzgeber selbst durch das Ges. Nr. 5 dem Art. 15 USREG einen Abs. 3 beizufügen für notwendig erachtet hat, in welchem diese Ausdehnung ausdrücklich vorgeschrieben ist, woraus sich eindeutig ergibt, daß dies in der britischen Zone und Berlin ohne positive Vorschrift nicht geltendes Recht ist). Ein solcher Vergleich kann verschieden gestaltet sein: Man wird mit Harmening-Hartenstein (Anm. 4 zu Art. 12 BrREG Bl. 93 Rs) annehmen können, daß die Parteien ihre Rechtsbeziehungen entsprechend der Rechtslage nach Art. 13 REAO (Art. 12 Br.REG) regeln können, z. B. indem der Verpflichtete anerkennt, niemals Eigentümer des Grundstücks geworden zu sein; aber auch dann hat der Vergleich nicht die unmittelbare dingliche Wirkung wie eine Entscheidung nach Art. 13 REAO (Art. 12 Br.REG), sondern es bedarf der formgerechten Rückübertragung. Der Verpflichtete kann aber auch nur die Herausgabepflicht vom Vergleichsabschluß ab anerkennen; dann ist es ganz klar, daß sich für den Eigentumsübergang die gleichen Grundsätze wie beim Rechtsgeschäft ergeben. Bei beiden Formen des Vergleichs wird also der eingetragene rückgabepflichtige „Buch"eigentümer bis zur Rückgabe zum materiell echten Eigentümer. Die Aufbaugrundschuld ist als Eigentümergrundschuld des eingetragenen Eigentümers entstanden gewesen und geht in — mindestens entsprechender — Anwendung des § 1 der 1. DVO auf den Rückerstattungsberechtigten über. Der Vergleich kann aber auch dahin gehen, daß der Rückerstattungsberechtigte den Rückerstattungspflichtigen im Besitz des Grundstücks gegen Zahlung einer Abfindung beläßt. Die gleiche Rechtslage tritt ein, wenn statt des Rückerstattungsanspruchs der Nachzahlungsanspruch nach Art. 14 REAO (Art. 13 Br.REG, Art. 16 US.REG) geltend gemacht wird. In diesem Falle wird der rückerstattungspflichtige eingetragene „Buch"eigentümer endgültig zum materiell echten Eigentümer. Die Aufbaugrundschuld ist für diesen entstanden und verbleibt ihm. Über die Verwendung der Aufbaugrundschuld für die Abgeltung eines solchen Nachzahlungsanspruchs vgl. Anm. 6 zu § 19 S. 105 und Abhandl. des Verf. HuW 1951 S. 105 Abs. IV.

§ 14

(1) Die Aufbaugrundschuld bedarf zu ihrer Entstehung sowie zu ihrer Wirksamkeit Dritten gegenüber nicht der Eintragung im Grundbuch. Die Erteilung eines Briefes für die Aufbaugrundschuld ist ausgeschlossen, solange sie dem Eigentümer zusteht und er zu einer Verfügung darüber der Genehmigung bedarf (§ 19).

(2) Die Aufbaugrundschuld ist von Amts wegen im Grundbuch einzutragen,

a) wenn der Umstellungsbetrag des Rechtes, nach welchem die Aufbaugrundschuld nach § 13 entsteht, eingetragen wird (§ 8) oder

b) wenn das umgestellte Recht nach der Verkündung dieses Gesetzes gelöscht wird.

Anmerkungen:

1. Amtliche Begründung zu § 14 Abs. 1 Satz 1:

„3. § 14 Abs. 1 Satz 1 entspricht dem § 1 Abs. 1 Satz 2 des Gesetzes zur Sicherung von Forderungen für den Lastenausgleich und stellt klar, daß zu der Entstehung und Wirksamkeit der Aufbaugrundschuld die Eintragung im Grundbuch nicht erforderlich ist."

2. Die vorstehend genannte Vorschrift des § 1 Abs. 1 Satz 2 LASG ist abgedruckt Teil II/3 S. 155.

3. Daß ein dingliches Recht außerhalb des Grundbuches kraft Gesetzes entsteht, ist kein neues Verfahren. Vergleiche in dieser Hinsicht die Angaben bei Staudinger Bd. III/1, Anm. A, 2, m zu § 873 S. 100, Anm. IV, 3 zu § 879 S. 144, Bd. III/2 Anm. 50 bis 53 zu § 1113, S. 1055, bei Güthe-Triebel Bd. II S. 1747 u. S. 1856. Allerdings handelt es sich dabei fast durchgängig um Rechte, die entweder eine öffentliche Last darstellen oder mindestens ihren Entstehungsgrund in Vorgängen des öffentlichen Rechts haben, also ihrer inneren Natur nach öffentlichen Charakter haben wie in etwa auch die Umstellungsgrundschuld des LASG. Am nächsten dürfte noch der Vergleich zwischen der Aufbaugrundschuld und der allerdings kaum praktisch gewordenen Bauhypothek nach § 27 des Gesetzes vom 1. 7. 1909 — RGBl. I S. 449 — liegen (vgl. dazu im einzelnen Güthe-Triebel Bd. II S. 1746), bei der es sich auch um eine privatrechtliche Last gehandelt hat; daß eine solche für den Grundstückseigentümer durch Gesetz begründet wird wie bei der Aufbaugrundschuld,

findet sich in ähnlicher Form in Art. 7 des Zusatzabkommens v. 25. 3. 23 (RGBl. II S. 286), in dessen Art. 12 die gleiche Verfügungsbeschränkung ausgesprochen ist wie in § 19.

4. Da die Aufbaugrundschuld kraft Gesetzes außerhalb des Grundbuchs neu entsteht, ist der Grundstückseigentümer, in dessen Hand sich Gläubigerrecht und Haftung vereinigen, nicht etwa Rechtsnachfolger des Gläubigers des umgestellten Rechtes in Höhe von 90 % (zur Umstellungsgrundschuld siehe Breit-Haaser S. 90). Dies kann für den guten Glauben von Bedeutung sein. Zur Umstellungsgrundschuld stehen Breit-Haaser S. 90 und 91 auf dem Standpunkt, daß sich der Gläubiger der Umstellungsgrundschuld insoweit auf guten Glauben berufen könne, als dies der Gläubiger des umgestellten Rechtes kann, weil die Umstellungsgrundschuld nach Inhalt und Bestand dem umgestellten Recht entspricht (§ 1 LASG); im übrigen ist die Frage für die Umstellungsgrundschuld durch § 6 der 1. DVO zum LASG (vgl. Teil II/4 S. 158) beantwortet, dem § 18 dieses Gesetzes genau entspricht, obwohl für die Aufbaugrundschuld in diesem Punkt die Problemstellung etwas anders ist, weil bis zu einer Verfügung nach § 19 Gläubiger und Schuldner identisch sind und der Eigentümer nicht gegenüber sich selbst Einreden geltend machen kann. Wenn das RM-Grundpfandrecht einredebehaftet gewesen ist wie in einem Teil der von Breit-Haaser S. 91 gegebenen Beispielen, so kommt gegebenenfalls § 2 Ziffer 3 in Betracht, d. h. es ist 1 : 1 umgestellt und eine Aufbaugrundschuld nicht entstanden. Es ist unwahrscheinlich, daß der Eigentümer unter den Erschwerungen des § 19 eine scheinbare Aufbaugrundschuld abtreten wird, wenn er auf dem Weg über § 2 Ziffer 3 ein 1 : 1 umgestelltes freies Eigentümerrecht erreichen und verwerten kann. Die Rechtslage ist weiterhin in folgendem Punkt wesentlich verschieden bei Umstellungsgrundschuld und Aufbaugrundschuld: Die Umstellungsgrundschuld entsteht nicht nur außerhalb des Grundbuchs, sondern wird — abgesehen von Ausnahmefällen — auch später nicht eingetragen; die Aufbaugrundschuld entsteht zwar außerhalb des Grundbuchs, muß jedoch vor einer Verfügung über sie im Grundbuch eingetragen sein. Eine Verfügung über die Aufbaugrundschuld, solange sie Bruchgrundschuld ist (§ 14 Abs. 1 S. 2, vgl. Anm. 7 S. 90), ist außerhalb des Grundbuchs nicht möglich (§ 1154 Abs. 2, § 873 Abs. 1 BGB.). Ist die Aufbaugrundschuld eingetragen, so gelten für den Rechtsverkehr die einschlägigen Bestimmungen mit der Beschränkung des § 19 wie für jedes andere eingetragene Grundpfandrecht (§ 892. § 1157 BGB). Es ist mit Rücksicht auf die Interessenlage des Gläubigers des früheren RM-Grundpfandrechtes und des Grundstückseigentümers und auf die Notwendigkeit ihrer beider Bewilligung für die Eintragung der Umstellung (§ 8) kaum denkbar, daß eine materiell nicht bestehende Aufbaugrundschuld eingetragen wird.

5. Amtliche Begründung zu § 14 Abs. 1 Satz 2:

„5. § 14 Abs. 1 Satz 2, wonach die Erteilung eines Briefes für die Aufbaugrundschuld ausgeschlossen ist, entspricht § 4 der Zweiten Durchführungsverordnung zum Gesetz zur Sicherung von Forderungen für den Lastenausgleich. Der Ausschluß der Brieferteilung kann jedoch nur solange gelten, wie die Grundschuld ihren Charakter als Aufbaugrundschuld nach § 13 behält. Wenn der Grundstückseigentümer nach einer Verwendung der Aufbaugrundschuld das Recht zurückerwirbt, so hat es nach § 21 Abs. 1 den Charakter als Aufbaugrundschuld verloren; eine Brieferteilung ist danach nicht mehr ausgeschlossen."

6. § 4 der 2. DVO zum LASG ist abgedruckt Teil II/5 S. 162.

7. Die amtliche Begründung dürfte zu eng sein, wie es in der Natur amtlicher Begründungen liegt, die sich auf das Wesentlichste beschränken müssen. Sie erwähnt für die Zulässigkeit der Brieferteilung nur den Fall, daß der Eigentümer die verwendete Aufbaugrundschuld zurückerwirbt, d. h. den für sie gewährten Kredit zurückzahlt, wird und kann aber andere Möglichkeiten nicht ausschließen. Eine solche Möglichkeit, sogar Notwendigkeit, die Brieferteilung zuzulassen, kann schon zu einem erheblich früheren Zeitpunkt vorliegen, nämlich wenn der Eigentümer zur Kreditgewinnung über die Aufbaugrundschuld verfügt. Es kann in diesem Zeitpunkt und wird vielfach insbesondere bei langfristigen Krediten das Bedürfnis bestehen, die Aufbaugrundschuld bei Abtretung an den Kreditgeber in eine Hypothek umzuwandeln. Die Möglichkeit eröffnet § 1198 BGB. Zu dieser Verfügung — Abtretung und Umwandlung — bedarf der Eigentümer der Genehmigung nach § 19. Ist diese Genehmigung erteilt, so liegt eine der Voraussetzungen für den Ausschluß der Brieferteilung in § 14 Abs. 1 Satz 2 — „solange er der Genehmigung bedarf" — nicht mehr vor, weil er die Genehmigung erhalten hat und er ihrer also nicht mehr bedarf. Nach dieser zugegebenerweise sophistischen, aber unbedingt dem Zweck des Gesetzes entsprechenden Deduktion ist also — bei Genehmigung nach § 19 — die Umwandelung der Aufbaugrundschuld auch in eine Briefhypothek möglich. § 1116 Abs. III zweiter Halbsatz BGB steht nicht entgegen, weil eben das Gesetz die Brieferteilung im Fall der Genehmigung zur Verfügung über die Aufbaugrundschuld nicht ausschließt, sondern nur für die Zeit, während der der Eigentümer nicht verfügt.

8. Amtliche Begründung zu § 14 Absatz 2 (schließt an die oben Anm. 1 S. 88 wiedergegebene Ziff. 3 der Amtlichen Begründung an):

„4. Davon unabhängig muß jedoch im Interesse einer Wahrung der Publizität des Grundbuches und der Sicherheit des Grundstücksverkehrs die Eintragung der Aufbaugrundschuld verlangt werden. § 14 Abs. 2 bestimmt deshalb, daß die Aufbaugrundschuld von Amts wegen im Grundbuch einzutragen ist, und zwar entweder gleichzeitig mit der Eintragung des Umstellungsbetrages, für welche näheres in den §§ 8 und 9 geregelt ist, oder dann, wenn das umgestellte Recht nach Verkündung dieses Gesetzes gelöscht wird; in diesem letzteren Fall ist die Aufbaugrundschuld bereits mit der Umstellung zur Entstehung gelangt und muß eingetragen werden. Nach der Regelung der Gesetzgebung zur Sicherung der Forderungen für den Lastenausgleich wird zwar die Umstellungsgrundschuld zunächst nicht im Grundbuch eingetragen, wohl aber dann, wenn sie auf den Eigentümer übergeht (§ 12 der 2. DVO zum Gesetz zur Sicherung von Forderungen für den Lastenausgleich). Da es sich bei der Aufbaugrundschuld nach diesem Gesetz immer um eine Grundschuld für den Eigentümer handelt, wird durch § 14

Abs. 2 des Gesetzes die gleiche Rechtslage geschaffen, wie sie in der Bundesrepublik Deutschland besteht."

9. § 12 der 2. DVO zum LASG ist abgedruckt Teil II/5 S. 165. Die Umstellungsgrundschuld kann auf den Eigentümer übergehen nach den §§ 3a ff. LASG und nach § 5 der 1. DVO zum LASG, abgedruckt Teil II/3 S. 156 und Teil II/4 S. 159.

10. Die Frage, wann die Aufbaugrundschuld eingetragen werden soll, war verhältnismäßig einfach zu lösen bei den Grundpfandrechten, die noch als RM-Rechte eingetragen sind. Dies wird bei einem hohen Prozentsatz der Fall sein, weil die Berliner Gerichte lange Zeit die Möglichkeit der Eintragung der Umstellung verneint haben (vgl. im einzelnen Krech JR 1949 S. 274). In diesen Fällen ist der früheste Zeitpunkt, zu dem die Aufbaugrundschuld eingetragen werden kann, der der Eintragung der Umstellung. Es ist auch der grundbuchtechnisch zweckmäßigste, weil bei der Eintragung der Umstellung ohnehin das Grundbuch „bewegt" werden muß, und zwar gerade in Hinsicht auf das Recht, an dessen Umstellung die Aufbaugrundschuld anknüpft. Der späteste Zeitpunkt, an dem die Aufbaugrundschuld eingetragen werden muß, ist der der Löschung des Grundpfandrechtes, nach dem sie entstanden ist. Es werden zwei Fragen auseinandergehalten werden müssen: Muß das Grundbuchamt vor der Löschung die Umstellung eintragen? Muß das Grundbuchamt bei Löschung vor Eintragung der Aufbaugrundschuld die Umstellung eintragen? Die erste Frage ist überwiegend dahin beantwortet worden, daß vor einer Löschung die Umstellung nicht eingetragen zu werden braucht (vgl. Anm. 5 zu § 13 S. 72, dazu auch Cammerer Rpfleger 1950 Sp. 62, Hieber DNotZ 1950 S. 116, Müller Rpfleger 1950 Sp. 537 sowie Folter und Dronia Rpfleger 1951 Sp. 59 ff., dagegen Bruhn Rpfleger 1950 Sp. 199, 540 und Rpfleger 1951 Sp. 64). Auch die zweite Frage wird man dahin beantworten können, daß die Notwendigkeit der Eintragung der Aufbaugrundschuld im Falle der Löschung des Stammrechtes nicht zu einer Eintragung der Umstellung zwingt. Grundsätzlich geht allerdings das Gesetz davon aus, daß Grundlage der Eintragung der Aufbaugrundschuld die Eintragung der Umstellung ist. Dieser Grundsatz gilt jedoch nur für die Fälle, in denen das Stammrecht eingetragen bleibt, aber durch die Umstellung eine Umwertung erfährt. Für den Fall der Löschung des Stammrechts erfährt er eine Ausnahme aus den Gründen, die das KG am Anfang der Beschlüsse vom 12. und 16. 10. 1950 HuW 1951 S. 32 zutreffend ausgeführt hat. Daß das Gesetz bei Löschung des Stammrechts Eintragung der Aufbaugrundschuld vorschreibt, ändert an der Möglichkeit dieser Ausnahme nichts: Ist die Befriedigung vor dem Währungsstichtag erfolgt, so ist die infolgedessen entstandene Eigentümergrundschuld 1 : 1 umgestellt und eine Aufbaugrundschuld nicht entstanden (vgl. Anm. 5 zu § 13 S. 72). Ist die Befriedigung nach dem Währungsstichtag erfolgt und löschungsfähige Quittung erteilt, so ist aus dem in dieser angegebenen Betrag zu erkennen, ob eine Aufbaugrundschuld entstanden ist oder nicht; es wäre ein Formalismus, daneben die Beteiligten zu dem Verfahren nach § 8 Abs. 1 zu zwingen, dessen Ergebnis in der löschungsfähigen Quittung enthalten ist. Das Grundbuchamt wird in diesem Fall ohne Schwierigkeiten die Löschung des RM-Grundpfandrechtes und gleichzeitig die Entstehung der Aufbau-

grundschuld eintragen können. Ist allerdings Befriedigung nach dem Währungsstichtag erfolgt und liegt Löschungsbewilligung des Gläubigers vor, so kann das Grundbuchamt nicht erkennen, ob eine Aufbaugrundschuld entstanden ist, da in der Löschungsbewilligung der Betrag der gezahlten Valuta nicht angegeben zu sein braucht; es kann auch aus dem Grundbuch nicht mit absoluter Sicherheit erkennen, ob eine Aufbaugrundschuld entstanden ist (z. B. eine Darlehenshypothek sichert eine Auseinandersetzungsverbindlichkeit oder steht einem Angehörigen der Vereinten Nationen zu). Das Grundbuchamt kann nicht in jedem Fall der Löschungsbewilligung automatisch eine Aufbaugrundschuld eintragen, denn es kann nur solche Aufbaugrundschulden eintragen, die nach § 13 wirklich entstanden sind. Es ist aber verpflichtet, bei Löschung des Stammrechts eine Aufbaugrundschuld einzutragen, wenn eine solche entstanden ist, d. h. es darf nicht löschen, ohne eine entstandene Aufbaugrundschuld einzutragen. Kann es aus den für die Löschung eingereichten Unterlagen nicht erkennen, ob eine Aufbaugrundschuld entstanden ist oder nicht, so steht infolgedessen auch der Löschung ein Hindernis im Sinne des § 18 GBO entgegen, das die Beteiligten zunächst zu beseitigen haben, beispielsweise indem sie dem Grundbuchamt nachweisen, in welcher Weise Zahlung der Valuta erfolgt ist. Hat sich aber das Grundbuchamt auf dem Wege des § 18 GBO Gewißheit darüber verschafft, daß eine Aufbaugrundschuld entstanden ist, so dürfte es deshalb nicht gezwungen sein, vor Löschung des Stammrechts und ihrer Eintragung die Umstellung des Stammrechts einzutragen. Dazu dürfte § 14 Abs. 2 Buchst. b ebensowenig zwingen wie die §§ 113, 129 LAG in der Fassung der Drucksache Nr. 1800 (wie Bruhn Rpfleger 1951 Sp. 69 annimmt). Dagegen muß vor einer anderen Rechtsänderung des Stammrechts als es die Löschung ist, z. B. vor einer Abtretung des Stammrechts, dessen Umstellung eingetragen werden, weil eine Verfügung, die ein Bestehenbleiben des Stammrechts zum Gegenstand hat, nur in DM getroffen werden kann (so auch OLG Frankfurt NJW 1951 S. 449, anders früher Cammerer Rpfleger 1950 Sp. 62, OLG Hamburg Rpfleger 1950 S. 420 gegen LG Hamburg Rpfleger 1950 S. 367, LG Köln JMBl. NW 1950 S. 188 für Rangänderung); mit einer solchen Rechtsänderung des Stammrechtes muß dann auch die Aufbaugrundschuld eingetragen werden. Bei einer Teillöschung oder anderen Teilveränderungen des Stammrechts muß die ganze Aufbaugrundschuld eingetragen werden, weil sonst durch die stufenweise Eintragung der Aufbaugrundschuld kaum zu klärende Rangschwierigkeiten entstehen und vor allem eine Subtraktion in Sp. 3 des Grundbuchs nicht möglich wäre, wenn nicht vorher die Umstellung des ganzen Stammrechts und damit die ganze Aufbaugrundschuld eingetragen ist (Cammerer, Rpfleger 1950 Sp. 62). Es müssen also vor Löschung eines Teils des Stammrechts notfalls im Wege des § 18 GBO die für die Umstellung des ganzen Stammrechts erforderlichen Erklärungen herbeigeführt werden. Für Berlin wird diese Konsequenz bei der Teillöschung möglicherweise in der 2. DVO klargestellt werden. Man darf nicht übersehen, daß § 14 Abs. 2 zwei Prinzipien des Grundbuchrechts durchbricht: Durch die Eintragung von Amts wegen den Antragsgrundsatz des § 13 GBO, in welcher Vorschrift eine Ausnahme durch Gesetz ausdrücklich vorgesehen ist; das gleiche findet sich bei der bereits oben in Anm. 3 S. 88 erwähnten Bauhypothek. Durch Verknüpfung von Löschung des Stammrechtes und Eintragung der Aufbaugrundschuld und die dadurch notwendig werdende materielle Prüfung ihrer Entstehung das formelle Konsensprinzip des § 19 GBO (vgl. auch Anm. 5 zu § 13 S. 72 wegen der Prüfung des Zeitpunktes, an dem die Eigentümergrundschuld entstanden ist). Besonders diese Durchbrechung des formellen Konsensprinzips für die Eintragung der Aufbaugrundschuld wird für die Tätigkeit der Grundbuchämter von großer Bedeutung sein; sie läßt beispielsweise die Ausführungen von Güthe-Triebel zur Löschungsbewilligung (Anm. 27 zu § 19 S. 380) und zur Prüfung des Grundgeschäfts (Vorbem. 99 vor Abschn. 2 S. 252) weitgehend hinfällig werden. Bei der Eintragung der Aufbaugrundschuld und der Verfügungsmöglichkeit über sie tritt das öffentliche Interesse in den Vordergrund, das an einer „wirtschaftlich sinnvollen Verwendung" (§ 19) des durch die Umstellung entlasteten Teilwertes besteht; es führt zur Offizialmaxime und materiellen Prüfung. Auf derselben Ebene liegt die Prüfungspflicht des Grundbuchamtes, wenn die Beteiligten versuchen, im Wege einer Umstellungsvereinbarung bzw. übereinstimmender, mit der Grundbuchlage nicht zu vereinbarender Erklärungen die Aufbaugrundschuld zu beeinträchtigen (vgl. dazu Anm. 3 u. 5 zu § 8 S. 52, Anm. 9 zu § 9 S. 62, Anm. 5 zu § 10 S. 65). Über das Verhältnis zwischen der für einen solchen Fall in der Verfügung des Senators für Justiz vom 31. 3. 1951 (JR 1951 S. 253) als notwendig bezeichneten Genehmigung und dem in Betracht kommenden gerichtlichen Verfahren hat der Senator für Justiz auf eine Anfrage in einem Einzelfall folgenden instruktiven Bescheid vom 21. 7. 1951 erteilt: „Nach § 10 dieses Gesetzes kann ein Streit, der zwischen Gläubiger und Schuldner darüber besteht, ob eine 1 : 1 umgestellte Auseinandersetzungshypothek oder eine 10 : 1 umgestellte Darlehenshypothek vorliegt, nur im Verfahren der streitigen Gerichtsbarkeit, d. h. also normalerweise durch Feststellungsklage geregelt werden. Da in dem zur Erörterung gestellten Fall ein solcher Streit nicht besteht, sondern Gläubiger und Schuldner in der Auffassung übereinstimmen, daß die Hypothek 1 : 1 umgestellt sei, ist ein solches Verfahren nicht möglich. Gleichwohl ist das Grundbuchamt an diese übereinstimmende Auffassung der Beteiligten nicht gebunden. Wenn das Grundbuchamt anderer Auffassung ist und deshalb einen auf Umstellung 1 : 1 gerichteten Eintragungsantrag ablehnt, so kann eine Klärung der Rechtslage nach meinem Dafürhalten nur im Beschwerdeverfahren nach § 71 ff. Grundbuchordnung herbeigeführt werden. Wenn in einem solchen Verfahren der auf Eintragung im Verhältnis 1 : 1 gerichtete Antrag rechtskräftig abgelehnt worden ist, steht fest, daß infolge der von der Auffassung der Beteiligten abweichenden Umstellung im Verhältnis 10 : 1 eine Aufbaugrundschuld in Höhe von 90 % des Reichsmarknennbetrages entstanden ist. Wenn die Beteiligten dann gleichwohl noch eine Umstellung im Verhältnis 1 : 1 herbeiführen wollen, so würde in einer derartigen Umstellungsvereinbarung eine schenkungsweise Neubestellung von 90 % des Reichsmarknennbetrages und damit gleichzeitig eine Verfügung über die Aufbaugrundschuld in dieser Höhe liegen, die nach § 19 des Gesetzes vom 9. Januar 1951 der Genehmigung der Senatsverwaltung für Wirtschaft und Ernährung, Berlin W 35, Potsdamer Str. 192, bedarf. Diese kann über die Genehmigung erst entscheiden, wenn geklärt ist, daß überhaupt eine Aufbaugrundschuld entstanden ist. Wird in dem oben erwähnten Beschwerdeverfahren festgestellt, daß die Ansicht der Beteiligten über eine Umstellung im Verhältnis 1 : 1 zutreffend ist, so ist eine Aufbaugrundschuld nicht entstanden und zu einer Genehmigung besteht kein Anlaß."

11. Über die grundbuchmäßigen Einzelheiten zur Eintragung siehe Anhang zu §§ 14 und 15 S. 95.

§ 15

Ist vor der Verkündung dieses Gesetzes die Umstellung einer Hypothek, Grundschuld oder Rentenschuld eingetragen worden, so ist der Eigentümer gehalten, die Eintragung einer nach Maßgabe des § 13 entstandenen Aufbaugrundschuld zu beantragen. Die Eintragung kann auch von Amts wegen vorgenommen werden.

Anmerkungen:

1. Amtliche Begründung:

„6. In den Fällen, in denen etwa vor Verkündung dieses Gesetzes die Umstellung eines Grundpfandrechtes im Grundbuch eingetragen worden ist, kann die Eintragung der bereits mit der Umstellung entstandenen Aufbaugrundschuld nicht von Amts wegen erfolgen, weil die Grundbuchämter nicht sämtliche Grundbücher auf diesen Fall hin durchsehen können, sondern dann kann eine Eintragung auf Antrag des Eigentümers erfolgen, der ein Interesse daran haben wird, sich die Aufbaugrundschuld für Kreditzwecke zu sichern. Da jedoch ein öffentliches Interesse an der Eintragung der Aufbaugrundschuld und der Klarheit des Grundbuches besteht, soll der Eigentümer verpflichtet sein, einen Antrag auf Eintragung zu stellen. Wenn das Grundbuchamt aus anderem Anlaß darauf stößt, daß eine Aufbaugrundschuld eingetragen werden müßte, ein entsprechender Antrag aber noch nicht gestellt ist, dann kann das Grundbuchamt die Eintragung auch von Amts wegen vornehmen."

2. § 15 ist eine ausgesprochene Verlegenheitslösung. Hätte man — wie in § 14 Abs. 2 — die Eintragung von Amts wegen auch in den Fällen vorgeschrieben, in denen die Umstellung des Stammrechts am 1. 2. 1951 bereits eingetragen gewesen ist, so hätte ein Regreßanspruch gegen den Justizfiskus bei Unterbleiben der Eintragung bestanden. Es wäre aber unter den Berliner Verhältnissen völlig unmöglich gewesen, daß die Grundbuchämter nachträglich alle Grundbücher durchprüfen, ob bereits eine Umstellung eingetragen ist. Deshalb konnte für diese Fälle die Eintragung von Amts wegen nur als Kann-Vorschrift aufgenommen werden. Das Korrelat dafür bildet die Verpflichtung des Eigentümers, die Eintragung der Aufbaugrundschuld herbeizuführen. Die Einhaltung kann erzwungen werden nach § 33 FGG, der auch im Grundbuchrecht anwendbar ist (Güthe-Triebel Bd. I Anm. 54 zu § 1 S. 37). Um dieses Zwangsverfahren durchzuführen, muß aber das Grundbuchamt zunächst auf einen Fall gestoßen sein, in welchem die Umstellung bereits vor dem 1. 2. 1951 eingetragen worden ist. Wenn es aber im laufenden Geschäfts-

gang auf einen solchen Fall stößt, so kann es nach § 15 Satz 2 die Aufbaugrundschuld auch von Amts wegen ohne das umständliche Zwangsverfahren nach § 33 FGG eintragen.

Anhang zu § 14 und § 15: Eintragung der Aufbaugrundschuld:

1. Das Gesetz normiert drei Fälle für die Eintragung:

a) Wenn die Umstellung des Stammrechts in der Zeit zwischen dem 25. 6. 1948 und dem 1. 2. 1951 bereits eingetragen worden ist (§ 15),

b) wenn die Umstellung des Stammrechts nach dem 1. 2. 1951 eingetragen wird (§ 14 Abs. 2 Buchst. a),

c) wenn das Stammrecht nach dem 1. 2. 1951 (also umgestellt) gelöscht wird (§ 14 Abs. 2 Buchst. b).

Das Gesetz hat die Fälle vergessen, daß das umgestellte Stammrecht in der Zeit zwischen dem 25. 6. 1948 und dem 1. 2. 1951 gelöscht worden ist. Diese Lücke des Gesetzes beruht darauf, daß in diesem Fall nach der Magistratsfassung gar keine Aufbaugrundschuld entstehen sollte und bei Änderung der betreffenden Vorschriften in den Ausschußberatungen die Abstimmung mit den Eintragungsvorschriften unterblieben ist. Entsprechend dem in § 15 ausgesprochenen Grundsatz ist diese Lücke inzwischen durch § 2 der 1. DVO geschlossen worden (vgl. Teil I/2 S. 124 und Teil I/3 S. 128).

2. Die Eintragung, insbesondere mehrerer Aufbaugrundschulden, kann rein grundbuchtechnisch zu gewissen Schwierigkeiten führen (vgl. HuW 1951 S. 142). Räumlich können im Grundbuch Aufbaugrundschulden erst hinter allen bereits bestehenden Rechten eingetragen werden. Zur Klarstellung der Rangverhältnisse muß daher nach § 879 Abs. III BGB in Verb. mit § 45 GBO bei jeder Aufbaugrundschuld angegeben werden, nach welchem Recht und vor welchen Rechten sie rangiert. Nach § 18 GBVfg. sind Angaben über den Rang eines eingetragenen Rechtes bei allen „beteiligten" Rechten zu vermerken. Durch die Eintragung der Aufbaugrundschuld wird zwar der Rang der Zwischenrechte nicht beeinträchtigt, diesen geht nicht mehr vor als vor der Umstellung. Aber da die Zwischenrechte nicht, wie es nach dem Grundbuchstand (§ 45 GBO) scheinen könnte, den Rang unmittelbar nach dem Stammrecht haben, sondern sich nach diesem die räumlich an späterer Stelle stehende Aufbaugrundschuld einschiebt, wird es im Interesse der Grundbuchklarheit erforderlich sein, in Anwendung des § 18 GBVfg. das Rangverhältnis der Aufbaugrundschuld auch bei den im Grundbuch räumlich vor ihr eingetragenen, ihr im Range aber nachgehenden Zwischenrechten zu vermerken. Falls dies Briefrechte sind, braucht das Rangverhältnis der Aufbaugrundschuld auf den über die Zwischenrechte ausgestellten Briefen nicht vermerkt zu werden. Zwar soll nach § 41 GBO bei einer Briefhypothek eine Eintragung nur erfolgen, wenn der Brief vorgelegt wird. Dies gilt auch, wenn die Eintragung von Amts wegen erfolgt und die Briefhypothek weder verbessert noch verschlechtert wird. Eine Ausnahme gilt jedoch, wenn durch die Eintragung die dingliche Rechtslage der Briefhypothek nicht geändert wird, z. B. bei Rangänderung anderer Rechte (vgl. Güthe-Triebel Bd. I Anm. 8 zu § 41 S. 928). Eine solche Ausnahme liegt auch

hier bei Eintragung der Rangverhältnisse der Aufbaugrundschuld vor; es ist nicht einmal eine Rangänderung, sondern nur eine Klarstellung der kraft Gesetzes unverändert gebliebenen Rangverhältnisse. Die Aufbaugrundschuld selbst wird wie jede andere Eigentümergrundschuld in Abt. III Sp. 4 eingetragen (vgl. § 11 GBVfg.). Eintragungsgrundlage ist einmal das Gesetz selbst, zum anderen das umgestellte Recht, auf dessen Zins- und Kündigungsbedingungen Bezug genommen werden kann (§ 1115 BGB, Abschn. III Buchst. e der AV vom 31. 3. 1950, Teil I/5 S. 135). Nur auf die Kündigungs-, nicht auf die Zahlungsbedingungen wie nach § 12 der 2. DVO zum LASG (Teil II/5 S. 165) kann Bezug genommen werden; dies ergibt sich aus der bewußten Abweichung des § 17 Abs. 1 von § 1 LASG (Teil II/3 S. 155). Auch die Zinsen des umgestellten Rechtes müssen bei der Aufbaugrundschuld angegeben werden, obwohl sie der Eigentümer nicht verlangen kann (§ 17 Abs. 2), genau wie die Zinsen einer anderen Eigentümergrundschuld eingetragen werden, obwohl sie der Eigentümer auch da nicht verlangen kann (§ 1192 Abs. II in Verbindung mit § 1115 Abs. I, § 1197 BGB). Daß die Zinsen des umgestellten Rechtes bei der Aufbaugrundschuld erkennbar sind, ist deshalb wichtig, weil ein DM-Recht, das nach § 24 vorrückt, nach § 880 Abs. V BGB nur mit soviel Zinsen vor die Zwischenrechte tritt, als vorher für das umgestellte Recht eingetragen gewesen sind. Weiterhin muß bei der Aufbaugrundschuld die Verfügungsbeschränkung eingetragen werden, und zwar abweichend von § 11 Abs. 6 GBVfg. nicht in Sp. 7, sondern bei der Eintragung der Aufbaugrundschuld selbst in Sp. 4 (vgl. Abschnitt III Buchst. f der AV vom 31. 3. 1951, abgedr. Teil I/5 S. 136). Die bereits oben erwähnten Rangverhältnisse der Aufbaugrundschuld zu den Zwischenrechten sind in Sp. 7 einzutragen. Weitere Einzelheiten zur Eintragung siehe AV vom 31. 3. 1951, abgedr. Teil I/5 S. 135 und Ausführungen des Verfassers in HuW 1951 S. 142 mit Muster-Grundbuchblatt.

§ 16

Für die Eintragung einer Aufbaugrundschuld nach den Vorschriften der §§ 14 und 15 werden gerichtliche Gebühren nicht erhoben.

Anmerkung:

Die amtliche Begründung zu § 16 lautet:

„7. Da die Eintragung der Aufbaugrundschuld im Zusammenhang mit der Eintragung des Umstellungsbetrages steht, für welchen die Gebühren in § 8 Abs. 3 geregelt sind, erscheint es zweckmäßig, für die Eintragung der Aufbaugrundschuld selbst gerichtliche Gebühren nicht zu erheben."

§ 17

(1) Für die Aufbaugrundschuld gelten hinsichtlich des Zinssatzes und der Kündigung die gleichen Bedingungen wie für das umgestellte Recht.

(2) Zinsen gebühren dem Eigentümer nicht, solange ihm die Aufbaugrundschuld zusteht und er zu einer Verfügung darüber der Genehmigung bedarf (§ 19).

Anmerkungen:

1. Amtliche Begründung zu Abs. 1 des § 17:

„8. § 17 Abs. 1 bestimmt, daß für die Aufbaugrundschuld hinsichtlich des Zinssatzes und der Kündigung die gleichen Bedingungen wie für das umgestellte Recht gelten. Dies entspricht der Erwägung, daß die nachstehenden Gläubiger von Grundpfandrechten sich nicht weitergehende Rechte vorgehen zu lassen brauchen als vorher eingetragen gewesen sind. Die Bestimmung entspricht insoweit § 1177 Abs. I Satz 2 BGB und enthält die Mindestbedingungen für die Eintragung der Aufbaugrundschuld (§ 1191 in Verbindung mit § 1115 BGB)."

2. Nach § 1177 Abs. I S. 2 BGB bleiben bei der Eigentümergrundschuld in Ansehung der Verzinslichkeit, des Zinssatzes, der Zahlungszeit, der Kündigung und des Zahlungsortes die für die Forderung getroffenen Bestimmungen maßgebend. Nach § 1 Abs. 1 S. 3 LASG gelten für die Umstellungsgrundschulden, insbesondere hinsichtlich der Zinsen und Tilgungsbeträge, die gleichen Bedingungen wie für die umgestellten Rechte; sie können jedoch dem Schuldner gegenüber nicht gekündigt werden. § 17 Abs. 1 übernimmt zwar den Grundsatz dieser Vorschriften insoweit, als die Aufbaugrundschuld sich in ihrer wichtigsten Modalität, dem Zinssatz, nach dem umgestellten Stammrecht richtet, weicht jedoch entsprechend ihrem Charakter und Zweck bewußt insoweit ab, als nicht die allgemeinen Zahlungsbedingungen des umgestellten Rechtes inbezug genommen werden. Es mußte durch diese Vorschrift der Rahmen festgelegt werden, den die Aufbaugrundschuld einnimmt, und für diese, da sie eingetragen werden muß, die Mindesterfordernisse der Eintragung. Dies ist vor allem von Bedeutung für ein nach § 24 an die Stelle der Aufbaugrundschuld tretendes Recht, das nach § 880 Abs. V BGB nicht mit höheren Zinsen vorrücken kann, als vorher eingetragen gewesen sind; die übersteigenden Zinsen rücken nicht mit vor, sondern bleiben in der früheren Rangstelle. Die gleiche Wirkung besteht bei einer Verfügung über die Aufbaugrundschuld; werden dabei höhere Zinsen vereinbart, als sie das Stammrecht hatte, so ist die Zustimmung der nachstehenden Hypothekengläubiger erforderlich. Dies gilt jedoch dann nicht, wenn dabei 5% nicht überschritten werden (§ 1119 Abs. I BGB). Auch Zinsänderungen außerhalb des Grundbuchs, die insbesondere mit Rücksicht auf die Gesetze vom 2. 7. 1936 (RGBl. I S. 533) und vom 11. 5. 1937 (RGBl. I S. 579) häufig sind, werden sich im Rahmen des § 17 Abs. 1 auswirken, obwohl eine ausdrückliche Vorschrift darüber fehlt, wie sie in § 5 Abs. 3 der 1. DVO zum LASG (Teil II/4 S. 159) enthalten ist. Über den Nachweis solcher Zinsveränderungen außerhalb des Grundbuchs allerdings vgl. Anm. 4 zu § 18 S. 101).

3. Amtliche Begründung zu Abs. 2 des § 17:

„9. § 17 Abs. 2 stellt klar, daß dem Eigentümer keine Zinsen zustehen, solange es sich um eine Aufbaugrundschuld im Sinne von § 13 handelt. Wenn diese im Rahmen des § 21 Abs. 1 ihren Charakter als Aufbaugrundschuld verliert, gilt die Bestimmung des § 17 Abs. 2 nicht mehr."

4. Die Aufbaugrundschuld ist genau wie die normale Eigentümergrundschuld nach § 1177 Abs. I S. 2 ein grundsätzlich verzinsliches Grundpfandrecht, die Verzinsung ist auch im Grundbuch einzutragen (vgl. Abschnitt III Buchst. d der AV vom 31. 3. 1951, abgedr. Teil I/5 S. 135). Jedoch kann der Eigentümer keine Zinsen verlangen, genau so wenig wie als Gläubiger einer normalen Eigentümergrundschuld (§ 1197 Abs. II BGB). Jedoch geht § 17 Abs. 2 insofern weiter als § 1197 Abs. II BGB, als der Eigentümer auch bei Zwangsverwaltung des Grundstücks keine Zinsen verlangen kann; dies ist in § 20 Buchstabe d noch einmal ausdrücklich ausgesprochen. Diese Schlechterstellung des Eigentümers als Gläubiger der Aufbaugrundschuld gegenüber einem Eigentümer als Gläubiger einer freien Eigentümergrundschuld endet jedoch dann, wenn der Eigentümer die Aufbaugrundschuld ablöst und zurückerwirbt, d. h. die Valuta, die er für sie erhalten hat, zurückzahlt; dann hat sie ihren Charakter als Aufbaugrundschuld verloren und ist zur freien Eigentümergrundschuld geworden (§ 21), für welche nur die Vorschriften des BGB Anwendung finden, soweit nicht etwa im kommenden Lastenausgleichsgesetz etwas anderes bestimmt wird.

5. Das nach § 19 aus der Aufbaugrundschuld entstehende oder nach § 24 an ihre Stelle tretende Recht kann aber nicht nur — wie oben Anm. 2 a. E. erörtert — einen höheren Zinssatz als die Aufbaugrundschuld haben, sondern es kann auch einen geringeren Zinssatz haben; das wird insbesondere bei Garioa-Krediten regelmäßig der Fall sein. Bei einer Verfügung im Rahmen des § 19 erlischt die Aufbaugrundschuld nicht etwa, sondern verwandelt sich aus einem Eigentümergrundpfandrecht in ein Fremdgrundpfandrecht. Grundsätzlich kann ein Zinsrecht ganz oder zum Teil getrennt vom Hauptrecht abgetreten werden oder es kann umgekehrt nur das Hauptrecht ohne oder mit geringeren Zinsen abgetreten werden und das Zinsrecht ganz oder zum Teil beim Zedenten verbleiben (Enneccerus-Wolff § 149 I 2 Anm. 6, Westermann S. 474, Staudinger Bd. III/2 Note 25 g zu § 1115 u. Note 4 zu § 1154, RGRK Anm. 3 zu § 1158 u. Anm. 3 zu § 1178, Güthe-Triebel Note 42 zu § 19 Note 26 zu § 22 u. Note 12 zu § 26, RG Bd. 86 S. 218, KGJ Bd. 40 S. 273 u. Bd. 51 S. 285). Dies gilt nach der letztgenannten KGEntsch. auch, wenn der Eigentümer eine aus einem verzinslichen Grundpfandrecht entstandene Eigentümergrundschuld ohne oder mit geringeren Zinsen an einen anderen abtritt; die Eigentümergrundschuld teilt sich dann in ein Grundpfandrecht für die Hauptforderung des neuen Gläubigers und eine Grundschuld des Eigentümers für das Zinsrecht. Die gleiche Rechtslage besteht bei Abtretung der Aufbaugrundschuld; das den Zinssatz der abgetretenen Aufbaugrundschuld übersteigende Zinsrecht verbleibt automatisch dem Eigentümer als „Zinsdifferenz-Aufbaugrundschuld". Soll diese erlöschen, so ist dazu die Aufgabeerklärung des Eigentümers nach § 875 BGB, § 27 Abs. 1 GBO und die Eintragung im Grundbuch erforderlich (RGRK Anm. 3 zu § 1158, Güthe-Triebel Note 42 zu § 19 u. Note 4 zu § 27). Eine solche Aufgabeerklärung ist genehmigungsbedürftig nach § 19. Die für die Abtretung des Hauptrechts erteilte Genehmigung dürfte sich nicht ohne weiteres auf die Aufgabeerklärung erstrecken, ebenso wohl nicht die allgemeine Genehmigung in § 3 Buchst. b der 1. DVO (Teil I/2 S. 124). Wenn aber nach § 24 ein neues DM-Recht an die Stelle

der Aufbaugrundschuld tritt, findet keine Umwandelung wie im Falle einer Verfügung nach § 19 statt, sondern die Aufbaugrundschuld erlischt insoweit. Wegen der Akzessorietät des Zinsrechtes erlischt ein vom Hauptrecht getrenntes Zinsrecht, wenn das Hauptrecht erlischt (Palandt Anm. 5 zu § 1115, Staudinger Bd. III/2 Note 25 g zu § 1115, Westermann S. 474, RGRK Anm. 3 zu § 1158 u. Anm. 3 zu § 1178, KGJ Bd. 42 S. 270, Bd. 46 S. 236, Bd. 49 S. 218, JW 1938 S. 2406, RG. Bd. 74 S. 81). Wollte man jedoch diesen Grundsatz rein äußerlich im Fall des § 24 auf das Verhältnis Aufbaugrundschuld zu Zinsdifferenzaufbaugrundschuld übertragen und deshalb wegen des in § 24 vorgeschriebenen Erlöschens der Aufbaugrundschuld auch die Zinsdifferenz-Aufbaugrundschuld erlöschen lassen, so würde dies dem Sinn des § 24 nicht gerecht. Es konnte im Wege des § 24 keine Umwandlung der Aufbaugrundschuld in das bereits eingetragene Grundpfandrecht vorgeschrieben werden, weil es nicht möglich ist, die mit einem bestimmten Inhalt erfüllte Aufbaugrundschuld in ein bereits bestehendes Recht mit unter Umständen ganz anderem Inhalt umzuwandeln. Deshalb blieb nur der Weg der Ersetzung mit gleichzeitigem Erlöschen. Mit dem Ausdruck „tritt an die Stelle der Aufbaugrundschuld" ist wesentlich mehr gesagt als daß das neue Recht nur den Rang der Aufbaugrundschuld einnehmen soll; es soll so angesehen werden, als ob das neue Recht aus der Aufbaugrundschuld hervorgegangen wäre wie bei einer Umwandelung nach § 19. Damit würde das neue, an die Stelle der Aufbaugrundschuld tretende Recht zum „Hauptrecht", nach dessen Bestand sich das Bestehenbleiben des von ihm getrennten Zinsrechtes richtet. Solange in der Rangstelle des Hauptrechtes ein Grundpfandrecht, gleichgültig, wem es zusteht, existent ist, solange kann das dem Eigentümer vorbehaltene Zinsrecht nicht zum Erlöschen kommen, es sei denn, daß der Eigentümer selbst das Erlöschen herbeiführt. Es ist jedoch nicht zu verkennen, daß ein solches Bestehenbleiben der Zinsdifferenz-Aufbaugrundschuld zu großen Schwierigkeiten führt, einmal mit Rücksicht auf die Übersichtlichkeit des Grundbuchs, zum anderen vor allem in der Zwangsversteigerung, für welche nicht zu erkennen ist, wie solche Zinsdifferenz-Aufbaugrundschulden angesetzt werden sollten. Es sind deshalb Bestrebungen im Gange, diese in beiden Fällen, sowohl bei Abtretung im Rahmen des § 19 als auch bei Einrücken nach § 24 durch ausdrückliche Vorschrift zum Erlöschen zu bringen.

§ 18

Soweit die Vermutung des § 891 Absatz 1 des Bürgerlichen Gesetzbuchs zu Gunsten des Gläubigers des umgestellten Rechtes gilt, kann sich auch der Eigentümer in Ansehung der Aufbaugrundschuld darauf berufen.

Anmerkungen:

1. Amtliche Begründung:

„10. § 18 entspricht dem § 6 der ersten Durchführungsverordnung zum Gesetz zur Sicherung von Forderungen für den Lastenausgleich und stellt die Wirkung des guten Glaubens auch für die Aufbaugrundschuld sicher."

2. § 6 der 1. DVO zum LASG ist abgedruckt Teil II/4 S. 159.

3. Das Problem, in welchem Umfang die Aufbaugrundschuld am guten Glauben an das Grundbuch teilnimmt, ist bereits wiederholt erörtert. In Anm. 9 zu § 13 S. 76 ist dargestellt, daß sich der Erwerber eines neuen Grundpfandrechtes gegenüber der entstandenen, aber nicht eingetragenen Aufbaugrundschuld nicht auf den guten Glauben an die anscheinende Lastenfreiheit berufen kann. Bei § 18 aber handelt es sich nicht um den guten Glauben eines Dritten, sondern des Eigentümers bzw. seines Rechtsnachfolgers hinsichtlich der Aufbaugrundschuld, und nicht um den guten Glauben gegen die Aufbaugrundschuld, sondern um den guten Glauben für sie. In Anm. 4 zu § 14 S. 89 ist dargestellt, daß zwar hinsichtlich des Gutglaubensschutzes für den Gläubiger der Aufbaugrundschuld Unterschiede zur Rechtslage bei der Umstellungsgrundschuld bestehen, die gesetzliche Regelung aber gleichlautend ist. Dabei ist zu berücksichtigen, daß § 18 von Bedeutung nur ist, solange die Aufbaugrundschuld nicht eingetragen ist; ist sie eingetragen, so gelten ohnehin die einschlägigen Vorschriften des BGB. Da die Aufbaugrundschuld im Gegensatz zur Umstellungsgrundschuld des LASG stets eingetragen wird, ist die Tragweite des § 18 wesentlich geringer als die des § 6 der 1. DVO zum LASG. Sie wird sich normalerweise auf den Zeitraum zwischen dem 25. 6. 1948 und der Eintragung beschränken, kann aber natürlich gerade für diese selbst von erheblicher Bedeutung sein.

4. Da die Aufbaugrundschuld außerhalb des Grundbuchs entsteht (vgl. § 14 S. 88), könnte sich der Eigentümer ohne die Vorschrift des § 18 nicht auf § 891 BGB berufen. Wenn also hinsichtlich des im Grundbuch eingetragenen umgestellten Rechtes, nach welchem die Aufbaugrundschuld entstanden ist, vorgebracht würde, daß das umgestellte Recht nicht rechtswirksam bestanden habe oder vor dem 25. 6. 1948 erloschen sei, müßte der Eigentümer das Gegenteil beweisen, wenn er das Bestehen einer Aufbaugrundschuld für sich in Anspruch nimmt. § 18 kehrt die Beweislast um: Der Eigentümer kann sich auf die vermutete Richtigkeit des Grundbuchs berufen. Wenn also z. B. der Gläubiger eines an zweiter Stelle eingetragenen Rechtes behauptete, daß er an die erste Stelle aufgerückt sei, weil das Stammrecht vor dem 25. 6. 1948 erloschen und eine Aufbaugrundschuld nicht entstanden sei, so müßte er das gegenüber der dem Eigentümer für die Entstehung der Aufbaugrundschuld zur Seite stehenden Vermutung des § 18 in Verbindung mit § 891 BGB beweisen. Von erheblicher Bedeutung kann diese Vermutung vor allem für den Fall des § 24 sein, wenn der Gläubiger eines neuen DM-Rechtes Anspruch darauf hat, an die Stelle der Aufbaugrundschuld zu treten. Auf die Vermutung des § 891 BGB kann sich jeder berufen, für den das Bestehen oder Nichtbestehen des Rechtes von rechtlicher Bedeutung ist. Nach § 18 kann sich „auch" der Eigentümer auf die Vermutung des § 891 berufen. Es dürfte daraus zu entnehmen sein, daß sich erst recht ein anderer für das Bestehen der Aufbaugrundschuld auf diese Vermutung berufen kann. In dieser Hinsicht, also zugunsten des Gläubigers eines neuen DM-Rechtes nach § 24, aber auch zugunsten des Eigentümers, wird § 18 vor allem auch von Bedeutung für den Inhalt der Aufbaugrundschuld sein. Nach § 880 Abs. V BGB brauchen sich bei einem

Rangwechsel die Gläubiger der Zwischenrechte nicht mehr vorgehen zu lassen, als vorher eingetragen war. Hat z. B. das neue DM-Recht im Sinne des § 24 8% Zinsen, das umgestellte Recht aber nur 6%, so rückt das neue Recht nur mit 6% an die Stelle der Aufbaugrundschuld; wären nun für das umgestellte Recht nur 5% Zinsen vereinbart, dies aber nicht im Grundbuch eingetragen, so müßten die Gläubiger der Zwischenrechte dies beweisen, wenn sie verhindern wollten, daß der Gläubiger des neuen DM-Rechtes mit mehr als 5 % an die Stelle der Aufbaugrundschuld tritt. Solange dies nicht geschieht, ist für den Bestand und Inhalt der formale Grundbuchstand entscheidend. Mit einer Einschränkung allerdings: Die Vermutung der Richtigkeit des Grundbuches bezieht sich auf das „umgestellte" Recht und die Aufbaugrundschuld, nicht aber auf die „Umstellung" des Stammrechtes. Die Vermutung bezieht sich also nicht darauf, ob das Stammrecht anders als 1 : 1 oder 1 : 1 umgestellt ist. Wenn infolge einer Umstellung des Stammrechts im Verhältnis 1 : 1 eine Aufbaugrundschuld nicht entstanden ist, so greift die Vermutung des § 18 nicht Platz (vgl. gleichlautend für die Umstellungsgrundschuld Breit-Haaser S. 120). Siehe zu der Frage auch Verfügung des Senators für Justiz vom 31. 3. 1951, JR 1951 S. 253.

§ 19

(1) Der Eigentümer bedarf zur Verfügung über die Aufbaugrundschuld bis zu einer anderweitigen gesetzlichen Regelung der Genehmigung des Magistrats. Das Erfordernis der Genehmigung ist bei Eintragung der Aufbaugrundschuld im Grundbuch einzutragen.

(2) Die Genehmigung soll eine wirtschaftlich sinnvolle Verwendung der Aufbaugrundschulden sicherstellen. Sie ist zu erteilen, wenn die Verfügung bezweckt

a) die Herstellung, Wiederherstellung oder Erhaltung von Gebäuden oder Gebäudeteilen, die überwiegend Wohnzwecken zu dienen bestimmt sind oder

b) die Herstellung, Wiederherstellung oder Erhaltung von Gebäuden oder Gebäudeteilen, die überwiegend einer gewerblichen, freiberuflichen oder sonstigen wirtschaftlichen Tätigkeit zu dienen bestimmt sind oder

c) die Gründung, Erhaltung oder Entwicklung gewerblicher oder sonstiger wirtschaftlicher Betriebe und freier Berufe.

(3) Die Genehmigung wird in den Fällen des Absatzes 2 Buchstabe a durch die Abteilung Bau- und Wohnungswesen des Magistrats, in anderen Fällen durch die Abteilung Wirtschaft des Magistrats erteilt, sofern die Abteilung Bau- und Wohnungswesen keine Einwendungen erhebt.

Anmerkungen:

1. Amtliche Begründung zu § 19:

„11. § 19 spricht aus, daß eine Verfügung über die Aufbaugrundschuld nur mit Genehmigung der zuständigen Behörden zulässig ist. Dadurch wird verhindert, daß der Eigentümer die Aufbaugrundschuld etwa für Zwecke verwendet, die im Interesse der Gesamtwirtschaft und der Unterbringung der ERP-Kredite nicht erwünscht sind. Es würde auch eine ungerechtfertigte Bereicherung für den Eigentümer bedeuten, ihm die Aufbaugrundschuld zur völlig freien Verwendung zu überlassen; im Gebiet der Bundesrepublik ist dieser durch die Umstellung freigewordene Teilwert des Grundstücks für den Lastenausgleich in Anspruch genommen worden und auch dem Eigentümer nicht zur freien Verwendung verblieben, sondern kann dem Eigentümer gleichfalls nur für Aufbauzwecke zugute kommen (Art. II des Gesetzes zur Änderung des Gesetzes zur Sicherung von Forderungen für den Lastenausgleich). Die Fassung des § 19 Abs. 2, nach welcher in den darin vorgesehenen Fällen die Genehmigung zur erteilen ist, läßt es bewußt offen, ob etwa in anderen Fällen die Genehmigung erteilt werden kann. Dies wird besonders von Bedeutung sein, wenn das Grundstück, auf welchem Aufbaugrundschulden entstanden sind, keiner Wiederherstellung bedarf und deshalb der Eigentümer die Aufbaugrundschulden für die in § 19 Abs. 2 bezeichneten Zwecke nicht verwenden kann."

2. Der vorstehend erwähnte Artikel II des LASG ist abgedruckt Teil II/3 S. 156.

3. § 19 Abs. 1 Satz enthält eine Verfügungsbeschränkung hinsichtlich der Aufbaugrundschuld. Verfügungsbeschränkungen hinsichtlich des Eigentums an einem Grundstück sind nicht selten — vgl. Palandt, Überbl. vor § 873, Anm. 12 S. 955 und insbesondere Haegele, Die Beschränkungen im Grundstücksverkehr, Verlag Lutzeyer 1950. Selten sind jedoch Beschränkungen in der Verfügung über ein einzelnes Grundpfandrecht, vgl. z. B. Art. 12 des Zusatzabkommens v. 25. 3. 25 RGBl. II S. 286. Als solche können sich Belastungsbeschränkungen bei einem Eigentümergrundpfandrecht auswirken, d. h. wenn die Belastung eines Grundstücks ohne Genehmigung verboten ist, kann ein bereits bestehendes Eigentümergrundpfandrecht nicht abgetreten werden, da eine solche Verfügung zu einer Belastung mit einem Fremdgrundpfandrecht führen würde. Vgl. in dieser Hinsicht Art. 12 der 3. DVO vom 15. September 1933 RGBl. I S. 641 zum Schuldenregelungsgesetz, § 11 der Verordnung zur beschleunigten Förderung des Baus von Heuerlings- und Werkwohnungen sowie von Eigenheimen für ländliche Arbeiter und Handwerker vom 10. 3. 1937 RGBl. I S. 292, Art. V des KRGes. Nr. 45 (vgl. dazu insbesondere Haegele aaO. Note 161). Auf derselben Ebene liegen die sich aus dem Ges. Nr. 52 und den Devisenbewirtschaftungsgesetzen (in Berlin Verordnung vom 15. 7. 1950 VOBl. I S. 304, im Bundesgebiet Ges. Nr. 53) ergebenden Verfügungsbeschränkungen.

4. Es ist in § 19 nicht geregelt, welche Wirkung eine ohne die erforderliche Genehmigung vorgenommene Verfügung hat. Nach herrschender Meinung ist in diesem Fall das ohne die behördliche Genehmigung abgeschlossene Rechtsgeschäft schwebend unwirksam (vgl. im einzelnen Palandt, Überblick vor § 104 Anm. 4 c S. 69, Anm. 2 b zu § 134 S. 105, bes. Anm. 9 zu § 275 S. 268). Die Frage ist bei der Aufbaugrundschuld praktisch ohne Bedeutung. Als Verfügung (zum Begriff vgl. Palandt, Überblick vor § 104 Anm. 2 d S. 67) kommt entsprechend ihrem abstrakten

dinglichen Charakter nur das dingliche Rechtsgeschäft in Betracht, also entweder Abtretung, eventuell unter Umwandelung (vgl. Anm. 7 zu § 14 am Ende, S. 90 oder Verpfändung; zu dessen Wirksamkeit aber ist stets eine Mitwirkung des Grundbuchamtes erforderlich (§ 1192 in Verbindung mit § 1154 und § 873 BGB), das ohne Nachweis der Genehmigung seine Mitwirkung versagen muß. Um Fehler in dieser Hinsicht zu vermeiden, ist in § 19 Abs. 1 S. 2 vorgeschrieben, daß das Erfordernis der Genehmigung im Grundbuch einzutragen ist. Diese Eintragung erfolgt nach Abschnitt III Buchst. f der AV vom 31. 3. 1951 (abgedruckt Teil I/5 S. 135) abweichend von § 11 Abs. 6 Grb.Vfg. in Abt. III Sp. 4 des Grundbuchs unmittelbar bei Eintragung der Aufbaugrundschuld.

5. Die Genehmigung nach § 19 ist ein Verwaltungsakt öffentlich-rechtlicher Natur. Es handelt sich bei ihr nicht etwa nur um eine „nachträgliche Zustimmung" im Sinne von § 184 BGB; die termini technici der §§ 183 und 184 BGB sind auf die behördliche Genehmigung nicht anwendbar, im übrigen aber finden auf sie die Vorschriften der §§ 182 ff. BGB entsprechende Anwendung (vgl. Palandt, Anm. 9 a zu § 275 S. 269 und insbes. Lange NJW 1949 S. 201 ff.). Die Genehmigung kann, da im Gesetz nichts Abweichendes bestimmt ist, nach allgemeinem Verwaltungsrecht mit Auflagen verbunden werden (vgl. Jellinek, Verwaltungsrecht, 3. Aufl. 1948 S. 261 und Peters, Lehrbuch der Verwaltung, 1949, S. 162). In Betracht kommt in dieser Hinsicht insbesondere eine Sicherstellung, daß die Verwendung des Gegenwertes der Aufbaugrundschuld wirklich zu dem Zweck erfolgt, für den die Genehmigung erteilt wird. Normalerweise wird der Kreditgeber in seinem eigenen Interesse die Verwendung der Valuta überwachen. Es wäre aber auch denkbar, daß bereits die genehmigende Behörde die Erteilung der Genehmigung davon abhängig macht, daß ihr z. B. die Vergebung des Bauauftrages nachgewiesen wird (vgl. in diesem Zusammenhang § 5 Abs. 2 Buchst. d der 1. DVO, abgedr. Teil I/2 S. 124). Von besonderer Bedeutung wird der Gedanke der Abhängigkeit der Genehmigung von Sicherungsklauseln in den Fällen der Verwendung der Aufbaugrundschuld zur Sicherung von kurz- und mittelfristigen Krediten sein, z. B. bei Betriebsmittelkrediten und Auftragsfinanzierungen, die vielfach nur über sechs Wochen bis drei Monate laufen. Nach § 21 würde bei der Rückzahlung eines solchen Kredites aus der genehmigungsgebundenen Aufbaugrundschuld eine freie Eigentümergrundschuld werden. Es war aber keineswegs der Sinn und Zweck des Gesetzes, dem Grundstückseigentümer den Währungsgewinn aus der Umstellung der Grundpfandrechte endgültig zur freien Verfügung in den Schoß fallen zu lassen — dann hätte man auf die Genehmigungspflicht des § 19 verzichten können. Unter diesem Gesichtswinkel wird eine solche Verwendung der Aufbaugrundschuld nur dann als wirtschaftlich sinnvoll angesehen werden können, wenn sichergestellt ist, daß dem Grundstückseigentümer nicht nach kurzer Zeit eine freie Eigentümer grundschuld zufällt. Diese Sicherstellung kann einmal dadurch erfolgen, daß die Genehmigung nicht zu einer Abtretung, sondern nur zu einer Verpfändung der Aufbaugrundschuld erteilt wird (vgl. in Einzelnen Anm. 3 zu § 21 S. 112). Eine obligatorische Verpflichtung des Grundstückseigentümers, nicht über eine nach § 21 entstandene freie Eigentümergrundschuld zu verfügen, ist nicht dinglich sicherbar. Wohl aber könnte sich der Grundstückseigentümer

verpflichten, eine solcherart entstandene freie Eigentümergrundschuld nicht ohne erneute Genehmigung zu übertragen, und zusätzlich von dem ersten Gläubiger die Verpflichtung verlangt werden, nicht ohne Genehmigung in die Löschung zu willigen. Auch kann die erste Genehmigung unter der Auflage erteilt werden, daß bei Rückfall des Rechtes nach § 21 nicht ohne erneute Genehmigung verfügt werden darf. Nach einem Gutachten des 1. ZS des KG vom 4. 6. 1951 ist eine solche Auflage zulässig und verstößt nicht gegen § 16 GBO. Da das Erfordernis der Genehmigung (§ 19 Abs. 1 S. 2) und auch die Erteilung der Genehmigung (Abs. VI der AV vom 31. 3. 1951, abgedr. Teil I/5 S. 135) im Grundbuch einzutragen ist, ist auch eine solche Auflage einzutragen; dies wird auch voraussichtlich in der 2. DVO noch ausdrücklich bestimmt werden. Zwar dürfte auch eine solche eingetragene Auflage nicht unmittelbare dingliche Wirkung in der Art haben, daß eine gegen sie verstoßende Verfügung unwirksam ist, jedoch ist bei der Ersichtlichkeit aus dem Grundbuch nicht damit zu rechnen, daß ein Kreditgeber ohne solche Genehmigung Kredit gewährt und sich damit unter Umständen zusammen mit dem Eigentümer schadensersatzpflichtig macht.

6. Absatz 2 des § 19 bezeichnet die Voraussetzungen, bei deren Vorliegen die Genehmigung erteilt wird. Der Grundsatz ist die „wirtschaftlich sinnvolle Verwendung". Das gesamte Gesetz ist ein Kompromiß zwischen dem Kreditbedürfnis des Grundstückseigentümers, der Notwendigkeit einer Belebung der Gesamtwirtschaft in Berlin und der Bindung des Währungsgewinns. Daraus ergibt sich, daß für den Begriff „wirtschaftlich sinnvoll" nicht allein das Interesse des Grundstückseigentümers, sondern ebensosehr das gesamtwirtschaftliche Interesse maßgebend ist, zu dem auch die Rücksicht auf einen gerechten Lastenausgleich gehört. Der Entwurf des LAG (Bundestagsdrucksache Nr. 1800) wählt dafür in § 116 Abs. 1 den vielleicht zutreffenderen Begriff des „wirtschaftlich erwünschten Zweckes". Der Grundsatz der „wirtschaftlich sinnvollen Verwendung" gilt auch für die in § 19 Abs. 2 Satz 2 Buchstabe a bis c aufgezählten Sonderfälle. Wenn eine wirtschaftlich sinnvolle Verwendung gewährleistet ist und einer dieser Fälle a bis c vorliegt, so muß die Genehmigung erteilt werden, zu anderen wirtschaftlich sinnvollen Zwecken kann sie erteilt werden. Durch die Fassung des Absatz 2 Satz 2 „ist zu erteilen" soll nicht ein Gegensatz zu der wirtschaftlich sinnvollen Verwendung in Absatz 2 Satz 1 ausgedrückt werden, sondern lediglich, daß auch in anderen Fällen wirtschaftlich sinnvoller Verwendung die Genehmigung erteilt werden kann, wie sich auch daraus ergibt, daß es bei der Zuständigkeitsbestimmung in Absatz 3 nicht heißt „in den anderen Fällen", nämlich b und c, sondern „in anderen Fällen", also auch anderen als nach Buchstabe a, b und c. Auch aus der Tatsache, daß Satz 1 und Satz 2 nicht als verschiedene Absätze behandelt, sondern in einem Absatz zusammengefaßt sind, ergibt sich, daß es sich bei Fällen nach Buchstabe a bis c um Unterfälle des Satzes 1 handelt. Daß die genehmigende Behörde auch bei Vorliegen der Voraussetzungen von Satz 2 Buchstabe a bis c zu prüfen hat, ob die Verwendung wirtschaftlich sinnvoll ist, ergibt sich eindeutig aus § 4 der 1. DVO (abgedruckt Teil I/2 S. 124). Wann außer in den Fällen nach Buchstabe a bis c eine wirtschaftlich sinnvolle Verwendung vorliegen wird, läßt sich abstrakt nicht erörtern. Er wird

stets auf die Lage des Einzelfalles ankommen. So kann unter Umständen eine Verwendung der Aufbaugrundschuld zur Abwendung eines Restitutionsanspruchs wirtschaftlich sinnvoll sein, dagegen wird im allgemeinen ein Verzicht des Grundstückseigentümers auf die Aufbaugrundschuld nicht wirtschaftlich sinnvoll sein, weil er gegen den gesamtwirtschaftlichen Grundsatz der Erhaltung des Kreditraums und eventuell — das ist von der Entwickelung abhängig — gegen den Gedanken des Lastenausgleichs verstößt. Der sogenannte „Verzicht" auf die Aufbaugrundschuld (für die Fremdhypothek vgl. §§ 1165, 1168 BGB) ist Aufhebung des Rechtes im Sinne von § 875 BGB, der die formalrechtliche Seite regelt; materiellrechtlich liegt darin eine Verfügung über die Aufbaugrundschuld (vgl. Palandt, Anm. 3 zu § 875 und Anm. 3 zu § 893, Staudinger Bd. III/1 Anm. I zu § 875 und Bd. III/2 Anm. 4 zu § 1196). Die Magistratsfassung (JR 1950 S. 317) hatte in § 18 vorgesehen, daß der Verzicht auf die Aufbaugrundschuld nicht der Genehmigung bedarf. In der Begründung dazu war folgendes ausgeführt (Grundstückswirtschaft 1950 S. 93):

> „§ 18 drückt aus, daß ein Verzicht des Eigentümers auf die Aufbaugrundschuld keiner Genehmigung im Sinne von § 17 bedarf. Es ist also dem Eigentümer weitgehend überlassen, ob er von der Möglichkeit, sich mit Hilfe der Aufbaugrundschuld Kredit zu beschaffen, Gebrauch machen will, oder ob er durch einen Verzicht ein Zusammenrücken der umgestellten Grundpfandrechte herbeiführen will, um unter Umständen das Grundstück erst hinter diesen oder nach ihrer Ablösung neu zu belasten."

Diese Vorschrift ist in den Ausschußberatungen ersatzlos gestrichen worden. Es ist daher jetzt zu einem Verzicht auf die Aufbaugrundschuld genau so eine Genehmigung nach § 19 erforderlich wie zu jeder anderen Verfügung über die Aufbaugrundschuld. Für gewisse Fälle aber erschien es zweckmäßig, eine Verfügung über die Aufbaugrundschuld dadurch zu erleichtern, daß man sie generell genehmigt, so daß kein Einzelantrag mehr erforderlich ist. Diese Fälle sind in § 3 der 1. DVO (siehe Teil I/2 S. 124) enthalten; die Gründe für diese Erleichterung ergeben sich aus der Teil I/3 S. 126 abgedruckten Begründung zur 1. DVO.

7. Einzelheiten über den Inhalt des Antrages auf Genehmigung und über die einzureichenden Unterlagen enthält § 5 der 1. DVO (siehe Teil I/2 S. 124).

8. Die Genehmigung nach § 19 und ihre Verweigerung ist ein Verwaltungsakt im Sinne von § 23 des Gesetzes über die Verwaltungsgerichtsbarkeit vom 8. 1. 1951 (VOBl. Berlin I S. 46). Sie kann daher im Rahmen der §§ 19 ff. des Verwaltungsgerichtsbarkeitsgesetzes angefochten werden. Da auch bei den Fällen des § 19 Abs. 2 S. 2 Buchstabe a bis c zu prüfen ist, ob die Verwendung wirtschaftlich sinnvoll ist, liegt auch insoweit eine Ermessensentscheidung vor und § 20 Abs. 3 des Verwaltungsgerichtsgesetzes dürfte Anwendung finden.

9. Die Erteilung der Genehmigung kann keine präjudizierende Wirkung für einen künftigen Lastenausgleich haben, sie kann also insbesondere nicht zu einer Beeinträchtigung der Hypothekengewinnabgabe führen. Diese entspricht in ihrer Höhe genau der Aufbaugrundschuld. Wenn der Grundstückseigentümer also mit Genehmigung über die Aufbaugrundschuld verfügt, indem er Kredit aufnimmt und sie zur Sicherung dafür ver-

wendet, so erwächst aus der Umstellung eines Grundpfandrechtes für ihn eine doppelte Schuld, nämlich einmal die aus dem Neukredit, daneben die aus der Hypothekengewinnabgabe; erfolgt allerdings die Kreditaufnahme für Aufbauzwecke im engeren Sinn, so kommt unter Umständen eine Minderung der Abgabeschuld wegen Kriegsschäden (§ 93 LAG) oder eine Herabsetzung der Abgabeschuld bei Wiederaufbau (§ 98) in Betracht. Diese Möglichkeiten dürften jedoch voraussichtlich nur bei einer Verwendung nach § 19 Abs. 2 S. 2 Buchstabe a gegeben sein, sie sind zweifelhaft bei einer Verwendung nach Buchstabe b, und sind bestimmt nicht gegeben bei einer Verwendung nach Buchstabe c. Der Grundstückseigentümer wird deshalb gut daran tun, bei einer Verwendung der Aufbaugrundschuld die bevorstehende Hypothekengewinnabgabe sorgfältig einzukalkulieren. Die Genehmigung nach § 19 befreit auch nicht von anderen rechtsgeschäftlichen, behördlichen oder gesetzlichen Verfügungsbeschränkungen; sie macht also eine etwa nach der Devisenbewirtschaftungsverordnung (VOBl. Berlin 1950 I S. 304) oder Ziffer 57 Buchstabe b der Umst.VO oder dem Ges. Nr. 52 erforderliche Genehmigung nicht entbehrlich, sie führt auch beispielsweise nicht zu einer Durchbrechung des § 15 Konkursordnung.

10. Nach § 19 Abs. 3 ist die Senatsverwaltung für Bau- und Wohnungswesen für Erteilung der Genehmigung zuständig, wenn der Gegenwert der Aufbaugrundschuld zum Auf- oder Ausbau von Gebäuden benutzt werden soll, die ganz oder überwiegend Wohnzwecken dienen. In allen anderen Fällen ist die Senatsverwaltung für Wirtschaft zuständig, also insbesondere dann, wenn der Aus- oder Aufbau von Betriebsgrundstücken oder von Betrieben beabsichtigt ist, aber auch dann, wenn irgendwelche anderen, in § 19 Abs. 2 S. 2 Buchstabe a bis c nicht genannten Zwecke in Betracht kommen, z. B. Verzicht auf die Aufbaugrundschuld oder Verwendung für Restitutionszwecke. Es ist in § 19 nicht ausgesprochen, daß der Gegenwert der Aufbaugrundschuld für das Grundstück verwendet werden muß, auf dem sie ruht; es kann beispielsweise auch der Gegenwert einer Aufbaugrundschuld, die auf einem Wohngrundstück ruht, zum Ausbau eines Betriebes verwendet werden. Auch in diesem Fall ist die Senatsverwaltung für Wirtschaft zuständig. Im umgekehrten Fall, wenn also der Gegenwert einer Aufbaugrundschuld, die auf einem Betriebsgrundstück lastet, zum Ausbau eines Wohngrundstückes verwendet werden soll, ist die Senatsverwaltung für Bau- und Wohnungswesen zuständig. Es kommt also für die Zuständigkeit immer auf den Verwendungszweck an. Was diesen anbelangt, so hat der Ausbau von Wohngebäuden (§ 19 Abs. 2 S. 2 Buchstabe a) den Vorrang; deshalb ist in allen anderen Fällen, d. h. wenn die Senatsverwaltung für Wirtschaft zuständig ist, eine vorherige Erklärung der Senatsverwaltung für Bau- und Wohnungswesen notwendig, daß gegen die anderweite Verwendung keine Einwendungen erhoben werden (§ 19 Abs. 3 letzter Halbsatz). Zweck dieser Vorschrift ist, daß die Senatsverwaltung für Bau- und Wohnungswesen die Möglichkeit haben soll, eine anderweite Verwendung der Aufbaugrundschuld zu verhindern, solange ein Wohngrundstück des Eigentümers, der über die Aufbaugrundschuld verfügen will, aufbaubedürftig ist (vgl. in diesem Zusammenhang § 5 Abs. 1 S. 2, Abs. 2 Buchstabe d und Abs. 3 der 1. DVO, abgedr. Teil I/2 S. 124). Nur auf diese Voraussetzung braucht sich deshalb die Vorprüfung

der Senatsverwaltung für Bau- und Wohnungswesen zu erstrecken, nicht aber darauf, ob die anderweite Verwendung, über deren Zulässigkeit die Senatsverwaltung für Wirtschaft zu entscheiden hat, auch wirtschaftlich sinnvoll ist; diese Prüfung ist Aufgabe der letzteren.

11. Die zuletzt erörterte Vorprüfung ist eine interne Verwaltungsangelegenheit; die Erklärung, daß keine Einwendungen erhoben werden, ist der anderen Verwaltungsbehörde gegenüber abzugeben. Es unterliegt nicht der Prüfung des Grundbuchamtes, ob diese Vorprüfung erfolgt und die entsprechende Unbedenklichkeitserklärung abgegeben ist. Die gesamte Zuständigkeitsverteilung in § 19 Abs. 3 dürfte für das Grundbuchamt ohne Bedeutung sein und nicht seiner Prüfung unterliegen. Für das Grundbuchamt ist nur entscheidend, daß eine Genehmigung des Senats erforderlich ist (§ 19 Abs. 1 S. 1); auch nur dies wird im Grundbuch eingetragen (vgl. Abs. III Buchstabe f der AV vom 31. 3. 1951, abgedr. Teil I/5 S. 135). Welche Verwaltung des Senats die Genehmigung erteilt und ob sie dabei ihre Zuständigkeit überschreitet oder nicht, dürfte vom Grundbuchamt genau so wenig zu prüfen sein wie die Frage, wer nach der Geschäftsverteilung der betreffenden Senatsverwaltung die Genehmigung unterzeichnet. Das Grundbuchamt hat nur zu prüfen, ob die Genehmigungsurkunde von der nach § 19 Abs. 1 S. 1 zuständigen öffentlichen Behörde formgerecht ausgestellt ist, d. h. von dem Senat von Berlin, innerhalb dessen insoweit die in § 19 Abs. 3 genannten Senatsverwaltungen nach Art. 43 Abs. 5 der Verfassung selbständig die in Betracht kommenden Geschäfte führen. Die Genehmigungsurkunde braucht also nur von einer der in § 19 Abs. 3 genannten Senatsverwaltungen zu stammen, muß Siegel oder Stempel und Unterschrift eines Beamten einer dieser Verwaltungen tragen (§ 29 Abs. 3 GBO). Liegen diese Voraussetzungen vor, so hat das Grundbuchamt anzunehmen, daß die Genehmigungsurkunde „von der sich als Ausstellerin bezeichnenden Behörde in ihrer amtlichen Eigenschaft ausgestellt ist, d. h. daß Unterschrift und Siegel echt sind und die Unterzeichner zur Vertretung der Behörde befugt sind" (Güthe-Triebel, Bd. I Anm. 126 zu § 29 GBO S. 721). Auch materiellrechtlich ist nach allgemeinem Verwaltungsrecht eine etwa von der Senatsverwaltung für Bau- und Wohnungswesen erteilte Genehmigung nicht etwa deshalb ohne weiteres unwirksam, weil nach § 19 Abs. 3 die Senatsverwaltung für Wirtschaft zuständig gewesen wäre.

§ 20

Solange dem Eigentümer die Aufbaugrundschuld zusteht und er zu einer Verfügung darüber der Genehmigung bedarf (§ 19), gelten für die Zwangsvollstreckung und den Konkurs folgende Vorschriften:

a) Die Zwangsvollstreckung oder die Arrestvollziehung in die Aufbaugrundschuld ist unzulässig.

b) In Ansehung der Aufbaugrundschuld findet die Vorschrift des § 1197 Absatz 1 des Bürgerlichen Gesetzbuches Anwendung.

c) Bei der Zwangsversteigerung eines mit Aufbaugrundschulden belasteten Grundstücks sind die dem betreibenden Gläubiger

im Range vorgehenden Aufbaugrundschulden bei der Feststellung des geringsten Gebotes zu berücksichtigen und gehen mit Rechtskraft des Zuschlagsbeschlusses als Aufbaugrundschulden auf den Ersteher über.

d) Im Falle der Zwangsverwaltung findet § 1197 Absatz 2 des Bürgerlichen Gesetzbuches keine Anwendung.

e) Im Konkurs des Eigentümers gehört die Aufbaugrundschuld zur Konkursmasse. Wird ein Grundstück im Konkursverfahren freihändig veräußert (§ 134 Ziffer 1 der Konkursordnung), so geht mit dem Eigentumserwerb die Aufbaugrundschuld auf den Erwerber über.

Anmerkungen:

1. Amtliche Begründung zu § 20:

„12. Solange die Aufbaugrundschuld dem Eigentümer zusteht und er zu einer Verfügung über sie der Genehmigung bedarf, d. h. also, solange die Aufbaugrundschuld nicht im Rahmen des § 21 Abs. 1 ihren Charakter als solche verloren hat, müssen Zwangsvollstreckungsmaßnahmen, die mit der Aufbaugrundschuld im Zusammenhang stehen, weitgehend beschränkt werden, weil andernfalls bei der gegenwärtigen wirtschaftlichen Lage die Gefahr bestehen würde, daß ein großer Teil der Aufbaugrundschulden von Gläubigern der Grundstückseigentümer, insbesondere für Steuern und öffentliche Abgaben, in Anspruch genommen werden würde. Die Einzelheiten darüber sind im § 20 enthalten.

a) Nach § 20 Buchstabe a ist die Zwangsvollstreckung oder die Arrestvollziehung in die Aufbaugrundschuld unzulässig.

b) § 20 Buchstabe b stellt durch die für anwendbar erklärte Vorschrift des § 1197 Abs. 1 BGB klar, daß der Grundstückseigentümer nicht aus der ihm zustehenden Aufbaugrundschuld die Zwangsvollstreckung in das Grundstück betreiben kann.

c) § 20 Buchstabe c behandelt das Schicksal der Aufbaugrundschuld bei einer Zwangsversteigerung des Grundstücks, das mit der Aufbaugrundschuld belastet ist. Wenn die Aufbaugrundschuld nicht unter das geringste Gebot nach § 44 ZVG fallen würde, so würde dies zur Folge haben, daß der Eigentümer unter Umständen aus dem Meistgebot Zahlungen für die Aufbaugrundschuld erhalten könnte. Dies erscheint nicht gerechtfertigt, weil der Eigentümer für die durch das Gesetz geschaffene Aufbaugrundschuld Aufwendungen nicht gemacht hat. Infolgedessen ist in § 20 Buchstabe c bestimmt, daß die Aufbaugrundschuld beim geringsten Gebot zu berücksichtigen ist. Dies hat gleichzeitig die Folge, daß die Aufbaugrundschuld bestehen bleibt. Damit nicht etwa angenommen werden kann, daß bei dem Zuschlag der bisherige Eigentümer zum Gläubiger der bestehen bleibenden Aufbaugrundschuld wird, ist weiterhin im § 20 Buchstabe c bestimmt, daß die Aufbaugrundschuld unter Beibehaltung ihres Charakters auf den Ersteher übergeht, d. h. nun zu einer Aufbaugrundschuld für den neuen Eigentümer wird mit den gleichen Beschränkungen nach § 19, wie sie für den früheren Eigentümer bestanden haben.

d) § 20 Buchstabe d betrifft die Zwangsverwaltung des mit Aufbaugrundschulden belasteten Grundstücks und stellt klar, daß der Eigentümer auch im Fall der Zwangsverwaltung keine Zinsen verlangen kann.

e) § 20 Buchstabe e behandelt den Fall des Konkurses des Eigentümers eines Grundstückes, das mit Aufbaugrundschulden belastet ist. Die ausdrückliche Bestimmung, daß die Aufbaugrundschuld zur Konkursmasse gehört, ist mit Rücksicht auf § 1 Abs. 4 KO erforderlich. Der in Konkurs gegangene Eigentümer ist nicht etwa auf Grund der Aufbaugrundschuld Konkursgläubiger, da ihm eine Forderung nicht zusteht. Wenn der Konkursverwalter die Aufbaugrundschuld gesondert verwerten will, dann wird er an die Beschränkungen des § 19 gebunden sein, da er keine anderen Rechte ausüben kann, als sie dem Gemeinschuldner zugestanden haben. Wenn aber das Grundstück im Konkursverfahren nach § 134 Ziffer 1 KO freihändig veräußert wird, so muß die Aufbaugrundschuld mit dem Eigentumserwerb auf den Erwerber übergehen. Es wird Aufgabe des Konkursverwalters sein, diesen Rechtsübergang bei der Preisgestaltung zur berücksichtigen."

2. § 20 setzt die Tendenz des § 19 fort und zieht die Folgerungen aus der Verfügungsbeschränkung über die Aufbaugrundschuld auf dem Gebiet der Zwangsvollstreckung: Wenn über eine Aufbaugrundschuld nicht im Wege des Rechtsgeschäfts verfügt werden darf (§ 19), dann muß auch verhindert werden, daß eine Wirkung, wie sie durch eine rechtsgeschäftliche Verfügung eintreten könnte, im Wege der Zwangsvollstreckung erreicht wird (§ 20). Abweichend von § 19 ist jedoch in § 20 keine Genehmigung vorgesehen. Das bedeutet, daß ein Zugriff auf die Aufbaugrundschuld im Wege der Zwangsvollstreckung auch nicht mit Genehmigung möglich ist, eine solche Genehmigung könnte nicht erteilt werden, wenn sie erteilt würde, bliebe sie ohne Rechtswirkung. Aus dem ausnahmslosen Verbot der Zwangsvollstreckung in die Aufbaugrundschuld ergibt sich weiterhin folgendes: Ist zwischen dem 25. 6. 1948 und dem 2. 2. 1951 im Wege der Zwangsvollstreckung nach den §§ 866 ff. ZPO eine Sicherungshypothek eingetragen worden, bei der an sich die Voraussetzungen des § 24 vorliegen würden — z. B. eine Baufirma hat für den Grundstückseigentümer den Ausbau eines Wohngrundstückes durchgeführt und für ihre daraus resultierenden Forderungen eine Sicherungshypothek eintragen lassen — so kann eine solche Sicherungshypothek nicht nach § 24 an Stelle der Aufbaugrundschuld treten, da dies einer Zwangsvollstreckung in die Aufbaugrundschuld gleich käme und eine Umgehung des § 20 bedeutete. Außerdem käme § 24 in einem solchen Fall auch deshalb nicht zur Anwendung, da eine solche Sicherungshypothek nicht „bestellt" im Sinne von § 24 Abs. 1 ist, weil darunter nur die rechtsgeschäftliche Bestellung zu verstehen ist (vgl. Anm. 4 zu § 24 S. 119).

3. Beide Voraussetzungen des einleitenden Satzes von § 20 müssen vorliegen, wenn die Zwangsvollstreckung unzulässig sein soll: Steht die Auf-

baugrundschuld nicht mehr dem Eigentümer zu, sondern ist sie im Wege des § 19 oder § 24 auf einen anderen übergegangen, so ist die Zwangsvollstreckung in sie zulässig, aber dann nicht mehr aus einem Titel gegen den Eigentümer, sondern nur gegen den anderen, zu dessen Vermögen sie dann gehört. Ist die Aufbaugrundschuld, über die bereits verfügt war, durch Rückzahlung der Valuta zur freien Eigentümergrundschuld geworden (§ 21), so ist die Zwangsvollstreckung in der gleichen Weise wie in jede andere Eigentümergrundschuld zulässig, weil der Eigentümer dann zu einer Verfügung nicht mehr der Genehmigung bedarf (§ 21).

4. Die Vorschrift des § 20 Buchstabe c kann für den Zwangsversteigerungsrichter zu schwierigen Problemen führen. Daß die Aufbaugrundschuld im geringsten Gebot zu berücksichtigen ist, entspricht ihrer Rechtsnatur als Eigentümergrundschuld; eine solche ist — wenn sie dem betreibenden Gläubiger vorgeht — grundsätzlich im geringsten Gebot zu berücksichtigen (vgl. Jaeckel-Güthe, ZVG, 7. Aufl. Anm. 15 zu § 10 S. 72, Anm. 2 zu § 45 S. 238). Die normale Eigentümergrundschuld verwandelt sich jedoch mit dem Zuschlagsbeschluß in ein Fremdgrundpfandrecht, der frühere Eigentümer (Subhastat) wird zum Gläubiger, der Ersteher haftet mit dem Grundstück (vgl. Staudinger Bd. III/2 Anm. I, 3, b zu § 1177 S. 1328 und insbes. RGZ Bd. 94 S. 9). Nach § 20 Buchstabe c aber tritt diese Verwandelung nicht ein, sondern die Aufbaugrundschuld geht als solche, d. h. auch das Gläubigerrecht aus ihr, auf den Ersteher über, in dessen Hand sie also weiterhin verfügungsbeschränkte Eigentümergrundschuld bleibt. Der Ersteher erhält also die sich in der Aufbaugrundschuld ausdrückende Wertparzelle des Grundstücks zur Verfügung im Rahmen des § 19. Diese Erwägung kann möglicherweise zu einem höheren Bargebot führen als ohne Übergang der Aufbaugrundschuld, denn die Tatsache, daß der Ersteher in der Verfügung über die Aufbaugrundschuld beschränkt ist, wird man als Wertminderung kaum ansehen können. Diese Erwägung könnte dazu führen, die Aufbaugrundschuld aus dem Bargebot zu decken, da andernfalls die durch ihren Übergang hervorgerufene Erhöhung lediglich den anderen Gläubigern zugute käme; dies aber wäre genau so wenig im Sinne des Gesetzes wie eine Leistung auf die Aufbaugrundschuld an den Subhastaten. Daß die Aufbaugrundschuld kraft der Vorschrift des § 20 Buchst. c nicht zu den nach § 109 Abs. II ZVG durch Zahlung zu deckenden Rechten gehört, dürfte dann nur einer Auszahlung des eventuell auf sie entfallenden Teils des Bargebots an den Subhastaten entgegenstehen. Dieser müßte dann gegebenenfalls nach § 117 Abs. II S. 3 ZVG hinterlegt werden mit der Maßgabe, daß Auszahlung nur mit Genehmigung nach § 19 erfolgen darf. Dies würde dem hier genau wie bei der rechtsgeschäftlichen Veräußerung des Grundstücks (vgl. Anm. 10 zu § 13 S. 79) im Hintergrund stehenden Gedanken der Hypothekengewinnabgabe entsprechen, dessen Entwickelung für diesen Fall noch kaum zu übersehen ist: Eine persönliche Verbindlichkeit dürfte auf den Ersteher wohl nicht übergehen, dies schließt auch § 101 Abs. 3 LAG (Bundestagsdrucksache Nr. 1800) aus. Die dingliche Haftung mit der Umstellungsgrundschuld, soweit sie bestehen bleibt, bleibt im Bundesgebiet unberührt (§ 101 Abs. 3 S. 2 LAG in der Fassung der Drucksache Nr. 1800). In Berlin aber fällt dem Ersteher jedenfalls zunächst einmal die Aufbaugrundschuld als im Rahmen des § 19 benutzbare Eigen-

tümergrundschuld zu, ob und wann etwa daraus einmal eine dingliche Haftung für eine Hypothekengewinnabgabe werden kann, kann für Berlin noch nicht übersehen werden. Nicht geregelt ist im Gesetz der Fall, daß ein der Aufbaugrundschuld vorgehender Gläubiger die Zwangsversteigerung betreibt. In diesem Fall erlischt die Aufbaugrundschuld nach § 52 Abs. I S. 2, § 91 Abs. I ZVG, an die Stelle der Aufbaugrundschuld tritt der Anspruch des Gläubiger-Eigentümers an dem Versteigerungserlös (vgl. im einzelnen Jaeckel-Güthe, Anm. 1 zu § 92 ZVG zur Frage der Surrogation). Der etwa auf diesen Anspruch entfallende Teil des Versteigerungserlöses kann jedoch nicht an den Gläubiger-Eigentümer ausgezahlt werden, weil dies dem in der Begründung (vgl. oben Anm. 1 S. 108) klar zum Ausdruck kommenden Grundgedanken des Gesetzes und vor allem des Lastenausgleichs widersprechen würde, und vor allem, weil sich die Genehmigungsgebundenheit des § 19 an dem Teil des Erlöses fortsetzt. Dieser kann daher auch hier nur mit der Maßgabe hinterlegt werden, daß eine Auszahlung nur mit Genehmigung nach § 19 zulässig ist.

§ 21

(1) Vereinigt sich die Aufbaugrundschuld nach einer Verfügung im Sinne von § 19 mit dem Eigentum in einer Person, so finden die Vorschriften der §§ 14 bis 20 keine Anwendung mehr. Es gelten die Vorschriften der §§ 1115 und 1192 des Bürgerlichen Gesetzbuches.

(2) Soweit die Forderung, zu deren Sicherung die Aufbaugrundschuld bestimmt ist, nicht zur Entstehung gelangt ist, treten die in Absatz 1 bezeichneten Rechtswirkungen nicht ein.

Anmerkungen:

1. Amtliche Begründung zu § 21:

„13. Nach § 21 Abs. 1 gelten die Bestimmungen über die Aufbaugrundschuld nur, solange diese ihre Rechtsnatur behalten hat. Hat der Eigentümer im Wege des § 19 über die Aufbaugrundschuld verfügt und erwirbt er sie nach einer solchen Verfügung wieder zurück, so handelt es sich dann nicht mehr um eine Aufbaugrundschuld, sondern um ein freies Recht in der Hand des Eigentümers, für das die einschlägigen Bestimmungen des BGB Anwendung finden. Die gleiche Rechtslage ergibt sich nach § 9 der Zweiten Durchführungsverordnung zum Gesetz zur Sicherung von Forderungen für den Lastenausgleich. Diese Rechtswirkung nach § 21 Abs. 1, d. h. das Freiwerden von dem Genehmigungszwang, darf jedoch nur eintreten, wenn die Ablösung der Aufbaugrundschuld nach einer wirksamen Verfügung über diese erfolgt. Wenn die Verfügung über die Aufbaugrundschuld aus irgendeinem Grunde rückgängig gemacht wird, z. B. weil der Grundstückseigentümer die erstrebte Valuta nicht mehr erhalten kann, dann muß die Aufbaugrundschuld auch bei einer Rückübertragung auf den Grundstückseigentümer ihren Charakter als Aufbaugrundschuld behalten; eine Verfügung über sie bleibt dann weiter genehmigungspflichtig. Dies ist in § 21 Absatz 2 ausgesprochen."

2. Der oben erwähnte § 9 der 2. DVO zum LASG ist abgedruckt Teil II/5 S. 163.

3. Die Genehmigungsfreiheit nach § 21 tritt nur ein, wenn die Aufbaugrundschuld, bei der a priori Recht und Eigentum vereinigt sind, zu einem Fremdgrundpfandrecht geworden ist (z. B. durch Abtretung mit oder ohne Umwandlung in eine Hypothek), und dieses Fremdgrundpfandrecht nun wieder zum Eigentümergrundpfandrecht wird. Bei einer Verpfändung der Aufbaugrundschuld tritt diese Wirkung nicht ein, da durch die Verpfändung die Aufbaugrundschuld nicht von einem Eigentümergrundpfandrecht zu einem Fremdgrundpfandrecht wird; infolgedessen findet bei Aufhebung des Pfandrechtes auch keine „Vereinigung" von Recht und Eigentum statt, da garkein Auseinanderfallen eingetreten ist. Die Bestellung des Pfandrechtes an einem Rechte erfolgt zwar nach § 1291 in Verbindung mit § 1274 BGB nach den für die Übertragung des Rechtes geltenden Vorschriften, also für die Aufbaugrundschuld durch (nach § 19 genehmigungspflichtige) Einigung über die Bestellung des Pfandrechts und Eintragung (§ 1192 in Verbindung mit § 1154 Abs. 3 und § 873 BGB); jedoch besagt dies nicht, daß die Verpfändungserklärung die Rechtsübertragung zum Inhalt hat, sondern nur, daß formalrechtlich die Beachtung der für die Übertragung bestehenden Vorschriften erforderlich ist (Palandt, Anm. 1 zu § 1279 S. 1277). Auch steht nicht etwa § 20 einer rechtsgeschäftlichen Verpfändung entgegen, da diese Vorschrift nur die Pfändung in der Zwangsvollstreckung betrifft, ebensowenig § 1273 Abs. 3 in Verb. mit § 400 BGB, da die Aufbaugrundschuld ausdrücklich im Rahmen des § 19 übertragbar ist. Die Tatsache, daß die Aufhebung eines rechtsgeschäftlichen Pfandrechts nicht die Wirkungen des § 21 herbeiführt, wird insbesondere von Bedeutung sein für die Verwendung der Aufbaugrundschuld zur Sicherung kurz- und mittelfristiger Kredite (vgl. Anm. 5 zu § 19 S. 103).

4. § 21 kann auch von Bedeutung sein für die Genehmigung zur Verwendung der Aufbaugrundschuld als Tilgungs- oder Amortisationshypothek (vgl. Palandt Überbl. vor § 1113 Anm. 2 Bd. S. 1147, Staudinger Bd. III/2 Anm. 27 zu § 1163 S. 1275). In diesen Fällen liegt in den „Annuitäten" eine teilweise Kapitalrückzahlung, insoweit entsteht also nach den §§ 1163, 1177 BGB eine Eigentümergrundschuld, die nach § 1176 BGB den Rang nach dem Rest-Fremdgrundpfandrecht hat. Sind diese Amortisationszahlungen im Verhältnis zur Laufzeit der gesamten Hypothek besonders hoch, so werden infolge der vorstehend geschilderten Rechtslage hinsichtlich der „wirtschaftlich sinnvollen Verwendung" die gleichen Bedenken gegen eine Genehmigung zur Verwendung der Aufbaugrundschuld bestehen wie bei einem kurzfristigen Kredit (vgl. Anm. 5 zu § 19 S. 103). Wenn z. B. — solche Fälle sind bereits praktisch geworden — bei einem Darlehen von 20 000 DM eine Amortisation von monatlich 1000 DM verlangt wird, so würde infolge der Wirkung des § 21 eine nicht mehr genehmigungsgebundene Eigentümergrundschuld bereits nach so kurzer Zeit entstehen, daß dies genau so wenig dem Sinn und Zweck des Gesetzes entsprechen würde wie die Verwendung für einen kurzfristigen Kredit. Der Eintritt der in den §§ 1163, 1177 BGB vorgesehenen Rechtsfolgen kann zwar obligatorisch durch Vereinbarung der Parteien ausgeschlossen oder

beschränkt werden, jedoch ist dies nicht mit dinglicher Wirkung möglich (vgl. Staudinger Bd. III/2 Anm. 5, 19 und 29 zu § 1163 S. 1267, 1272 u. 1275, Palandt, Anm. 1, c zu § 1163 S. 1200). Auf solche Weise wird also wahrscheinlich der Eintritt der Wirkung des § 21 nicht verhindert und die Bedenken gegen eine Verwendung der Aufbaugrundschuld in solchen Fällen nicht ausgeräumt werden können. Auch die Möglichkeit, die Wirkung des § 1163 BGB mit dinglicher Wirkung dadurch zu beeinträchtigen, daß das dingliche Recht durch das Erlöschen der Forderung auflösend bedingt wird (Palandt Anm. 1, c zu § 1163 S. 1200), schafft für den Fall der Aufbaugrundschuld keine Abhilfe, weil dann eine Eigentümergrundschuld überhaupt nicht entstehen würde, weder eine freie noch eine genehmigungsgebundene, und weil dieser Erfolg noch weniger im Sinn des Gesetzes liegen würde als die Entstehung einer freien Eigentümergrundschuld; denn in diesem Fall würde der Währungsgewinn nicht nur dem Eigentümer, sondern auch den nachrangigen Hypothekengläubigern endgültig zufallen. Die gleiche Rechtslage würde bei einer Löschungsvormerkung entstehen. Wenn also infolge besonders hoher Amortisationsleistungen aus diesen Gründen Bedenken gegen eine Erteilung der Genehmigung zur Verwendung der Aufbaugrundschuld bestehen, dürfte auch in diesem Fall eine Verpfändung oder eine Auflage wie in Anm. 5 zu § 19 S. 103 erörtert, der zweckmäßigste Weg zur Überwindung dieser Schwierigkeiten sein.

5. Bei Absatz 2 des § 21 ist an den besonders bei der Verteilung der ERP-Mittel nicht seltenen Fall gedacht, daß dem Grundstückseigentümer ein Kredit zugesagt ist und er dafür auch bereits die Aufbaugrundschuld abgetreten hat, die Valuta aber dann infolge Erschöpfung der Mittel nicht oder nicht in voller Höhe erhalten kann. In diesem Fall würde nach § 1163 BGB die Aufbaugrundschuld zur freien Eigentümergrundschuld gemäß § 21 Abs. 1, wenn nicht Absatz 2 das Gegenteil bestimmte. Auch diese Vorschrift beweist also die bereits oben Anm. 3 und 4 erörterte Tendenz, daß es nicht Zweck des Gesetzes ist, den Grundstückseigentümer in den endgültigen Genuß des Währungsgewinnes aus der Umstellung der Grundpfandrechte kommen zu lassen und ist daher eine wertvolle Auslegungsquelle für den Begriff der „wirtschaftlich sinnvollen Verwendung".

§ 22

(1) Ist vor dem 25. Juni 1948 eine Löschungsvormerkung eingetragen worden, so behält diese ihre Wirkung gegenüber dem umgestellten Recht.

(2) Eine solche Löschungsvormerkung steht der Entstehung einer Aufbaugrundschuld nicht entgegen. Sie hat ihr gegenüber keine Wirkung. Vereinigt sich jedoch die Aufbaugrundschuld nach einer Verfügung im Sinne des § 19 mit dem Eigentum in einer Person, so wirkt die Löschungsvormerkung gegen dieses mit dem Eigentum in einer Person vereinigte Recht.

(3) Entsprechendes gilt für einen vor dem 25. Juni 1948 eingetragenen Rangvorbehalt.

Anmerkungen:

1. Amtliche Begründung zu § 22:

„14. § 22 betrifft die Wirkung der Löschungsvormerkung nach § 1179 BGB. Wenn eine solche Löschungsvormerkung, die zu Lasten des früheren Reichsmarkrechtes eingetragen ist, auch gegenüber der Aufbaugrundschuld wirksam sein würde, dann wäre einmal zweifelhaft, ob eine solche Aufbaugrundschuld überhaupt entstehen könnte, mindestens aber würde sie nach Entstehung entsprechend dem Inhalt der Löschungsvormerkung sofort wieder zur Löschung zu bringen sein. Damit würde in einer großen Zahl von Fällen die Wirkung des Gesetzes über die Entstehung von Aufbaugrundschulden vereitelt werden. Deshalb ist in § 22 Abs. 2 ausgesprochen, daß die Löschungsvormerkung der Entstehung einer Aufbaugrundschuld nicht entgegensteht und gegenüber der Aufbaugrundschuld keine Wirkung hat. Wenn jedoch der Grundstückseigentümer die Aufgrundschuld nach einer genehmigungspflichtigen Verfügung abgelöst und zurückerworben hat, so ist sie nach § 21 Absatz 1 zu einer freien Eigentümergrundschuld geworden. Gegenüber einer solchen muß eine Löschungsvormerkung ihre Wirksamkeit behalten, da kein Anlaß besteht, den Gläubiger, zu dessen Gunsten die Löschungsvormerkung eingetragen ist. schlechter zu stellen, als wenn von vornherein eine echte Eigentümergrundschuld entstanden wäre. Dieser Erfolg ist in § 22 Absatz 2 Satz 3 ausgesprochen. Zur Klarstellung ist in § 22 Absatz 1 festgelegt, daß gegenüber dem umgestellten Recht eine Löschungsvormerkung ihre Wirksamkeit behält, denn an dem Verhältnis des umgestellten Rechts zu späteren Rechten ändert sich durch die Umstellung nichts. Entsprechendes gilt nach § 22 Absatz 3 für Rangvorbehalte."

2. An einem praktischen Beispiel dargestellt, wirkt sich § 22 folgendermaßen aus: Auf dem Grundstück des E sind drei Hypotheken eingetragen, als erste eine (10 : 1 umgestellte) Darlehenshypothek von 40 000 RM zugunsten des A, als zweite eine (1 : 1 umgestellte) Höchstbetraghypothek zugunsten des B., als dritte eine (10 : 1 umgestellte) Darlehenshypothek zugunsten des C. Der Eigentümer E hat sich gegenüber dem Gläubiger C der dritten Hypothek von 10 000 RM verpflichtet, die erste Hypothek des Gläubigers A von 40 000 RM löschen zu lassen, wenn sie sich mit dem Eigentum in einer Person vereinigt, d. h. wenn er das Darlehen zurückzahlt. Der Eigentümer darf also nicht die durch Rückzahlung des Darlehens entstandene Eigentümergrundschuld von 40 000 RM wieder durch erneute Kreditaufnahme in ein Fremdgrundpfandrecht verwandeln, dies wäre dem Gläubiger C gegenüber ohne Wirkung. Dieser erhält aber durch die Löschungsvormerkung nicht etwa einen Anspruch darauf, nun mit seiner dritten Hypothek an Stelle der ersten zu treten, sondern er kann nur die Löschung der an erster Stelle entstandenen Eigentümergrundschuld verlangen, so daß dann die zweite Hypothek des Gläubigers B an erste Stelle tritt und C gleichfalls seinen Rang erheblich verbessert — während er zuerst hinter 70 000 RM Vorbelastung stand, steht er jetzt nur noch hinter 30 000 RM. Hätte man eine bei dem Stammrecht (erste Hypothek) eingetragene Löschungsvormerkung auch gegenüber der Auf-

baugrundschuld wirksam sein lassen wollen, so könnte diese niemals entstehen; denn die Aufbaugrundschuld ist als Eigentümergrundschuld immer „mit dem Eigentum in einer Person vereinigt", wie es Voraussetzung der Wirksamkeit der Löschungsvormerkung ist. Außerdem wäre ein solches Ergebnis dem System des Gesetzes widersprechend gewesen, nach welchem die Aufbaugrundschuld ein neu entstehendes Recht ist. Da eine Löschungsvormerkung nur gegenüber dem Stammrecht, nicht aber gegenüber der Aufbaugrundschuld wirkt, kann also in unserem Beispiel Gläubiger C nur Löschung der umgestellten Hypothek von 4000 DM verlangen, muß sich aber die Aufbaugrundschuld von 36 000 DM und die 1 : 1 umgestellte zweite Hypothek von 30 000 DM vorgehen lassen, also 66 000 DM statt nur 30 000 RM. Der Berechtigte aus der Löschungsvormerkung ist also durch die Entstehung der Aufbaugrundschuld wesentlich schlechter gestellt. Die Magistratsfassung (§ 15 Abs. 3, JR 1950 S. 319) wollte diesen Erfolg nur dann eintreten lassen, wenn bei Wirksamwerden der Löschungsvormerkung gegenüber dem Stammrecht, also bei Rückzahlung des umgestellten Rechtes, die Aufbaugrundschuld ihrerseits valutiert gewesen ist. Dies wäre aber über die im Bundesgebiet bestehende Rechtslage hinausgegangen. Dort wirkt die Löschungsvormerkung nach § 5 der 2. DVO zum LASG (abgedruckt Teil II/5 S. 162) gegenüber der Umstellungsgrundschuld (vgl. dazu Cammerer NJW 1950 S. 58). Diese aber ist Fremdgrundschuld, die Löschungsvormerkung erlangt Wirksamkeit also erst mit dem Übergang der Umstellungsgrundschuld auf den Eigentümer, d. h. durch Ablösung im Rahmen des § 5 Abs. 1 der 1. DVO zum LASG (abgedruckt Teil II/4 S. 158). Der gleiche Erfolg ist für Berlin durch die Fassung des § 22 erzielt worden.

3. Entsprechendes wie bei der Löschungsvormerkung gilt, wenn sich der Eigentümer bei der Belastung des Grundstücks mit einem Recht die Befugnis vorbehalten hat, ein anderes, dem Umfange nach bestimmtes Recht mit dem Range vor jenem Recht eintragen zu lassen (§ 881 BGB). Der Rangvorbehalt selbst behält seinen vollen Nennwert im Verhältnis von 1 RM gleich 1 DM (Harmening-Duden I S. 171, OLG Braunschweig DRZ 1949 S. 281 und MDR 1949 S. 496). Der Vorrang in dieser Höhe besteht jedoch nur gegenüber dem Stammrecht, nicht aber gegenüber der Aufbaugrundschuld. Die Wirkung des Vorbehalts zeigt sich erst bei der Zwangsversteigerung, bei der sich dann die Ergebnisse nach der sogenannten „Herfurthschen Formel" errechnen (vgl. im Einzelnen Palandt, Anm. 6 zu § 881 S. 970).

4. Über Rangänderungen nach § 24 siehe Anmerkungen zu § 24 S. 118.

§ 23

Die Vorschrift des § 13 gilt nicht für

a) Schiffshypotheken,

b) Pfandrechte an Bahneinheiten,

c) Abgeltungslasten und Abgeltungshypotheken, die ein Darlehen zur Abgeltung der Gebäudeentschuldungssteuer gemäß der Verordnung vom 31. Juli 1942 (RGBl. I S. 501) sichern,

d) Zusatzforderungen, die gemäß § 10 der (ersten) Verordnung des Reichspräsidenten über die Zinserleichterung für den landwirtschaftlichen Realkredit vom 27. September 1932 (RGBl. I S. 480) und gemäß § 3 des Gesetzes über die Zinserleichterung für landwirtschaftlichen Auslandskredit vom 20. Juli 1933 (RGBl. I S. 524) auch ohne Eintragung ein Recht auf Befriedigung aus dem Grundstück gewähren,

e) Renten der Deutschen Landesrentenbank,

f) Entschuldungsrenten gemäß Artikel 53 und 54 der siebenten Verordnung zur Durchführung der landwirtschaftlichen Schuldenregelung vom 30. April 1935 (RGBl. I S. 572) und Artikel 5 der achten Verordnung zur Durchführung der landwirtschaftlichen Schuldenregelung vom 20. Juni 1936 (RGBl. I S. 496).

Anmerkungen:

1. Amtliche Begründung zu § 23:

„15. Für die Umstellung der im § 23 aufgezählten Rechte gelten die Vorschriften des Gesetzes über die Umstellung, insbesondere Artikel IV. Im Gebiet der Bundesrepublik Deutschland entsteht auch im Range hinter derartigen, im § 23 aufgezählten Rechten eine Umstellungsgrundschuld nach § 1 Absatz 2 des Gesetzes zur Sicherung von Forderungen für den Lastenausgleich in der Fassung des Änderungsgesetzes vom 10. August 1949. Für Berlin wird es im Interesse einer Vereinfachung und der Klarheit der entsprechenden Register für zweckmäßig erachtet, in diesen Fällen von der Entstehung von Aufbaugrundschulden abzusehen, da sie für die Gesamtwirtschaft und die Unterbringung der ERP-Kredite kaum von Bedeutung sind. Insbesondere muß bei der Umstellung von Abgeltungslasten und Abgeltungshypotheken für die Ablösung der Gebäudeentschuldungssteuer in jedem Fall von der Entstehung einer Aufbaugrundschuld abgesehen werden, und zwar aus folgendem Grund: In Berlin sind eine Größere Zahl von Grundstücken, etwa 200 bis 300, mit sogenannten Schweizer-Franken-Grundschulden zugunsten von Schweizer Gläubigern belastet Die Rechtsverhältnisse dieser Schweizer Franken-Grundschulden sind in dem Gesetz vom 23. 6. 1923 — RGBl. II S. 284 — geregelt. Nach Artikel 27 des mit desem Gesetz veröffentlichten Zusatzabkommens vom 25. 3. 1923 darf die Zahlung der Zinsen und des Kapitals der Schweizer-Franken-Grundschulden durch die deutsche Gesetzgebung nicht beeinträchtigt werden. Bei der Ablösung der Gebäudeentschuldungssteuer im Jahre 1942 hat deshalb die Schweiz gegen die Entstehung von Abgeltungs-Lasten mit dem Rang vor derartigen Schweizer-Franken-Grundschulden protestiert. In einem Notenwechsel zwischen der Schweiz und Deutschland im Herbst 1943 ist vereinbart worden, daß die Abgeltungslasten bei Grundstücken, die mit Schweizer-Franken-Grundschulden belastet sind, lediglich fiktiver Natur seien und von Deutschland im Beihilfewege den Eigentümern erstattet werden sollen. Wenn man jetzt an Stelle einer Abgeltungslast oder Abgeltungshypothek nach deren Umstellungsbetrag eine Aufbaugrundschuld entstehen lassen wollte, so würde damit gegen das Zusatzabkommen und den Notenwechsel des Jahre 1943 verstoßen werden, weil dann nicht mehr ein nur fiktives Recht, sondern ein wirkliches Recht der Schweizer-Franken-Grundschuld vorgehen würde."

2. § 1 Abs. 2 LASG ist abgedruckt Teil II/3 S. 155.

3. Wie schon in der Amtlichen Begründung ausgeführt ist, besagt § 23 nichts über die Umstellung der darin aufgezählten Rechte, die sich nach den allgemeinen Vorschriften richtet. Dies ist insbesondere von Bedeutung für die Entstehung der Hypothekengewinnabgabe nach dem LAG. Diese entsteht auch aus der Umstellung dieser Rechte (§ 86 Abs. 3 LAG in der Fassung der Bundestagsdrucksache Nr. 1800) ohne Rücksicht auf die Tatsache, daß Aufbaugrundschulden nicht zur Entstehung kommen (vgl. auch Abs. II der Abhandlung in HuW 1951 S. 104).

Artikel VI

Überleitungsbestimmungen

§ 24

(1) Ist in der Zeit vom 25. Juni 1948 bis zur Verkündung dieses Gesetzes eine Hypothek, Grundschuld oder Rentenschuld bestellt worden, deren Gegenwert bestimmt ist, einem der in § 19 Absatz 2 bezeichneten Zwecke zu dienen, so tritt dieses Recht an die Stelle der nach § 13 entstandenen Aufbaugrundschuld an rangbester Stelle. Diese erlischt insoweit.

(2) Die Eintragung nach Absatz 1 im Grundbuch erfolgt auf Antrag des Gläubigers des an die Stelle der Aufbaugrundschuld tretenden Rechtes, wenn dem Grundbuchamt das Vorliegen der Voraussetzungen des § 19 Absatz 2 durch eine Bescheinigung der nach § 19 Absatz 3 zuständigen Behörde nachgewiesen wird.

(3) Der Eigentümer hat die Kosten für eine Eintragung gemäß Absatz 1 und 2 zu tragen.

Anmerkungen:

1. Amtliche Begründung zu § 24:

„VI. Artikel VI enthält die Überleitungsbestimmungen. Um die Wirtschaft und insbesondere die Bautätigkeit möglichst rasch zu beleben, sind von den Kreditinstituten bereits in größerem Umfang ERP-Mittel vor Verkündung dieses Gesetzes ausgegeben worden. Diese sind vorläufig, da keine andere Stelle im Grundbuch zur Verfügung steht, an rangletzter Stelle eingetragen worden. Für die in dieser Art eingetragenen Rechte ist nach der Konstruktion dieses Gesetzes die nach § 13 entstandene Aufbaugrundschuld gedacht. Solche Rechte haben also Anspruch darauf, an Stelle der Aufbaugrundschuld zu treten. Diese Folge ist in § 24 Abs. 1 ausgesprochen. Sie tritt nur ein, wenn das Recht dazu bestimmt ist, den im § 19 näher bezeichneten Aufbauzwecken zu dienen. Soweit etwa die nach dem ersten umgestellten Grundpfandrecht entstandene Aufbaugrundschuld für das bereits eingetragene Recht der Höhe nach nicht ausreicht, soll es an die Stelle der nach dem zweiten bzw. wenn diese nicht ausreicht, nach weiteren Rechten entstandenen Aufbaugrundschulden treten. Dies ist mit den Worten ausgedrückt, daß es „an rangbeste Stelle" tritt. Da der Eintritt eines bereits für Aufbauzwecke bestellten Grundpfandrechtes an Stelle der nach § 13 entstandenen Aufbaugrundschuld nach § 24 Abs. 1 kraft Gesetzes erfolgt, würde es einen zweckwidrigen und den Rechtsverkehr erschwerenden Umweg bedeuten, wenn man für die Eintragung dieser Folge in das Grundbuch noch die Bewilligung des Grundstückseigentümers und die Zustimmung von Drittberechtigten verlangen wollte. § 24 Abs. 2 spricht deshalb aus, daß eine solche Eintragung lediglich auf Antrag des Gläubigers erfolgt unter der Voraussetzung, daß dem Grundbuchamt das Vorliegen des in § 19 Abs. 2 bezeichneten Sachverhaltes nachgewiesen wird."

2. Durch die ungewöhnlich lange Frist bis zur Verkündung des Gesetzes ist § 24 von einer Überleitungsvorschrift zu einem der Angelpunkte des Gesetzes geworden. Bereits im Jahre 1949 hat die Zuteilung von ERP-Mitteln begonnen. Am 27. Februar 1950 hat der Magistrat einen programmatischen Beschluß gefaßt (vgl. HuW 1950 S. 101), am 11. April 1950 ist der Gesetzentwurf vom Magistrat, am 3. August 1950 von der Stadtverordnetenversammlung verabschiedet worden (vgl. HuW 1950 S. 323). Aber erst am 18. Januar 1951 hat die Alliierte Kommandantur die Bestätigung erteilt (vgl. HuW 1951 S. 65), so daß erst am 1. Februar 1951 die Verkündung erfolgen konnte. Inzwischen sind allein auf dem Wohnungsbausektor etwa 42 Millionen DM, auf dem Industriesektor etwa 200 Millionen DM ERP-Mittel verteilt worden, die zunächst an letzter Stelle eingetragen worden sind und für welche die Anwendung von § 24 in Betracht kommt. Aus diesen Summen, die einen recht erheblichen Teil des in Berlin überhaupt zur Verfügung stehenden Kreditraumes einnehmen, erhellt die Bedeutung des § 24.

3. § 24 enthält nicht etwa nur einen Anspruch des Gläubigers des zwischen dem 25. 6. 1948 und dem 1. 2. 1951 bestellten DM-Rechtes (im folgenden kurz „neues Recht" genannt), an Stelle der Aufbaugrundschuld treten zu können, sondern enthält eine gesetzliche Verfügung über die Aufbaugrundschuld — das neue Recht tritt automatisch kraft Gesetzes an die Stelle der Aufbaugrundschuld. Dieser Eintritt vollzieht sich mit Inkrafttreten des § 24, also nach § 26 Abs. 2 am 2. Februar 1951. Der mit dem 2. 2. 1951 erfolgende Eintritt dieser Rechtsänderung ist jedoch nur schwebend wirksam oder — was dasselbe bedeutet — schwebend unwirksam, und zwar bis zur Erteilung der Bescheinigung nach § 24 Abs. 2. Mit diesem Akt wird die Rechtsänderung voll wirksam, (vgl. im übrigen zur schwebenden Unwirksamkeit Anm. 4 und 5 zu § 19 S. 102). Dieser Gedanke der schwebenden Unwirksamkeit findet auch Ausdruck in § 6 Abs. 2 der 1. DVO (abgedr. Teil I/2 S. 124). Die Rechtsänderung tritt kraft Gesetzes, also außerhalb des Grundbuches ein, das dadurch unrichtig wird, jedoch wohl erst vom Zeitpunkt der vollen Wirksamkeit, also der Erteilung der Bescheinigung, ab. Die Eintragung im Grundbuch kann nach § 24 Abs. 2 erst nach diesem Zeitpunkt erfolgen.

4. Voraussetzung des § 24 ist, daß das neue Recht vor dem 1. Februar 1951 „bestellt" worden ist. Bestellung ist der Eintritt der Rechtsänderung im Sinne von § 873 BGB. Es muß also vor dem 1. 2. 1951 auch die Eintragung des neuen Rechtes erfolgt gewesen sein. Daß nur dieser Zeitpunkt unter dem Begriff „Bestellung" verstanden werden kann, ergibt sich aus § 1113 Abs. II, § 1163 Abs. I, § 1184 Abs. I, § 1196 Abs. I BGB. Einmal, in § 1188 Abs. I, spricht das BGB auch von der „Erklärung, daß er die Hypothek bestelle", aber diese ersetzt nur die Einigung; in derselben Vorschrift ist expressis verbis ausgesprochen, daß zur „Bestellung" der Hypothek außer dieser Erklärung die Eintragung erforderlich ist. Es liegen keinerlei Anhaltspunkte dafür vor, daß mit dem Ausdruck „bestellt worden" in § 24 Abs. 1 etwa der Zeitpunkt nur der Einigung gemeint sein sollte. Aus der Fassung des § 24 Abs. 1, der es auf die „Bestellung", nicht auf die „Entstehung" des neuen Rechtes abstellt, ergibt sich jedoch, daß nur rechtsgeschäftlich bestellte Rechte für seine Anwendung in Betracht kommen, nicht solche, die im Wege der Zwangvollstreckung nach § 867 Abs. I S. 2 ZPO entstanden sind; außerdem würde die Anwendung des § 24 auf Zwangshypotheken zu einer Umgehung des § 20 führen (vgl. Anm. 2 zu § 20 S. 109).

5. Weitere Voraussetzung des § 24 ist, daß der Gegenwert des neuen Rechtes bestimmt ist, eine „wirtschaftlich sinnvolle Verwendung" im Sinne von § 19 Abs. 2 zu finden. Ob er diese Verwendung bereits gefunden hat oder erst finden soll, ist ohne Bedeutung. Der Nachweis wird durch eine Bescheinigung geführt, es ist also nicht eine Genehmigung zur Rangänderung erforderlich, sondern diese wird mit Erteilung der entsprechenden Bescheinigung voll wirksam.

6. Sind mehrere neue Rechte eingetragen, für die § 24 in Betracht kommt, so bestimmt sich die Reihenfolge des Einrückens nach § 6 der 1. DVO (abgedr. Teil I/2 S. 124, Begründung dazu Teil I/3 S. 126). Mit Rücksicht auf diese gesetzlich festgelegte Reihenfolge wird das Grundbuchamt zu prüfen haben, ob etwa dem Gläubiger, der einen Eintragungsantrag nach § 24 Abs. 2 stellt, andere neue DM-Rechte im Range vorgehen, für die gegebenenfalls auch § 24 in Verb. mit § 6 der 1. DVO in Betracht kommt. Ist dies der Fall, so wird das Grundbuchamt im Wege der Zwischenverfügung nach § 18 GBO dem Antragsteller aufgeben müssen, zunächst Erklärungen der anderen Gläubiger darüber herbeizuführen, ob diese das Recht aus § 24 ausüben wollen oder nicht. Vgl. dazu Verlautbarung des Senators für Justiz vom 1. 3. 1951 JR 1951 S. 189. Diese Aufgabe hat das Grundbuchamt nur im Rahmen des § 6 der 1. DVO, also bei konkurierrenden Ansprüchen mehrerer Gläubiger, nicht dagegen, wenn es sich um eine Konkurrenz zwischen dem Anspruch eines Gläubigers nach § 24 und zwischen einer Verfügung des Eigentümers im Rahmen des § 19 handelt. Über diese Konkurrenz siehe unten Anm. 11 S. 121.

7. Das neue Recht tritt als solches, d. h. mit seinen Bedingungen, an die Stelle der Aufbaugrundschuld; das ergibt sich aus der Fassung „dieses Recht . . . . tritt . . ." in § 24. Nach der Magistratsfassung (JR 1950 S. 319) sollten die Einschränkungen des jetzigen § 17 Abs. 1 entsprechend gelten, d. h. das neue Recht nur in dem Rahmen, den die Aufbaugrundschuld durch das Stammrecht erhält, an ihre Stelle treten

können. Diese Vorschrift ist gestrichen worden. Eine sehr wesentliche Einschränkung für das Vortreten des neuen Rechtes ergibt sich jedoch aus § 880 Abs. V BGB. Danach brauchen sich die Zwischenberechtigten durch das Vorrücken nicht mehr vorgehen zu lassen, als schon vorher eingetragen gewesen ist. Hat also das neue Recht 7% Zinsen, das Stammrecht und infolgedessen die Aufbaugrundschuld (§ 17 Abs. 1) aber nur 6%, so tritt das neue Recht nur mit 6% Zinsen an die Stelle der Aufbaugrundschuld, mit 1% Zinsen bleibt es in seiner bisherigen Rangstelle (vgl. auch Abschnitt I, B, 4 der Abh. in HuW 1951 S. 143). Zu einem weitergehenden Vorrücken wäre die Zustimmung der Zwischenberechtigten erforderlich. Dies gilt jedoch wiederum dann nicht, wenn der Zinssatz des neuen Rechtes höchstens 5% beträgt, der der Aufbaugrundschuld weniger; denn bis zur Höhe von 5% kann die Haftung ohne Zustimmung der Zwischenberechtigten erweitert werden (vgl. Anm. 2 zu § 17 S. 97). Über den Fall, daß das an die Stelle der Aufbaugrundschuld tretende Recht einen geringeren Zinssatz hat als diese vgl. Anm. 5 zu § 17 S. 98. Im übrigen dürfte für die Frage, in welchem Umfang das neue Recht an die Stelle der Aufbaugrundschuld tritt, d. h. für den Umfang der Aufbaugrundschuld, die formale Grundbuchlage entscheidend sein. Das ergibt sich aus § 18 des Gesetzes. Danach kann sich „auch" der Eigentümer in Ansehung der Aufbaugrundschuld, obwohl sie nach § 14 außerhalb des Grundbuches entsteht, auf § 891 BGB berufen, soweit dessen Vermutung für das umgestellte Recht gilt. Wenn die — widerlegbare — Vermutung des § 891 Abs. 1 nicht ausgeräumt wird, kann also auch für den Vortritt des neuen Rechtes der Grundbuchstand des Stammrechtes für die Aufbaugrundschuld als richtig unterstellt werden (vgl. Anm. 4 zu § 18 S. 100 sowie Mitteil. des Senators f. Justiz an den KGPräs. vom 31. 3. 1951, JR 1951 S. 253).

8. Ist die Aufbaugrundschuld größer als das vortretende Recht, so hat die verbleibende Restaufbaugrundschuld den Rang hinter dem vortretenden Recht. Ist die erste Aufbaugrundschuld kleiner als das vortretende Recht, so kann — wenn vorhanden — auch eine zweite oder dritte Aufbaugrundschuld für den Vortritt in Anspruch genommen werden. Beides ergibt sich aus der Fassung des § 24 „. . . an rangbester Stelle" (vgl. dazu auch die Beispiele in HuW 1951 S. 145).

9. Die Eintragung des Rangwechsels des neuen Rechtes, also die Grundbuchberichtigung, erfolgt auf Antrag des Gläubigers des neuen Rechtes, § 24 Abs. 2. Dieser kann auch die Eintragung der Umstellung nach § 9 herbeiführen, vgl. § 7 der 1. DVO abgedr. Teil I/2 S. 124 und Begründung dazu Teil I/3 S. 126. Über die Eintragung selbst vgl. Abschnitt VII der AV vom 31. 3. 1951, abgedruckt Teil I/5 S. 135.

10. Bei dem Vorgang nach § 24 handelt es sich nicht um eine Rangänderung der Aufbaugrundschuld, sondern nur um eine solche des neuen Rechtes. Die Aufbaugrundschuld tritt nicht an die Stelle des neuen Rechtes, sondern erlischt insoweit kraft Gesetzes, als das neue Recht voll wirksam an ihre Stelle tritt (§ 24 Abs. 1 S. 2). Über die Eintragung des Erlöschens vgl. Abschnitt VII Buchstabe c und d der AV vom 31. 3. 1951, abgedr. Teil I/5 S. 135.

11. Die schwebende Unwirksamkeit der Rechtsänderung nach § 24 (vgl. oben Anm. 3) kann zur Folge haben, daß der Eigentümer ihren Eintritt zu vereiteln sucht. Der Eigentümer könnte über die Aufbaugrundschuld zugunsten eines Dritten nach § 19 verfügen, bevor der Gläubiger eines neuen Rechtes die Bescheinigung nach § 24 Abs. 2 erhält und den entsprechenden Eintragungsantrag stellt. Die für die Genehmigung nach § 19 zuständige Behörde hat nicht die Aufgabe, zu prüfen, ob der Eigentümer etwa als Nichtberechtigter verfügt. Der gute Glaube an das Grundbuch wirkt zwar nicht gegen die Entstehung der Aufbaugrundschuld, weil diese außerhalb des Grundbuches entsteht (§ 14 Abs. 1 S. 1, vgl. auch Anm. 9 zu § 13 S. 76, Anm. 4 zu § 14 S. 89 und Anm. 3 zu § 18 S. 100). Ist aber die Aufbaugrundschuld vor oder gleichzeitig mit der Verfügung über sie in das Grundbuch eingetragen, so nimmt sie an dem guten Glauben des Grundbuchs wie jedes andere Grundpfandrecht teil (vgl. Anm. 3 zu § 18 S. 100). Mit der Verfügung nach § 19 könnte der Empfänger nach § 891 Abs. 1 und § 892 Abs. 1 S. 1 die Aufbaugrundschuld erwerben, selbst wenn sie materiell nach § 24 Abs. 1 S. 2 erloschen sein sollte, da die Wirkung des § 892 Abs. 1 BGB derart ist, daß der gutgläubige Erwerber auch ein materiell nicht existentes Recht erwirbt, das in seiner Person zur Entstehung gelangt (vgl. Staudinger Bd. III/1 Anm. II, B, 7 und IV zu § 892, S. 229 bzw. 236). Der Gläubiger des neuen Rechtes würde dadurch die Möglichkeit verlieren, sein Eintrittsrecht nach § 24 wirksam werden zu lassen und wäre auf Bereicherungsansprüche nach § 816 gegen den Eigentümer angewiesen (vgl. Staudinger Bd. III/1 Anm. V zu § 892 S. 244). Man wird jedoch bezweifeln können, daß in einem solchen Fall überhaupt ein gutgläubiger Erwerb durch einen Dritten möglich ist, weil das neue DM-Recht bereits im Grundbuch eingetragen ist, bei der Kreditmarktlage bis 1. 2. 1951 angenommen werden muß, daß ein eingetragenes DM-Recht nur für Aufbauzwecke bestimmt sein kann, wenn sich nicht aus der Eintragung selbst etwas anderes ergibt, und weil die Kenntnis dieser Grundbuchlage bei dem Dritten unterstellt werden muß. Man könnte auch annehmen, daß durch die schwebend unwirksame Rechtsänderung nach § 24 Abs. 1 die gleiche Rechtslage geschaffen wird, wie wenn der Eigentümer in der Verfügung über die Aufbaugrundschuld beschränkt ist und daß diese Beschränkung, da sie aus dem Grundbuch ersichtlich ist, dem Dritten gegenüber wirksam ist (§ 892 Abs. 1 S. 2 BGB). Der gleiche Rechtsgedanke ergibt sich aus § 184 Abs. II BGB (über entsprechende Anwendung vgl. Anm. 5 zu § 19 S. 103), nach welchem zwischenzeitliche Verfügungen durch den rückwirkenden Eintritt der vollen Wirksamkeit nur dann nicht unwirksam werden, wenn sie durch den Genehmigenden, im Wege der Zwangsvolstreckung oder Arrestvollziehung oder durch den Konkursverwalter erfolgt sind; zwischenzeitliche Verfügungen anderer Personen, hier also des Grundstückseigentümers, wären danach dem aus einer vorhergehenden Rechtsänderung Berechtigten gegenüber durch die rückwirkende Wirksamkeit dieser Rechtsänderung unwirksam geworden.

12. Ist über das Vermögen des Grundstückseigentümers vor dem 1. 2. 1951 der Konkurs eröffnet worden (§ 108 KO), so kann eine Rechtsänderung nach § 24 mit Rücksicht auf § 15 KO nicht mehr eintreten. Zwar hat der Gläubiger des vor dem 1. 2. 1951 eingetragenen DM-Grundpfand-

rechtes damit bereits ein „Recht" im Sinne des § 15 KO erworben gehabt, und die Übertragung eines vor Konkurseröffnung konstituierten Rechtes oder der Rangwechsel solcher Rechte fällt grundsätzlich nicht unter die Vorschrift des § 15 KO, weil es für die Konkursgläubiger gleichgültig ist, wer absonderungsberechtigt ist und welchen Rang das Absonderungsrecht hat (Mentzel Anm. 6 zu § 15 S. 99, Böhle-Stamschröder Anm. 5 zu § 15 S. 48). Mit Rücksicht auf das Schicksal der Aufbaugrundschuld im Konkurs kann dieser vorstehend dargestellte Grundsatz bei § 24 keine Anwendung finden: Die Aufbaugrundschuld gehört nach § 20 Buchst. e wie jede andere Eigentümergrundschuld (Böhle-Stamschröder Anm. 3 zu § 47 S. 123) zur Konkursmasse. Nach § 24 Abs. 1 S. 2 würde sie bei einem Vortreten des neuen DM-Rechtes erlöschen. Damit würde dieses Vortreten die Interessen der Konkursgläubiger beeinträchtigen und fällt deshalb unter § 15 KO. Ein im § 15 S. 2 KO zugelassener gutgläubiger Erwerb kommt nicht in Betracht, da es sich bei dem Vorrücken nach § 24 nicht um ein Rechtsgeschäft handelt. Wird der Konkurs nach dem 1. 2. 1951, jedoch vor Erteilung der Bescheinigung nach § 24 Abs. 2 eröffnet, so kann die Rechtslage zweifelhaft sein. Bei aufschiebend bedingten Rechten steht die herrschende Meinung auf dem Standpunkt, daß der Rechtserwerb nicht unter § 15 KO fällt, wenn der ihn begründende Tatbestand bereits vor Konkurseröffnung verwirklicht war und es zum Wirksamwerden nur noch des Eintritts der Bedingung bedarf (Mentzel Anm. 6 zu § 15 S. 100, Böhle-Stamschröder Anm. 4 zu § 15 S. 48). Bei § 24 handelt es sich jedoch nicht um einen bedingten, sondern um einen schwebend unwirksamen Rechtserwerb. Böhle-Stamschröder aaO wollen den beim bedingten Rechtserwerb geltenden Grundsatz auch auf den Fall angewendet wissen, daß der Rechtserwerb von einer Genehmigung abhängig ist. Mentzel aaO steht auf entgegengesetztem Standpunkt und folgert dies als argumentum e contrario aus § 184 Abs. II BGB. Der letzteren Auffassung dürfte zuzustimmen sein. Wird der Konkurs nach Erteilung der Bescheinigung gemäß § 24 Abs. 2 eröffnet, so ist auf jeden Fall der Rechtserwerb wirksam eingetreten und § 15 KO kommt nicht in Betracht. Die Anordnung der Zwangsversteigerung (§ 15 ZVG) ist bei der anders gearteten Beschlagnahmewirkung (§ 23 ZVG) ohne Bedeutung für die Rechtsänderung nach § 24; denn mit Rücksicht auf das Schicksal der Aufbaugrundschuld in der Zwangsversteigerung (vgl. Anm. 4 zu § 20 S. 110) ist es für den betreibenden Gläubiger gleichgültig, ob sie valutiert ist oder nicht und ob an ihrer Stelle ein anderes Recht steht (vgl. im einzelnen Jaeckel-Güthe Anm. 3 zu § 23 S. 152 ff.). Außerdem betrifft die Wirkung des § 23 ZVG nur Rechtshandlungen des Subhastaten, denen allerdings Verfügungen gleichstehen, die im Wege der Zwangsvollstreckung oder Arrestvollziehung erfolgen; bei § 24 aber handelt es sich um eine Verfügung kraft Gesetzes, deren Erfassung zwar in § 15 KO, jedoch nicht in § 23 ZVG vorgesehen ist. Deshalb werden auch die gleichen Grundsätze wie bei der Zwangsversteigerung für § 24 auch bei der Zwangsverwaltung zu gelten haben, obwohl die Beschlagnahmewirkung des § 148 Abs. II ZVG weitergeht als die des § 23 ZVG. Das gleiche wird gelten für ein Veräußerungsverbot nach § 62 Vergleichsordnung, das sich auch nur auf rechtsgeschäftliche Verfügungen des Schuldners erstreckt, obwohl es seiner Natur nach der Beschlagnahme im Konkurs ähnlicher ist als dem Verfügungsverbot des ZVG (vgl. Böhle-Stamschröder Anm. 1, b zu § 59 Vgl. Ord. S. 109).

Artikel VII

Durchführungsbestimmungen

§ 25

Der Magistrat von Groß-Berlin erläßt die zur Durchführung dieses Gesetzes erforderlichen Vorschriften.

Anmerkungen:

Die Ermächtigung des § 25 war an sich nicht erforderlich, da der Senat die allgemeine Ermächtigung zu Durchführungsbestimmungen bereits nach Art 47 der Verfassung hat. Daß man sie trotzdem aufgenommen hat, beweist, welches Gewicht den Durchführungsbestimmungen zu diesem schwierigen Gesetz zukommen wird — vgl. dazu auch Abschnitt I der Begründung zur 1. DVO, abgedr. Teil I/3 S. 126 — und daß ähnlich wie bei den Durchführungsverordnungen zum LASG (siehe Teil II/4 u. 5, S. 158) diese über den üblichen Rahmen der Durchführungsverordnungen hinausgehen können und müssen. Bisher ist von der Ermächtigung erst für die 1. DVO Gebrauch gemacht worden (siehe Teil I/2 S. 124).

Artikel VIII

Inkrafttreten

§ 26

(1) Die Artikel I, II, IV und V treten mit Wirkung vom 25. Juni 1948 in Kraft.

(2) Die Artikel III, VI und VII treten am Tage nach der Verkündung im Verordnungsblatt für Groß-Berlin in Kraft.

Anmerkungen:

1. Die amtliche Begründung zu Art. VIII lautet:

   „Artikel VIII stellt in § 26 Abs. 1 klar, daß die Umstellung der Grundpfandrechte und entsprechend auch die Entstehung der Eigentümergrundschulden auf den Tag zurückwirkt, mit welchem die Deutsche Mark der Bank Deutscher Länder in Berlin eingeführt worden ist. Dies ist nach Ziffer 24 der ersten Verordnung zur Neuordnung des Geldwesens vom 25. Juni 1948 um 00,01 Uhr ab geschehen. Die Verfahrensbestimmungen in Artikel III, die Überleitungsbestimmungen in Artikel VI und die Ermächtigung in Artikel VII können dagegen erst nach Verkündung in Kraft treten. Dies enthält § 26 Abs. 2."

2. Verkündet ist das Gesetz am 1. 2. 1951.

2.

Erste Durchführungsverordnung zum Gesetz über die Umstellung von Grundpfandrechten und über Aufbaugrundschulden

Vom 2. Mai 1951

— Gesetz und Verordnungsblatt für Berlin 1951 Seite 334 —

Auf Grund von § 25 des Gesetzes über die Umstellung von Grundpfandrechten und über Aufbaugrundschulden vom 9. Januar 1951 (Verordnungsblatt für Berlin 1951 Teil I Seite 71) wird folgendes verordnet:

§ 1

Bei einem Wechsel des Eigentums an dem Grundstück, auf dem die Aufbaugrundschuld lastet, geht diese als Aufbaugrundschuld auf den neuen Eigentümer über, wenn der Eigentumswechsel nach dem 24. Juni 1948 eingetreten ist oder eintritt.

§ 2

Ist ein Grundpfandrecht in der Zeit vom 25. Juni 1948 bis zur Verkündung des Gesetzes im Grundbuch gelöscht worden, so gilt für die Eintragung einer im Range nach dem gelöschten Grundpfandrecht entstandenen Aufbaugrundschuld die Vorschrift des § 15 des Gesetzes.

§ 3

Die folgenden Verfügungen über die Aufbaugrundschuld gelten als allgemein genehmigt:

a) Rangänderungen von Aufbaugrundschulden, die erforderlich werden, wenn der Eigentümer und der Gläubiger der umgestellten Rechte aus diesen ein einheitliches Grundpfandrecht bilden.

b) Verfügungen jeder Art über eine Aufbaugrundschuld mit einem Gesamtnennbetrag von nicht mehr als zweihundert Deutschen Mark der Bank Deutscher Länder.

§ 4

Die Genehmigung zur Verfügung über die Aufbaugrundschuld kann verweigert werden, wenn die Verwendung des Gegenwerts der Aufbaugrundschuld für einen der in § 19 Absatz 2 des Gesetzes bezeichneten Aufbauzwecke nicht in Berlin (West) erfolgen soll.

§ 5

(1) Der Antrag auf Genehmigung nach § 19 des Gesetzes soll eine Begründung enthalten, die eine Prüfung ermöglicht, ob die Verwendung wirtschaftlich sinnvoll ist. Die Begründung soll Angaben darüber ent-

halten, ob das Grundstück, auf dem die Aufbaugrundschuld lastet, ein Wohn- oder Betriebsgrundstück oder ein gemischt-genutztes Grundstück ist.

(2) Dem Antrag sind beizufügen:

a) Der Kreditvertrag, der die Grundlage für die Verwendung der Aufbaugrundschuld bildet.

b) Ein Grundbuchauszug für das Grundstück, auf dem die Aufbaugrundschuld lastet, über die verfügt werden soll.

c) Eine Abschrift des letzten Einheitswertbescheides für das Grundstück.

d) In den Fällen des § 19 Absatz 2 Satz 2 Buchstabe a des Gesetzes, soweit nicht bereits ein Förderungsschein erteilt ist, eine schriftliche Erklärung des zuständigen Bezirksamtes, Abteilung Bau- und Wohnungswesen — Amt für Aufbau —, über Art und Umfang der Bauarbeiten, die der Herstellung, Wiederherstellung oder Erhaltung des Wohngebäudes dienen und über die ungefähre Höhe des aufzuwendenden Kostenbetrages. An Stelle einer solchen Erklärung kann, soweit die auszuführenden Bauarbeiten baupolizeilich genehmigungspflichtig sind, der Bauschein und Baufreigabebescheid beigefügt werden.

(3) Sollen Aufbaugrundschulden, die auf einem überwiegend für Wohnzwecke bestimmten Grundstück lasten, für Zwecke nach § 19 Absatz 2 Satz 2 Buchstabe b oder c verwendet werden, so ist durch Bericht eines öffentlich bestellten Bausachverständigen oder auf andere Weise der Nachweis zu erbringen, ob und in welchem Umfang noch Wiederherstellungs-, Instandsetzungs- oder Instandhaltungsarbeiten auf dem in Betracht kommenden Wohngrundstück auszuführen sind.

(4) Die nach § 19 Absatz 3 des Gesetzes für die Erteilung der Genehmigung zuständige Behörde kann weitere Unterlagen verlangen.

§ 6

(1) Sind im Grundbuch mehrere Grundpfandrechte eingetragen, auf die § 24 Absatz 1 Satz 1 des Gesetzes Anwendung findet, so bestimmt sich die Reihenfolge, in welcher diese Grundpfandrechte an die Stelle der Aufbaugrundschuld treten, nach der Rangfolge, die sich für sie aus dem Grundbuch ergibt.

(2) Wird der Rangwechsel eines von mehreren Grundpfandrechten, auf die § 24 Absatz 1 Satz 1 des Gesetzes Anwendung findet, nicht wirksam, so treten die anderen Grundpfandrechte nach § 24 des Gesetzes an die Stelle dieses Grundpfandrechtes in der Reihenfolge, die sich für ihre Rangfolge aus dem Grundbuch ergibt.

§ 7

Der Gläubiger eines Grundpfandrechtes, das nach § 24 des Gesetzes an die Stelle der Aufbaugrundschuld tritt, ist Beteiligter im Sinne von § 9 Absatz 1 Satz 1 des Gesetzes. Auf seinen Antrag findet das Verfahren nach § 9 des Gesetzes auch dann statt, wenn Eigentümer und Gläubiger des umgestellten Rechtes die nach § 8 des Gesetzes erforderliche Bewilligung verweigern.

§ 8

Diese Durchführungsverordnung tritt am Tage nach ihrer Verkündung im Gesetz- und Verordnungsblatt für Berlin in Kraft.

3.

Begründung zur Ersten Durchführungsverordnung zum Gesetz über die Umstellung von Grundpfandrechten und über Aufbaugrundschulden

I. Nach § 25 des Gesetzes über die Umstellung von Grundpfandrechten und über Aufbaugrundschulden vom 9. Januar 1951 — VOBl. I S. 71 — erläßt der Magistrat — jetzt der Senat — die zur Durchführung dieses Gesetzes erforderlichen Vorschriften. Das Gesetz über die Umstellung von Grundpfandrechten und über Aufbaugrundschulden — im folgenden GUG (Grundpfandrechtumstellungsgesetz) genannt — regelt ein schwieriges Rechtsgebiet und ist insbesondere für das gesamte Wirtschaftsleben in Berlin von erheblicher Tragweite. Bereits bei den Beratungen des Gesetzes selbst ist zum Ausdruck gekommen, daß aus diesem Grund die fortschreitende wirtschaftliche Entwickelung Durchführungsvorschriften zu dem Gesetz in größerem Umfang erforderlich machen wird. Die gleiche Erscheinung ist bei dem, die entsprechende Rechtslage im Bundesgebiet regelnden, Gesetz zur Sicherung von Forderungen für den Lastenausgleich vom 2. September 1948 zu beobachten, bei welchem auch das Schwergewicht in der Ersten und Zweiten Durchführungsverordnung vom 7. September 1948 bzw. 8. August 1949 liegt. Es ist in Berlin schon kurze Zeit nach Verkündung des GUG (1. Februar 1951) das Bedürfnis nach einer Durchführungsverordnung aufgetreten, in welcher eine Reihe von Fragen geregelt werden müssen, die sich aus der Anwendung des Gesetzes ergeben haben. Die Regelung dieser Fragen ist dringlich, da sonst auf dem wichtigen Gebiet des Kreditwesens eine Rechtsunsicherheit entstehen würde. Es kann deshalb nicht abgewartet werden, bis weitere zu regelnde Fragen auftauchen. Da dies jedoch mit Sicherheit anzunehmen ist, ist von vornherein diese Durchführungsverordnung als „Erste" bezeichnet worden.

II. Zu den einzelnen Vorschriften der Durchführungsverordnung:

1. **Zu § 1:**

§ 1 behandelt die Frage, welche Wirkungen für die Aufbaugrundschuld ein Wechsel des Eigentums an dem Grundstück hat, auf dem sie lastet. Das Gesetz geht erkennbar davon aus, daß die Aufbaugrundschuld stets Eigentümergrundschuld ist. Dies ergibt sich insbesondere aus § 19, wonach der „Eigentümer" zur Verfügung über die Aufbaugrundschuld einer Genehmigung bedarf, und aus § 20, wonach Zwangsvollstreckungsmaßnahmen bestimmten Beschränkungen unterworfen sind, weil die Aufbaugrundschuld „Eigentümer"grundschuld ist. In zwei Fällen des Eigentumswechsels am Grundstück ist im Gesetz auch bereits ausdrücklich bestimmt, daß die Aufbaugrundschuld Eigentümergrundschuld bleibt und als solche auf den neuen Eigentümer übergeht: Im Falle der Zwangsversteigerung des mit der Aufgrundschuld belasteten Grundstückes geht diese als Aufbaugrundschuld auf den Ersteher über (§ 20 Buchstabe c). Im Falle der freihändigen Veräußerung des Grundstücks, das mit der Aufbaugrundschuld belastet ist, im Konkursverfahren des Eigentümers geht die Aufbaugrundschuld gleichfalls auf den Erwerber über (§ 20 Buchstabe e). Es ist aber gleichwohl auch die Auffassung vertreten worden, daß bei einer Veräußerung des Grundstücks das Gläubigerrecht aus der Aufbaugrundschuld dem Veräußerer verbleibt, während die Haftung für die Aufbaugrundschuld mit dem Grundstück auf den Erwerber übergeht, wenn nicht etwas Abweichendes vereinbart ist, d. h. auch das Gläubigerrecht ausdrücklich gesondert an den Erwerber abgetreten wird. Diese Auffassung würde zu unüberwindlichen Schwierigkeiten führen. Es sind Grundstücke vor der Verkündung des GUG (1. 2. 1951), aber nach Entstehung der Aufbaugrundschuld (25. 6. 1948) veräußert worden. In diesen Fällen haben die Parteien von der Entstehung der Aufbaugrundschuld keine Kenntnis gehabt. Sie haben also wegen eines Überganges der Aufbaugrundschuld nichts vereinbaren können. Das etwaige Verbleiben des Gläubigerrechtes bei dem Veräußerer hat aber im Kaufpreis infolge der Unkenntnis der Parteien keinen Ausdruck gefunden. Es würden daher unter Umständen in diesen Fällen jetzt Rechtsmängelansprüche oder Bereicherungsansprüche des Erwerbers gegen den Veräußerer bestehen. Vereinbaren die Parteien bei Grundstücksveräußerungen nach Verkündung des GUG einen Übergang auch des Gläubigerrechtes aus der Aufbaugrundschuld auf den Erwerber, so würde eine solche Vereinbarung als Verfügung über die Aufbaugrundschuld wahrscheinlich einer Genehmigung nach § 19 GUG bedürfen. Dies würde bedeuten, daß fast alle Grundstückskaufverträge genehmigungspflichtig werden würden. Außerdem könnte möglicherweise angenommen werden, daß eine solche Abtretung des Gläubigerrechtes aus der Aufbaugrundschuld an den Erwerber die Rechtsfolge des § 21 GUG auslöst, d. h. daß die Aufbaugrundschuld zur freiverfügbaren Eigentümergrundschuld wird. Vereinbaren die Parteien einen solchen Übergang des Gläubigerrechtes aus der Aufbaugrundschuld auf den Erwerber nicht oder ist in den Fällen der Veräußerung vor Verkündung des GUG das Gläubigerrecht bei dem Veräußerer verblieben, so könnte zweifelhaft sein, ob die Verfügung über eine solche Aufbaugrundschuld weiterhin genehmigungspflichtig ist, weil § 19 GUG davon spricht, daß der Eigentümer der Genehmigung bedarf, der Veräußerer aber nicht mehr Eigentümer ist. Es könnte weiterhin zweifelhaft sein, ob in solchen Fällen § 20 GUG Anwendung findet, weil auch diese Vorschrift nur von dem Eigentümer spricht, mindestens können die Buchstaben c und e des § 20 GUG bei solchen Aufbaugrundschulden, deren Gläubigerrecht bei dem Veräußerer verblieben wäre, nicht mehr angewendet werden, weil sie nur für die Zwangsversteigerung des Grundstücks bzw. für den Konkurs des Grundstückseigentümers gelten, solange die Aufbaugrundschuld Eigentümergrundschuld ist. Eine Trennung des Gläubigerrechtes und der Haftung bei der Aufbaugrundschuld könnte auch unter Umständen für die spätere Hypothekengewinnabgabe nach dem Lastenausgleichsgesetz von verhängnisvoller Wirkung sein. Aus allen diesen Gründen ist daher entsprechend dem Sinn des Gesetzes in § 1 der Durchführungsverordnung zur Klarstellung bestimmt, daß die Aufbaugrundschuld bei einem Eigentumswechsel am Grundstück stets auf den Rechtsnachfolger im Eigentum übergeht, d. h. als Eigentümergrundschuld auf dem Grundstück haften bleibt, und zwar dann, wenn der Eigentumswechsel nach dem 24. Juni 1948 stattgefunden hat oder stattfindet, da die Aufbaugrundschuld am 25. Juni 1948 entstanden ist (§ 13, § 26 Absatz 1 GUG). Damit werden Rechtsmängel- oder Bereicherungsansprüche eines Erwerbers überflüssig.

2. **Zu § 2:**

Nach § 11 Absatz 2 GUG in der Fassung der Magistratsvorlage Nr. 1297 und der Stadtverordnetendrucksache Nr. 760 war davon ausgegangen, daß bei einer Löschung des umgestellten Rechtes zwischen dem Währungsstichtag und der Verkündung des GUG keine Aufbaugrundschuld entstehen sollte. Diese Vorschrift ist späterhin gestrichen und in das Gesetz nicht aufgenommen worden. Nach § 13 Absatz 1 und § 13 Absatz 3 GUG entsteht nunmehr auch in diesen Fällen eine Aufbaugrundschuld, jedoch sind die Vorschriften über Eintragung der Aufbaugrundschuld im Grundbuch nicht mit dieser Änderung abgestimmt worden. Infolgdessen enthalten § 14 und § 15 GUG Vorschriften über die Eintragung der Aufbaugrundschuld nur für die Fälle, daß die Umstellung des Stammrechtes eingetragen wird oder daß das umgestellte Recht nach der Verkündung des Gesetzes gelöscht wird oder daß die Umstellung des Stammrechtes vor der Verkündung des Gesetzes eingetragen worden ist. Es fehlt jedoch eine Vorschrift für den Fall, daß das umgestellte Recht vor der Verkündung des Gesetzes gelöscht worden ist. In diesem Fall müssen die Grundsätze des § 15 Anwendung finden. Dies ist in § 2 der Durchführungsverordnung niedergelegt.

3. **Zu § 3:**

Es hat sich als zweckmäßig erwiesen, gewisse Gruppen von Verfügungen über Aufbaugrundschulden zur Erleichterung des Rechtsverkehrs allgemein zu genehmigen.

a) Bereits bei den Beratungen des Gesetzes ist die Frage erörtert worden, ob es notwendig ist, die Fälle des sogenannten einheitlichen Rechtes zu regeln. Solange Grundpfandrechte bestehen, ist der Versuch gemacht worden, aus mehreren Grundpfandrechten, die in unmittelbarer Rangfolge für denselben Gläubiger eingetragen sind, ein einheitliches Recht zu bilden. Die Gerichte haben dies früher vielfach abgelehnt. Erst seit der grundlegenden Entscheidung des Reichsgerichts vom 27. Juni 1934 in Band 145 Seite 47 der Entscheidungen des Reichsgerichts in Zivilsachen ist in solchen Fällen die Bildung eines Einheitsrechtes im Wege der Parteivereinbarung allgemein zugelassen worden. Nach § 8 der Ersten Durchführungsverordnung zum Gesetz zur Sicherung von Forderungen für den Lastenausgleich gelten mehrere Rechte in Ansehung ihrer Rangverhältnisses zur Umstellungsgrundschuld als einheitliches Recht, wenn sie in unmittelbarer Rangfolge zugunsten desselben Gläubigers eingetragen sind. Für das Bundesgebiet erschien diese Regelung zweckmäßig und angängig, weil dort Gläubiger der Umstellungsgrundschuld die Öffentliche Hand ist, für die keine wesentlichen Bedenken zu bestehen brauchen, kraft Gesetzes mit dem Rang der Umstellungsgrundschuld verschlechtert zu werden, d. h. hinter alle umgestellten Rechte rücken zu müssen. In Berlin jedoch ist Gläubiger der Aufbaugrundschuld der Eigentümer. Hier würde also der Rang des Eigentümers mit der Aufbaugrundschuld verschlechtert. Dies würde dann nicht bedenklich sein, wenn eine normale Kreditmarktlage bestünde, d. h. wenn der Eigentümer damit rechnen könnte, von dem Gläubiger der umgestellten Rechte auch den Kredit für die Aufbaugrundschuld zu erhalten. Bei der heutigen Kreditmarktlage kann jedoch damit nicht gerechnet werden, sondern der Eigentümer wird gerade den Rang der Aufbaugrundschuld benötigen, um vielleicht von mehreren Kreditgebern verschiedene Kredite zu erhalten. Es ist zuzugeben, daß § 7 Absatz 1 Satz 3 des Aufwertungsgesetzes eine ähnliche Vorschrift über die gesetzliche Bildung von Einheitsrechten enthält. Auch damals aber war die Kreditgewährung nicht derartig schwierig wie heute, so daß die Bedenken gegen eine solche Vorschrift geringer gewesen sein mögen. Während der Ausschußberatungen des Gesetzes ist von verschiedenen Seiten, insbesondere aus den Kreisen der Kreditinstitute, der Wunsch nach der Bildung eines Einheitsrechtes an den Ausschuß herangetragen worden. Aus den oben dargestellten Gründen jedoch hat keine der im Ausschuß vertretenen Parteien einen entsprechenden Antrag gestellt. Es ist daher die Aufnahme einer derartigen Vorschrift in das Gesetz unterblieben Aus Kreisen des Kreditwesens und des Versicherungswesens ist jetzt erneut angeregt worden, eine entsprechende Vorschrift in die Durchführungsverordnung aufzunehmen. Es ist dabei insbesondere auf § 11 des Hypothekenbankgesetzes hingewiesen worden. Danach ist eine Beleihung für Hypothekenbanken der Regel nach nur zu erster Stelle zulässig. Wenn bisher beispielsweise drei Grundpfandrechte in unmittelbarer Rangfolge zugunsten einer Hypothekenbank eingetragen gewesen sind und diese Grundpfandrechte 10 : 1 umgestellt sind, so schiebt sich jetzt nach § 13 GUG hinter jedes umgestellte Grundpfandrecht die Aufbaugrundschuld. Diese drei umgestellten Grundpfandrechte sind demnach nicht mehr erststellig im Sinne von § 11 Hypothekenbankgesetz. Es handelt sich jedoch dabei um eine Vorschrift, nach welcher „in der Regel" keine andere Beleihung erfolgen soll. Hier ist die anders geartete Beleihung durch späteres Gesetz eingetreten; sie enthält also keinen Verstoß der Hypothekenbanken gegen ihre Pflichten. Außerdem hat der Rang und der Wert der umgestellten Rechte durch das Dazwischentreten der Aufbaugrundschulden nicht gelitten, denn diese stehen in genau demselben Rang und belasten genau die gleiche Wertparzelle des Grundstücks wie früher. Schließlich aber zwingt folgender Gedanke dazu, von einer gesetzlichen Regelung des Einheitsrechtes im gegenwärtigen Zeitpunkt abzusehen: Nach § 24 GUG treten Grundpfandrechte, die vor der Verkündung des GUG an bereitester Stelle eingetragen worden sind, mit dem 2. Februar 1951 (§ 26 Absatz 2 GUG) an die Stelle der Aufbaugrundschuld. Dies ist bereits in weitaus größerem Umfang geschehen als gemeinhin angenommen wird. Es ist auf dem Wohnungsbausektor in Höhe von mindestens 42 Millionen DM, auf dem Industriesektor in Höhe von etwa 200 Millionen DM geschehen. Der Eintritt dieser Rechte in den Rang der Aufbaugrundschuld ist, wie betont werden muß, kraft Gesetzes bereits erfolgt; seine Wirksamkeit ist schwebend bis zur Eintragung auf Grund einer Bescheinigung nach § 24 Absatz 2 GUG. Wenn man jetzt kraft Gesetzes Einheitsrechte oder einheitliche Ränge schaffen wollte, so würde man nicht den Rang der Aufbaugrundschuld als Eigentümergrundschuld, sondern den Rang von Fremdgrundpfandrechten verschlechtern. Dies würde ein Eingriff in bereits erworbene Rechte Dritter sein, der in keinem Fall zu vertreten wäre und wohl auch nicht im Wege einer Durchführungsverordnung erfolgen könnte. Soweit jedoch die Aufbaugrundschuld noch Eigentümergrundschuld ist, bleibt es dem Gläubiger von mehreren umgestellten Rechten, die in unmittelbarer Rangfolge eingetragen waren, unbenommen, im Wege der Vereinbarung mit dem Eigentümer ein Einheitsrecht zu schaffen, wie dies auch die Reichsgerichtsentscheidung im 145. Bande vorsieht. Eine solche Vereinbarung enthält jedoch eine nach § 19 GUG genehmigungspflichtige Verfügung über die Aufbaugrundschulden, weil diese ihren Rang ändern. Es erscheint vertretbar, derartige Vereinbarungen dadurch zu erleichtern, daß man solche Verfügungen allgemein genehmigt. Dies ist in Buchstabe a des § 3 geschehen.

b) Es hat sich in der Praxis gezeigt, daß in größerem Umfang nach der Rückzahlung von Grundpfandrechten Zwerg-Aufbaugrundschulden von mitunter nur wenigen DM übriggeblieben sind. An einer Verwendung derartiger Aufbaugrundschulden mit einem Nennbetrag von unter 200 DM besteht kein wirtschaftliches Interesse, meist wird der Eigentümer auf sie verzichten wollen. Zur Entlastung der mit der Erteilung der Genehmigung betrauten Behörden erscheint es zweckmäßig, die Verfügung über solche Zwerg-Aufbaugrundschulden allgemein zu genehmigen. Dies ist in Buchstabe b des § 3 geschehen.

4. **Zu § 4:**

Nach § 19 Absatz 2 Satz 1 soll die Genehmigung eine wirtschaftlich sinnvolle Verwendung der Aufbaugrundschuld sicherstellen. Es ist die Auffassung zutage getreten, daß die genehmigenden Behörden die wirtschaftlich sinnvolle Verwendung nicht zu prüfen haben, wenn einer der Fälle des § 19 Absatz 2 Satz 2 Buchstabe a bis c vorliegt. Diese Auffassung wird nicht geteilt. Auch in diesen Fällen kann unter Umständen eine Verwendung nicht wirtschaftlich sinnvoll sein, und auch diese Fälle stehen unter dem Obersatz des § 19 Absatz 2 Satz 1. Der wirtschaftliche Sinn wird insbesondere dann unter Umständen verneint werden können, wenn der Gegenwert der Aufbaugrundschuld außerhalb von Berlin (West) verwendet werden soll. Um klarzustellen, daß auch in solchen Fällen der wirtschaftliche Sinn geprüft werden muß, bestimmt § 4, daß die genehmigenden Behörden die Befugnis haben, die Genehmigung in den Fällen des § 19 Absatz 2 zu verweigern, wenn die Verwendung des Gegenwertes außerhalb von Berlin (West) erfolgen soll.

5. **Zu § 5:**

§ 5 bestimmt, welche Angaben den genehmigenden Behörden zu erstatten und welche Unterlagen ihnen einzureichen sind, damit sie die wirtschaftlich sinnvolle Verwendung prüfen können. Absatz 1 Satz 2 und Absatz 2 Buchstabe d sowie Absatz 3 des § 5 sind insbesondere von Bedeutung für die nach § 19 Absatz 3 letzter Halbsatz der Senatsverwaltung für Bau- und Wohnungswesen obliegenden Vorprüfung, ob etwa die Aufbaugrundschuld zur Wiederherstellung eines Wohngebäudes notwendig ist oder ob sie für die Entscheidung durch die Senatsverwaltung für Wirtschaft und Ernährung über eine Verwendung nach § 19 Absatz 2 Satz 2 Buchstabe b und c oder für sonstige Fälle freigegeben werden kann.

6. **Zu § 6:**

Es sind Zweifel aufgetaucht, in welcher Reihenfolge mehrere zwischen dem Währungsstichtag und der Verkündung des GUG eingetragene Gläubiger an Stelle der Aufbaugrundschuld nach § 24 GUG treten. Es liegt auf der Hand, daß sich diese Reihenfolge nicht danach richten kann, welcher der Gläubiger als erster den entsprechenden Eintragungsantrag stellt (§ 45 GBO). Deshalb bestimmt § 6 Absatz 1, daß die Rangfolge entscheidend ist, welche sich aus der bisherigen Eintragung im Grundbuch ergibt. Es kann jedoch sein, daß das Vorrücken eines von mehreren Gläubigern nach § 24 Absatz 2 nicht endgültig wirksam wird, z. B. weil ihm die erforderliche Bescheinigung verweigert wird. In diesem Fall müssen die anderen Gläubiger an seine Stelle rücken können. Dies ist in § 6 Absatz 2 bestimmt.

7. **Zu § 7:**

Der Eintritt eines Gläubigers nach § 24 GUG ist von der vorherigen Eintragung der Umstellung abhängig. Die Eintragung der Umstellung erfolgt nach § 8 auf Grund von Bewilligungen des Eigentümers und des Gläubigers des umgestellten Rechtes. Wenn einer der Beteiligten die Bewilligung verweigert, so entscheidet auf Antrag eines Beteiligten nach § 9 GUG das Amtsgericht über die Umstellung. Es könnte sein, daß der Eigentümer und der Gläubiger des umgestellten Rechtes kein Interesse daran haben, ein Verfahren wegen Eintragung der Umstellung in Gang zu bringen, das lediglich dem Vorteil eines Dritten, nämlich des Gläubigers des neuen, an bereitester Stelle eingetragenen und an Stelle der Aufbaugrundschuld tretenden Rechtes dienen soll. Dieser ist in diesem Fall nicht Betroffener im Sinne von § 13 Absatz 2 Grundbuchordnung. Dies sind nur der Eigentümer und der Gläubiger des umgestellten Rechtes. Der Gläubiger des späteren Rechtes wird jedoch Beteiligter im Sinne des Gesetzes über Angelegenheiten der freiwilligen Gerichtsbarkeit (§ 20) sein. Dieser Begriff wird auch für den Begriff des Beteiligten im Sinne des § 9 GUG maßgebend sein. Da dies jedoch zu Zweifeln Anlaß geben kann, empfiehlt sich eine Klarstellung in der Durchführungsverordnung. Dies ist in § 7 Satz 1 geschehen. Auch der Gläubiger des neuen Rechtes erhält damit die Möglichkeit, das Verfahren nach § 9 GUG in Gang zu bringen. Diese Vorschrift spricht jedoch nur davon, daß einer der Beteiligten die Bewilligung verweigert. In dem hier zur Erörterung stehenden Fall können unter Umständen beide anderen Beteiligten die Abgabe der erforderlichen Erklärungen verweigern. Es empfiehlt sich daher, weiterhin klarzustellen, daß auch in diesem Fall das Verfahren nach § 9 GUG stattfindet. Dies ist in § 7 Satz 2 geschehen.

8. **Zu § 8:**

§ 8 enthält den Zeitpunkt des Inkrafttretens.

4.

Allgemeine Verfügung des Senators für Justiz betreffend die geschäftliche Behandlung der Anträge nach § 9 des Gesetzes über die Umstellung der Grundpfandrechte und über Aufbaugrundschulden

Vom 19. März 1951

— Verordnungsblatt für Berlin 1951 Teil II Seite 369 —

(1) Die auf Grund des § 9 Grundpfandrechtumstellungsgesetz bei dem Amtsgericht eingehenden Anträge auf Entscheidung über die Umstellung von Hypotheken, Grundschulden, Rentenschulden oder Reallasten werden unter jährlich fortlaufenden Nummern in ein nach dem anliegenden Muster zu führendes „Register für Umstellungsverfahren" eingetragen.

(2) Wird auf Beschwerde eine Sache zur anderweitigen Verhandlung zurückverwiesen, so unterbleibt eine Neueintragung in das Register. Das Namensverzeichnis zum Register ist nach Antragsteller und Antragsgegner geordnet zu führen. Anlegung in Karteiform ist zulässig. Termine in Umstellungssachen sind in den Geschäftskalender einzutragen.

(3) Für jede Umstellungssache sind Akten anzulegen, auf deren Umschlag das Aktenzeichen, die Namen der am Verfahren Beteiligten und das Amtsgericht anzugeben sind. Das Aktenzeichen wird gebildet durch die Nummer der Abt. des Amtsgerichts, das Registerzeichen Umst. und die Nummer im Register nebst Jahreszahl.

(4) Die geschäftliche Behandlung der sofortigen Beschwerden und der sofortigen weiteren Beschwerden bei dem Landgericht und bei dem Kammergericht (§ 9 Absatz 3 Grundpfandrechtumstellungsgesetz) richtet sich nach § 39 der Aktenordnung mit der Maßgabe, daß je ein „Beschwerderegister für Umstellungsverfahren" zu führen ist. Dieses hat unter jährlich fortlaufenden Nummern zu enthalten: die Bezeichnung der Beschwerdesache (durch Angabe des Gerichts, dessen Entscheidung angefochten ist, und der angefochtenen Entscheidung nach Tag und Registernummer), den Tag des Eingangs der Beschwerde und den Tag sowie die Art der Erledigung.

(5) Das Aktenzeichen der sofortigen Beschwerden wird durch die Nummer der Kammer des Landgerichts, das Registerzeichen T-Umst. und die Nummer im Beschwerderegister unter Beifügung der Jahreszahl gebildet (z. B.: 28 T-Umst. 1/51).

Das Aktenzeichen der sofortigen weiteren Beschwerden wird durch die Nummer des Senats bei dem Kammergericht, das Registerzeichen W-Umst. und die Nummer im Beschwerderegister unter Beifügung der Jahreszahl gebildet (z. B.: 1 W-Umst. 2/51).

Hinsichtlich des alphabetischen Namensverzeichnisses über die sofortigen Beschwerden gilt § 13 Absatz 7 der Aktenordnung sinngemäß.

(6) Die vorstehenden Vorschriften treten mit sofortiger Wirkung in Kraft.

5.

Allgemeine Verfügung des Senators für Justiz betreffend die Eintragung der Umstellung von Grundpfandrechten und die Eintragung von Aufbaugrundschulden

Vom 31. März 1951

— Amtsblatt für Berlin 1951 Seite 11 —

Für die Eintragung der Umstellung von Grundpfandrechten und die Eintragung von Aufbaugrundschulden auf Grund des Grundpfandrechtumstellungsgesetzes — GUG — vom 9. Januar 1951 — VOBl. I S. 71 — wird in Ergänzung und teilweiser Abänderung der Allgemeinen Verfügung des Reichsministers der Justiz vom 8. August 1935 — RMBl. S. 637 — folgendes bestimmt:

I. Die Eintragung der Umstellung erfolgt in den Spalten 5 bis 7 der dritten Abteilung des Grundbuchs.
   a) Der in Spalte 7 einzutragende Umstellungsvermerk lautet: „Umgestellt auf . . . . . Deutsche Mark der Bank deutscher Länder".
   b) In Spalte 6 ist der Reichsmarkbetrag und der DM-Betrag des umgestellten Grundpfandrechtes einzutragen.

II. Der DM-Betrag des umgestellten Grundpfandrechtes ist auch in Spalte 3 der dritten Abteilung des Grundbuches einzutragen.

III. Die Aufbaugrundschuld ist in den Spalten 1 bis 4 der dritten Abteilung des Grundbuchs einzutragen.
   a) Die Aufbaugrundschuld ist bei der Eintragung in Spalte 4 als solche zu bezeichnen.
   b) Nach dieser Bezeichnung ist in Klammern die laufende Nummer des Rechtes aus Spalte 1 anzugeben, durch dessen Umstellung die Aufbaugrundschuld entstanden ist.
   c) Bei Eintragung der Aufbaugrundschuld ist für ihre Entstehung auf das Grundpfandrechtumstellungsgesetz Bezug zu nehmen.
   d) Bei der Aufbaugrundschuld ist der Zinssatz einzutragen.
   e) Wegen der Zins- und Kündigungsbedingungen kann auf das umgestellte Recht Bezug genommen werden.

f) Die Verfügungsbeschränkung nach § 19 GUG ist bei der Aufbaugrundschuld in Spalte 4 einzutragen.

g) Das Rangverhältnis der Aufbaugrundschuld ist bei ihrer Eintragung durch entsprechende Angaben in Spalte 4 eindeutig klarzustellen.

h) Die Brieflosigkeit ist in Spalte 4 zu vermerken.

(Beispiel für die Eintragung einer Aufbaugrundschuld, die durch die Umstellung eines an erster Stelle stehendes Rechtes von 40 000 DM entstanden ist, wenn nach diesem drei weitere Rechte eingetragen sind:

„Sechsunddreißigtausend Deutsche Mark der Bank deutscher Länder Aufbaugrundschuld (III, 1) mit fünfeinhalb vom Hundert jährlich verzinslich nach Maßgabe des Grundpfandrechtumstellungsgesetzes für den (Name des Eigentümers). Über diese Post kann nur mit Genehmigung des Senats verfügt werden. Mit dem Range nach der Post Nr. 1 und vor den Posten Nr. 2, 3 und 4 unter Bezugnahme auf die Zins- und Kündigungsbedingungen der Post Nr. 1 von Amts wegen brieflos eingetragen am 1. März 1951.")

IV. Bei allen Grundpfandrechten, die vor der Aufbaugrundschuld in Spalte 4 bereits eingetragen sind, ist ihr Rangverhältnis zur Aufbaugrundschuld, soweit sie ihr im Range nachstehen, in den Spalten 5 bis 7 der dritten Abteilung des Grundbuchs einzutragen.

a) Die Eintragung in Spalte 7 lautet: „Nebenstehende Posten haben den Rang nach der Post Nr. . . . . . (lfd. Nr. der Aufbaugrundschuld aus Spalte 1) . . . . ."

b) Handelt es sich bei den von dieser Eintragung betroffenen, der Aufbaugrundschuld im Range nachstehenden Grundpfandrechten um solche, für die Briefe ausgestellt sind, so braucht eine entsprechende Eintragung auf den Briefen nur zu erfolgen, wenn die Inhaber der Briefe einer Aufforderung zur Vorlage freiwillig nachkommen. Die Eintragung im Grundbuch hat vor der Vorlage der Briefe zu erfolgen und ist von ihr nicht abhängig.

V. Entsteht infolge der Umstellung eines Gesamtgrundpfandrechtes eine Gesamtaufbaugrundschuld, so ist die Mitbelastung mit der Aufbaugrundschuld auf dem Blatte jedes Grundstückes einzutragen. Entsprechendes gilt für die Eintragung von Veränderungen der Gesamtaufbaugrundschuld. Für den Fall, daß nicht ein Grundbuchamt alle beteiligten Grundbuchblätter bearbeitet, gilt § 30 der Allgemeinen Verfügung des Reichsministers der Justiz vom 25. Februar 1936 — Deutsche Justiz S. 350 —.

VI. Ist im Zeitpunkt der Eintragung der Aufbaugrundschuld über diese verfügt oder wird gleichzeitig über sie verfügt, insbesondere durch Abtretung, so ist die Verfügung bei der Aufbaugrundschuld in Spalte 4 der dritten Abteilung des Grundbuchs einzutragen; zuvor ist der Name desjenigen einzutragen, für den die Aufbaugrundschuld vor der Verfügung entstanden ist Die Genehmigung zur Verfügung ist anzugeben. Für die Eintragung des Rangverhältnisses der der Aufbaugrundschuld nachstehenden Rechte gilt auch in diesem Fall Abschnitt IV.

(Beispiel für die Eintragung einer Aufbaugrundschuld, die durch die Umstellung eines an dritter Stelle stehenden Rechtes von 10 000 RM entstanden ist, wenn vor diesem ein 10 : 1 umgestelltes Recht nebst Aufbaugrundschuld entsprechend dem Beispiel zu Abschnitt III, weiter ein 1 : 1 umgestelltes Recht, und nach ihm ein weiteres Recht an vierter Stelle eingetragen ist:

„Neuntausend Deutsche Mark der Bank deutscher Länder Aufbaugrundschuld (III, 3) mit sechs vom Hundert jährlich verzinslich nach Maßgabe des Grundpfandrechtumstellungsgesetzes, die zunächst dem (Name des Eigentümers) zugestanden hat und am 10. August 1951 mit Genehmigung des Senats vom 1. August 1951 an die BBank AG in Berlin abgetreten worden ist. Mit dem Range nach den Posten Nr. 1, 5. 2, 3 und vor der Post Nr. 4 unter Bezugnahme auf die Zins- und Kündigungsbedingungen der Post Nr. 3 brieflos eingetragen am 10. September 1951.")

VII. Tritt ein Grundpfandrecht nach § 24 GUG an die Stelle einer Aufbaugrundschuld, so ist dies in den Spalten 5 bis 7 der dritten Abteilung des Grundbuchs einzutragen.

a) Die Eintragung in Spalte 7 lautet: „Die Post Nr. . . . . . (lfd. Nr. vortretenden Post aus Spalte 1) . . . . . hat nebst Zinsen in Höhe von . . . . . gemäß § 24 Grundpfandrechtumstellungsgesetz den Rang vor den Posten Nr. . . . . . . (lfd. Nr. der Aufbaugrundschuld, an deren Stelle das Recht tritt, und der anderen Rechte, die ihm bisher im Range vorangegangen sind).

b) Handelt es sich bei den Grundpfandrechten, vor welche das nach § 24 GUG an die Stelle der Aufbaugrundschuld tretende Recht rückt, um solche, für die Briefe ausgestellt sind, so gilt Abschnitt IV Buchstabe b.

c) Gleichzeitig ist das nach § 24 Absatz 1 Satz 2 GUG eintretende Erlöschen der Aufbaugrundschuld in den Spalten 8 bis 10 der dritten Abteilung des Grundbuchs einzutragen.

d) Die Eintragung in Spalte 10 lautet: „. . . . . . (Betrag der Aufbaugrundschuld) . . . . . . gemäß § 24 des Grundpfandrechtumstellungsgesetzes gelöscht am . . . . ."

VIII. Im übrigen gelten die Bestimmungen der Allgemeinen Verfügung des Reichsministers der Justiz vom 8. August 1935 — RMBl. S. 637 —.

IX. Soweit vor dieser Allgemeinen Verfügung Eintragungen in anderer Weise erfolgt sind, behält es dabei sein Bewenden.

Teil II

Gesetzgebung im Bundesgebiet
über die
Umstellung der Grundpfandrechte

1.

Vierzigste Durchführungsverordnung zum Umstellungsgesetz

(Umstellung von Hypotheken, Grundschulden, Rentenschulden und Reallasten)

— Bundesanzeiger 1949 Nr. 11 —

Auf Grund von § 34 Abs. 4 des Dritten Gesetzes zur Neuordnung des Geldwesens (Umstellungsgesetz) wird hiermit verordnet:

Artikel I

§ 1

(1) Für die Umstellung von Hypotheken, Grundschulden und Rentenschulden gelten unbeschadet der Bestimmungen des § 2 die Vorschriften über die Umstellung der durch das dingliche Recht gesicherten Forderung.

(2) Auf die Umstellung von Fremdgrundschulden, die nicht zu Sicherungszwecken bestimmt sind, findet § 16 des Umstellungsgesetzes Anwendung, soweit nicht im § 2 etwas anderes bestimmt ist.

§ 2

Mit der Wirkung, daß an die Stelle einer Reichsmark ein Deutsche Mark tritt, werden umgestellt:

1. Hypotheken, Grundschulden und Rentenschulden, wenn die durch das dingliche Recht gesicherte Forderung nicht den Vorschriften des Umstellungsgesetzes unterliegt oder wenn die Forderung nach den Vorschriften des Umstellungsgesetzes erlischt oder nicht auf Deutsche Mark umgestellt wird;
2. Höchstbetragshypotheken und solche Grundschulden, deren Betrag nach den zwischen Gläubiger und Eigentümer bestehenden Vereinbarungen den Höchstbetrag darstellt, bis zu dem das Grundstück für Forderungen haften soll, deren Feststellung im übrigen vorbehalten ist;
3. Hypotheken, Grundschulden und Rentenschulden, soweit sie bei Ablauf des 20. Juni 1948 dem Eigentümer zustanden, sowie Hypotheken, Grundschulden und Rentenschulden, soweit dem Eigentümer bei Ablauf des 20. Juni 1948 gegen ihre Geltendmachung eine Einrede zustand, die sich nicht nur auf den Zeitpunkt der Geltendmachung bezog;

4. Hypotheken, Grundschulden und Rentenschulden, die bei Ablauf des 20. Juni 1948 Angehörigen der Vereinten Nationen (§ 13 Abs. 4 des Umstellungsgesetzes) zustanden oder an Angehörige der Vereinten Nationen verpfändet oder sicherungshalber abgetreten waren;
5. Hypotheken, die lediglich zu dem Zweck bestellt worden sind, um dem Gläubiger der durch sie gesicherten Reichsmarkforderung für eine auf ausländische Währung lautende Forderung Sicherheit zu bieten;
6. Fremdgrundschulden, die nicht zu Sicherungszwecken bestimmt sind,
   a) wenn sie auf einem Rechtsverhältnis der im § 18 Abs. 1 des Umstellungsgesetzes bezeichneten Art beruhen, oder
   b) wenn bei ihnen die Voraussetzungen vorliegen, unter denen eine Reichsmarkverbindlichkeit nach den Vorschriften des Umstellungsgesetzes erlischt oder nicht auf Deutsche Mark umgestellt wird.

§ 3

(1) Wird eine durch Hypothek, Grundschuld oder Rentenschuld gesicherte Forderung, die am 20. Juni 1948 einem Angehörigen der Vereinten Nationen zustand oder an einen Angehörigen der Vereinten Nationen verpfändet oder sicherungshalber abgetreten war, nach den Vorschriften des Umstellungsgesetzes auf einen niedrigeren Betrag umgestellt als nach § 2 Ziffer 4 das dingliche Recht, so hat dies für das dingliche Recht bis zur endgültigen gesetzlichen Regelung des Umstellungsverhältnisses der Reichsmarkverbindlichkeiten gegenüber Angehörigen der Vereinten Nationen nicht die Rechtswirkungen des Erlöschens der Forderung in Höhe des Unterschiedsbetrages.

(2) In den Fällen des § 2 Ziff. 5 geht die Hypothek ohne Rücksicht auf den Umstellungsbetrag der Reichsmarkforderung, für die sie bestellt worden ist, erst in dem Augenblick auf den Eigentümer über, in dem die auf ausländische Währung lautende Forderung erlischt, deren Sicherung der Zweck der Hypothek ist. Soweit dem Eigentümer gegen die Geltendmachung der Hypothek eine Einrede zusteht, weil der Umstellungsbetrag der Hypothek höher ist als der Umstellungsbetrag der Reichsmarkforderung, findet § 1169 des Bürgerlichen Gesetzbuches keine Anwendung.

(3) Durch die Umstellung einer Hypothek, Grundschuld oder Rentenschuld nach den Vorschriften dieser Verordnung werden etwa bestehende Vereinbarungen über die Stellung von Sicherheiten nicht berührt.

(4) Eine nach § 2 Ziff. 6 Buchstabe b) umgestellte Grundschuld geht auf den Eigentümer über, wenn Gläubiger und Eigentümer Geldinstitute im Währungsgebiet sind.

§ 4

Auf Reallasten, die auf Zahlung von Reichsmark, Rentenmark, Goldmark oder Feingold lauten, sind die Vorschriften des ersten und zweiten Abschnitts des Teils II des Umstellungsgesetzes anzuwenden.

Artikel II

§ 5

(1) Zur Eintragung des Umstellungsbetrages in das Grundbuch bedarf es der Bewilligung des Gläubigers und des Eigentümers. Zur Eintragung eines Umstellungsbetrages, der sich auf mehr als eine Deutsche Mark für je zehn Reichsmark beläuft, bedarf es ferner der Zustimmung der Stelle, die mit der Ausübung der Rechte aus der Grundschuld gemäß den Vorschriften zur Sicherung von Forderungen für den Lastenausgleich betraut wäre, wenn eine solche Grundschuld bestünde.

(2) Wird ein Umstellungsbetrag eingetragen, der sich auf mehr als eine Deutsche Mark für je zehn Reichsmark beläuft, und behauptet der Eigentümer, daß die durch das dingliche Recht gesicherte Reichsmarkforderung nach den Vorschriften des Umstellungsgesetzes auf einen niedrigeren Betrag oder überhaupt nicht auf Deutsche Mark umgestellt sei, so ist auf seinen Antrag ein Widerspruch in das Grundbuch einzutragen.

(3) Für die Eintragung des Umstellungsbetrages oder eines Widerspruchs gemäß Abs. 2 in das Grundbuch und für die Beurkundung oder Beglaubigung der hierzu erforderlichen Erklärungen wird die Hälfte der sonst hierfür zu entrichtenden Gebühren erhoben. Geschäftswert ist der Umstellungsbetrag.

§ 6

(1) Besteht Streit oder Ungewißheit über die Umstellung einer Hypothek, Grundschuld oder Rentenschuld oder einer Forderung, nach deren Umstellung sich die Umstellung einer Hypothek, Grundschuld oder Rentenschuld richtet, so entscheidet auf Antrag eines Beteiligten ausschließlich das Amtsgericht im Verfahren der freiwilligen Gerichtsbarkeit. Örtlich zuständig ist ausschließlich das Amtsgericht, in dessen Bezirk das Grundstück gelegen ist; § 36 Ziff. 4 der Zivilprozeßordnung ist entsprechend anzuwenden. Soweit der Streit oder die Ungewißheit die nach den Vorschriften zur Sicherung von Forderungen für den Lastenausgleich entstandene Grundschuld berührt, ist Beteiligter auch die Stelle, die mit der Ausübung der Rechte aus dieser Grundschuld betraut ist.

(2) Richtet sich die Umstellung einer Hypothek, Grundschuld oder Rentenschuld nach der Umstellung einer Forderung, so ist über die Umstellung des dinglichen Rechts und über die Umstellung der Forderung zu entscheiden, auch wenn nur das eine oder andere beantragt ist.

(3) Gegen die Entscheidung des Amtsgerichts findet die sofortige Beschwerde statt. Über die sofortige Beschwerde entscheidet das Landgericht. Gegen die Entscheidung des Beschwerdegerichtes ist die sofortige weitere Beschwerde an das Oberlandesgericht zulässig, wenn die Entscheidung auf einer Verletzung des Gesetzes beruht. § 199 des Reichsgesetzes über die Angelegenheiten der freiwilligen Gerichtsbarkeit ist entsprechend anzuwenden. Die Entscheidung wird mit der Rechtskraft wirksam und ist für die Gerichte und Verwaltungsbehörden bindend.

(4) Das Gericht entscheidet nach freiem Ermessen, wer die Kosten des Verfahrens zu tragen hat. Für die Entscheidung des Gerichts wird in jedem

Rechtszuge eine volle Gebühr (§ 26 der Kostenordnung) erhoben. Der Geschäftswert bestimmt sich nach § 24 der Kostenordnung.

(5) Hängt die Entscheidung in einem nach anderen Vorschriften anhängig gemachten Verfahren von einer Entscheidung gemäß Abs. 1 ab, so ist das Verfahren bis zu dieser Entscheidung auszusetzen.

(6) Erledigt sich ein nach anderen Vorschriften anhängig gemachtes Verfahren durch die im Abs. 1 getroffene Regelung, so sind die Gerichtskosten niederzuschlagen; die außergerichtlichen Kosten der Parteien oder Beteiligten sind als gegeneinander aufgehoben anzusehen.

(7) Wird das Grundbuch nicht vom Amtsgericht geführt, so kann das Land die Entscheidung dem Grundbuchamt übertragen. Gegen die Entscheidung des Grundbuchamtes findet nach den landesgesetzlichen Vorschriften die Anrufung des Amtsgerichtes oder die sofortige Beschwerde an das Landgericht statt. Für die weiteren Rechtsmittel gilt Absatz 3.

Artikel III

§ 7

Die Vorschriften dieser Verordnung sind auf Hypotheken an Schiffen und Schiffsbauwerken und auf Pfandrechte an Bahneinheiten entsprechend anzuwenden.

Artikel IV

§ 8

Der deutsche Wortlaut dieser Verordnung ist maßgebend.

Die Artikel I und III dieser Verordnung treten mit Wirkung von 21. Juni 1948 in Kraft; Artikel II tritt am 1. November 1949 in Kraft.

2.

Begründung zur Vierzigsten Durchführungsverordnung zum Umstellungsgesetz

— Bundesanzeiger 1949 Nr. 11 —

I.

Die Währungsgesetze enthalten keine besonderen Bestimmungen über die Umstellung der Grundpfandrechte (Hypotheken, Grundschulden und Rentenschulden). Es sind zwei Auffassungen denkbar:

1. Anwendung der Vorschriften des Umstellungsgesetzes über die Umstellung der Reichsmarkverbindlichkeiten, d. h. in der Regel Um- 10 : 1,
2. Anwendung des § 2 WG, d. h. Umstellung 1 : 1.

Das kurz nach der Währungsreform erlassene Gesetz zur Sicherung von Forderungen für den Lastenausgleich geht ersichtlich von der ersten Alternative aus; mindestens unterstellt es, daß es Grundpfandrechte geben muß, „die auf Grund von § 16 des Umstellungsgesetzes" umgestellt werden (§ 1 des Gesetzes). Unter dem Eindruck dieses Gesetzes und seiner Genehmigung durch die Militärregierung hat auch das Justizkollegium schon kurze Zeit nach der Währungsreform die Auffassung vertreten, daß die Grundpfandrechte ebenso umgestellt seien wie die gesicherten Forderungen und mangels einer solchen im Verhältnis 10 : 1. Die Stellungnahme des Justizkollegiums ist den Gerichten durch die Justizverwaltungen zur Kenntnis gebracht. In der Praxis der Justizbehörden hat sich diese Auffassung daraufhin naturgemäß weitgehend durchgesetzt.

Vom Standpunkt des bisher geltenden Rechts bestehen gegen diese Auffassung gleichwohl erhebliche Bedenken, die auch in einigen neueren Gerichtsentscheidungen Ausdruck gefunden haben. Das Umstellungsgesetz befaßt sich nur mit den Ansprüchen aus Schuldverhältnissen (§ 13 Abs. 3 UG). Die Anwendung der §§ 16 und 18 des Umstellungsgesetzes auf die Grundpfandrechte, bei denen es sich nicht um schuldrechtliche Ansprüche, sondern um dingliche Rechte handelt, setzt also voraus, daß der Begriff der Schuldverhältnisse im Umstellungsgesetz im Gegensatz zum Bürgerlichen Gesetzbuch solche dinglichen Rechte mitumfaßt. Wortlaut und Zweck des Gesetzes bieten keine ausreichende Grundlage für diese Annahme. Sie würde zudem keineswegs den Schluß rechtfertigen, daß sich die Umstellung der Grundpfandrechte in jedem Fall nach der Umstellung der gesicherten Forderung richten müsse. Faßt man nämlich die Grundschuld selbst als Schuldverhältnis im Sinne des Umstellungsgesetzes auf, so ist das für die Grundschuld maßgebende Umtellungsverhältnis angesichts ihrer abstrakten Natur unabhängig von dem umstellungsrechtlichen Schicksal der gesicherten Forderung und kann nur aus den auf sie selbst zutreffenden gesetzlichen Voraussetzungen für eine Umstellung 10 : 1 oder 1 : 1 entnommen werden. In der Regel würden die Grundschulden daher 10 : 1 umzustellen sein, auch wenn sie beispielsweise der Sicherung von 1 : 1 umgestellten Forderungen aus Miet-, Pacht- oder Werkverträgen dienen. Umgekehrt würde eine am 19. oder 20. Juni bestellte Grundschuld nach § 18 Abs. 1 Ziff. 4 UG im Verhältnis 1 : 1 umzustellen sein, auch wenn die zugrunde liegende Forderung lange Zeit vorher entstanden ist. Ebensowenig würde die Anwendung des Umstellungsgesetzes auf die Grundpfandrechte den Schluß rechtfertigen, daß die Umstellung solcher Grundschulden, die nicht der Sicherung einer persönlichen Forderung dienen, schlechthin der Regel des § 16 UG folgen müsse; vielmehr würde eine am 19. oder 20. Juni oder im Zuge einer Erbauseinandersetzung bestellte forderungslose Grundschuld ebenfalls im Verhältnis 1 : 1 umzustellen sein.

Abgesehen davon läßt die Auffassung, die Grundpfandrechte seien ebenso umzustellen wie die gesicherte Forderung und mangels einer solchen im Verhältnis 10 : 1, eine Reihe von Fragen offen, deren Beantwortung sich bei Zugrundelegung der Alternative zu 2 weitgehend von selbst ergibt. Dies gilt insbesondere für die Frage, wie Eigentümerrechte und zur Sicherung von Valutaforderungen bestimmte Grundpfandrechte umgestellt werden sollen. Hier kann nur eine Umstellung 1 : 1 in Frage kommen. Jede andere Lösung würde eine Beraubung des Eigentümers oder der Gläubiger der gesicherten Valutaforderungen zugunsten der Gläubiger der dadurch in die freiwerdenden Rangstellen einrückenden nachrangigen Rechte bedeuten.

Die Unterordnung der Grundpfandrechte unter das umstellungsrechtliche Schicksal der gesicherten Forderungen hat ferner auch in den Fällen ein ungerechtfertigtes Aufrücken der nachstehenden Rechte zur Folge, in denen die persönliche Forderung nach dem Umstellungsgesetz erlischt (§ 18 Abs. 3 UG). Schließlich führt sie zu dem grundbuchrechtlich und vom Standpunkt des Realkredits höchst unerwünschten Ergebnis, daß ein Grundpfandrecht als Reichsmarkrecht bestehen bleibt, wenn die gesicherte Forderung nach § 14 oder § 15 UG nicht auf Deutsche Mark umgestellt wird.

Aus den vorstehenden Überlegungen ergibt sich, daß die der Alternative zu 1 zugrunde liegende Auffassung nicht nur de lege lata anfechtbar ist, sondern im einzelnen auch erheblichen rechtspolitischen Bedenken begegnet. Im Falle ihrer Anerkennung durch den Gesetzgeber ist daher der Erlaß einer Reihe von Ausnahmevorschriften erforderlich. Aber auch die Alternative zu 2 vermag nicht in allen Fällen zu befriedigen. Die Annahme, daß alle Grundpfandrechte ohne Rücksicht auf das umstellungsrechtliche Schicksal der zugrunde liegenden persönlichen Forderung im Verhältnis 1 : 1 umgestellt seien, wirft zunächst die Frage auf, was bei Umstellung der persönlichen Forderung auf einen niedrigeren Betrag mit dem infolgedessen nicht mehr valutierten Teil des dinglichen Rechts geschehen soll. Mangels besonderer Regelungen würden in diesem Fall die Rechtsvorschriften des bürgerlichen Rechts über die Wirkung des Erlöschens einer Forderung auf die Hypothek und auf die Rechtsbeziehungen zwischen Grundschuldgläubiger und Grundstückseigentümer analog anzuwenden sein. In der Regel würde das bedeuten, daß die Hypothek in Höhe des Unterschiedsbetrages auf den Eigentümer übergehen würde und daß der Eigentümer, wenn es sich um eine Grundschuld handelt, vom Grundschuldgläubiger den Verzicht auf den nicht mehr valutierten Teil der Grundschuld verlangen könnte. Es gibt jedoch zwei wichtige Ausnahmen: Bei den Hauszinssteuer-Abgeltungshypotheken und bei den Schiffshypotheken würde die Hypothek mit dem Erlöschen der persönlichen Forderung untergehen. Es erscheint aber nicht gerechtfertigt, diese Rechtsfolge auch für denjenigen Teil einer Schiffshypothek oder Hauszinssteuer-Abgeltungshypothek eintreten zu lassen, der infolge der Umstellung der persönlichen Forderung auf einen niedrigeren Betrag nicht mehr valutiert. Das würde bedeuten, daß die nachstehenden Rechte lediglich infolge der Währungsreform in eine höhere Rangstelle einrücken. Die Annahme der Alternative zu 2 würde somit, wenn dieses sinnwidrige Ergebnis vermieden werden soll, eine entsprechende Ausnahmevorschrift erforderlich machen.

Auch bei Fremdgrundschulden, denen keine persönliche Forderung zugrunde liegt, führt die Anwendung der Regel des § 2 WG zu unerwünschten Ergebnissen. Zu den „forderungslosen" Fremdgrundschulden gehören insbesondere die durch die Aufwertungsgesetzgebung geschaffenen Grundschulden. Aber auch durch Rechtsgeschäft, z. B. durch Verkauf einer Eigentümergrundschuld, kann eine forderungslose Fremdgrundschuld entstehen. Rechtspolitisch besteht kein Anlaß, die Ansprüche aus solchen Fremdgrundschulden umstellungsrechtlich besser zu behandeln als durch Grundschuld gesicherte Reichsmarkforderungen. Auch in bezug auf die forderungslosen Fremdgrundschulden würde daher die Anwendung des § 2 WG auf die Grundpfandrechte den Erlaß von Ausnahmevorschriften erforderlich machen.

Es ergibt sich also, daß in jedem Falle, d. h. gleichgültig, ob man von den Vorschriften des Umstellungsgesetzes (dann in der Regel: Umstellung 10 : 1) oder von dem Grundsatz des § 2 WG (Umstellung 1 : 1) ausgeht, eine gesetzliche Regelung der Umstellung der Grundpfandrechte unerläßlich ist. Es konnte sich somit nur darum handeln, den hierfür zweckmäßigeren Ausgangspunkt zu gewinnen. Die vorliegende Verordnung geht von der Alternative zu 1 aus. Ausschlaggebend hierfür war die Erwägung, daß andernfalls das seit dem 1. Juli 1948 in Kraft befindliche Gesetz zur Sicherung von Forderungen für den Lastenausgleich und die gleichlautenden Gesetze der Länder der französischen Zone aufgehoben oder grundlegend geändert werden müßten. Nach diesen Gesetzen entstehen unmittelbar im Range nach Hypotheken, Grundschulden und Rentenschulden, „die auf Grund des § 16 des Dritten Gesetzes zur Neuordnung des Geldwesens umgestellt worden sind", Lastenausgleichsgrundschulden in Höhe des Differenzbetrages zwischen dem Nennbetrag in Reichsmark und dem Umstellungsbetrag in Deutscher Mark. Diese Lastenausgleichsgrundschuld ist mit der Eigentümergrundschuld, die bei Umstellung einer Hypothek nach den Vorschriften des § 2 WG entstehen würde, unvereinbar; bei Anwendung des § 2 WG gäbe es überhaupt kein Grundpfandrecht, das „auf Grund von § 16 UG" umgestellt wird, was nach jenen Gesetzen Voraussetzung für die Entstehung der Lastenausgleichsgrundschuld ist. Es war auch zu berücksichtigen, daß in der Praxis der Grundbuchämter, der Banken usw., seit langem auf dem Boden der Alternative zu 1 gearbeitet wird und daß deshalb eine gesetzliche Regelung, die von einer grundsätzlich entgegengesetzten Auffassung ausgeht, in der Praxis zu erheblichen Schwierigkeiten führen würde.

Infolgedessen beschränkt sich die vorliegende Verordnung darauf, eine Umstellung im Verhältnis 1 : 1 nur in denjenigen Fällen vorzuschreiben, in denen die Entstehung einer Lastenausgleichsgrundschuld nicht in Frage kommt oder wo sonst überwiegende Gründe für die ungeschmälerte Erhaltung des Grundpfandrechtes sprechen.

II.

Im einzelnen ist zu den Bestimmungen der Verordnung folgendes zu bemerken:

1. Nach § 1 Abs. 1 werden Hypotheken, Grundschulden und Rentenschulden, die der Sicherung einer Reichsmarkforderung dienen, grundsätzlich ebenso umgestellt, wie diese, d. h. in der Regel im Verhältnis 10 : 1 (§ 16 UG), in den Fällen des § 18 Abs. 1 UG im Verhältnis 1 : 1. Gleichzeitig wird durch die Art der Formulierung die notwendige Verbindung zum Gesetz zur Sicherung von Forderungen für den Lastenausgleich hergestellt: Fällt nämlich die gesicherte Forderung unter § 16 UG, so gilt diese Vorschrift auch für die Umstellung des dinglichen Rechts; dieses wird also unmittelbar „auf Grund von § 16 UG" umgestellt, was Voraussetzung für die Entstehung der Lastenausgleichsgrundschuld ist.
2. Nach § 1 Abs. 2 werden auch Fremdgrundschulden, die nicht zu Sicherungszwecken bestimmt sind, „auf Grund von § 16 des Umstellungsgesetzes" umgestellt, so daß auch in diesen Fällen eine Lastenausgleichsgrundschuld entsteht. Das ist gerechtfertigt, weil im allgemeinen kein wirtschaftlicher Grund dafür besteht, den Gläubiger einer forderungslosen Grundschuld besser zu behandeln als den Gläubiger einer Reichsmarkforderung (wegen der Ausnahmen siehe § 2 Ziff. 6).
3. § 2 Ziff. 1 behandelt folgende Fälle:
   a) Die gesicherte Forderung unterliegt nicht den Vorschriften des Umstellungsgesetzes (Valutaforderungen und auf Ostmark umgestellte Reichsmarkforderungen);
   b) die gesicherte Forderung unterliegt zwar als Reichsmarkforderung den Vorschriften des Umstellungsgesetzes; diese bestimmen jedoch, daß sie erlischt (Reichsmarkforderungen zwischen Geldinstituten, § 18 Abs. 3 UG) oder daß sie nicht auf Deutsche Mark umgestellt wird (Reichsmarkverbindlichkeiten des Reichs u. ä., § 14 UG).

   Zu a):

   aa) Auf die Notwendigkeit, Grundpfandrechte, die der Sicherung von Valutaforderungen dienen, im Verhältnis 1 : 1

umzustellen, ist bereits oben zu 1 hingewiesen worden. Da der DM-Wert der Forderung in diesen Fällen noch nicht endgültig feststeht, kann dem Gläubiger eine Entwertung des Pfandobjektes nicht zugemutet werden. Es wäre in diesen Fällen auch unbillig, dem Schuldner eine Lastenausgleichsgrundschuld aufzubürden und ihn so zu einer doppelten Zahlung zu zwingen, obwohl von einem Schuldnergewinn im Sinne von § 16 Abs. 3 UG keine Rede sein kann.

bb) Dieselben Erwägungen treffen auf Grundpfandrechte zu, die der Sicherung einer auf Ostmark umgestellten Reichsmarkforderung dienen. Die Frage der Rechtsnatur einer auf DM-West umgestellten Reichsmarkhypothek für eine auf Ostmark umgestellte Forderung kann hier unerörtert und der Beantwortung durch Wissenschaft und Rechtsprechung überlassen bleiben.

Zu b):

aa) Bei den unter § 14 UG fallenden Reichsmarkverbindlichkeiten fehlt das Merkmal eines Unterschiedes zwischen dem Nennbetrag in Reichsmark und dem Umstellungsbetrag in Deutscher Mark, an das die auf § 16 Abs. 3 UG gestützte und daher eine Umstellung gemäß § 16 Abs. 1 UG voraussetzende deutsche Gesetzgebung über die Sicherung von Forderungen für den Lastenausgleich anknüpft. Im Hinblick auf die Person der Schuldner (Reich usw.) besteht außerdem in diesen Fällen an der Begründung einer Lastenausgleichsgrundschuld grundsätzlich kein Interesse. Eine Umstellung des dinglichen Rechts im Verhältnis 10 : 1 kommt deshalb hier nicht in Frage. Sie würde mangels einer Lastenausgleichsgrundschuld nur das ungerechtfertigte Aufrücken der nachstehenden Rechte zur Folge haben. Auch der Gedanke, das dingliche Recht ebenso in der Schwebe zu lassen wie die gesicherte Forderung, also nicht auf DM umzustellen, ist abzulehnen. Im Interesse des Realkredites und des Grundstücksverkehrs muß über den Umfang der Belastung der Grundstücke volle Klarheit bestehen. Die Belastung mit einem Betrage in einer nicht mehr bestehenden Währung würde diesen Grundsätzen widersprechen. Solange das Schicksal der persönlichen Forderung ungeklärt ist, stehen dem Eigentümer gegen die Geltendmachung des im Verhätlnis 1 : 1 umgestellten dinglichen Rechts die aus § 14 UG folgenden Einreden zu (§ 1157 BGB). Um den Eigentümer vor der Gefahr des Verlustes dieser Einreden auf Grund gutgläubigen Erwerbs des im Verhältnis 1 : 1 umgestellten dinglichen Rechts durch einen Dritten zu schützen, gibt ihm § 5 Abs. 2 eine erleichterte Möglichkeit für die Eintragung eines Widerspruchs in das Grundbuch.

bb) Liegt dem Grundpfandrecht eine Reichsmarkforderung zwischen Geldinstituten zugrunde, so wird es nach § 2 Ziff. 1 ebenfalls 1 : 1 umgestellt. Im Verhältnis zwischen dem Grundstückseigentümer und dem Gläubiger der Hypothek oder Grundschuld treten die im bürgerlichen Recht vorgesehenen Wirkungen des Erlöschens der Forderung ein. Die Hypothek geht somit nach den §§ 1163, 1177 BGB als Grundschuld auf den Eigentümer über, während ihm im Falle einer Grundschuld ein Anspruch auf Rückübertragung derselben durch Verzicht des Gläubigers zusteht (§§ 1169, 1192 in Verbindung mit § 1168 BGB).

4. Nach § 2 Ziff. 2 werden Höchstbetragshypotheken und solche Grundschulden, die wirtschaftlich dem gleichen Zweck dienen, ebenfalls im Verhältnis 1 : 1 umgestellt. Das ist gerechtfertigt, weil es sich in diesen Fällen um einen bloßen Haftungsrahmen handelt, dessen Ausfüllung nach dem zugrunde liegenden Rechtsverhältnis von der weiteren Entwicklung der Geschäftsbeziehungen zwischen dem Kreditgeber und dem Kreditnehmer abhängt. Es erscheint nicht angängig, in dieses Rechtsverhältnis in der Weise einzugreifen, daß der zur Zeit der Währungsumstellung valutierte Teil der Höchstbetragshypothek oder Grundschuld gegebenenfalls nur im Verhältnis 10 : 1 umgestellt wird, mit der Wirkung, daß in Höhe der übrigen $^{9}/_{10}$ eine Lastenausgleichsgrundschuld entsteht. Im übrigen würde die rangmäßige Abgrenzung der Lastenausgleichsgrundschuld von dem in Deutscher Mark bestehen bleibenden Teil der Höchstbetragshypothek oder Grundschuld mindestens dann unüberwindliche Schwierigkeiten bereiten, wenn die Hypothek oder Grundschuld auch noch zur Sicherheit für Valutaforderungen oder im Verhältnis 1 : 1 umgestellte Forderungen dient; vollends unmöglich würde es sein, die Rangstelle der Lastenausgleichsgrundschuld zu bestimmen, wenn der Umstellungsbetrag oder der Wert der gesicherten Forderungen in Deutscher Mark insgesamt höher ist als der Nennbetrag in Deutscher Mark, der sich bei Zugrundelegung eines Umstellungsverhältnisses von 1 : 1 für die Höchstbetragshypothek ergibt.

5. Nach § 2 Ziff. 3 werden die Eigentümerrechte ausnahmslos 1 : 1 umgestellt. Es liegt auf der Hand, daß der Eigentümer eines nur mit einer Eigentümergrundschuld belasteten Grundstücks nicht anders behandelt werden kann, als der Eigentümer eines unbelasteten Grundstücks. Aber auch bei einer Eigentümerhypothek oder Eigentümergrundschuld, der andere Grundpfandrechte im Range nachfolgen, kommt die Begründung einer Lastenausgleichsgrundschuld mangels eines Abwertungsgewinns im Sinne von § 16 Abs. 3 UG nicht in Betracht. Vielmehr muß auch hier der in der Grundschuld verkörperte Teilwert des Grundstücks dem Eigentümer voll erhalten bleiben. Aus derselben Erwägung heraus sollen auch diejenigen Grundpfandrechte, gegen deren Geltendmachung dem Eigentümer am 20. Juni 1948 eine Einrede zustand, voll auf DM umgestellt werden. Dies gilt nicht nur für Einreden, durch welche die Geltendmachung der Hypothek oder Grundschuld dauernd mit der Wirkung ausgeschlossen wird, daß der Eigentümer von dem Gläubiger den Verzicht auf die Hypothek oder Grundschuld verlangen kann (§§ 1169, 1192 BGB), sondern auch für sonstige Einreden mit Ausnahme der Einrede der noch nicht eingetretenen Fälligkeit. Insbesondere ist hier an solche Fälle zu denken, in denen eine Fremdgrundschuld zwar zur vollen Wirksamkeit bestimmt ist, die

Voraussetzungen dieser Wirksamkeit aber noch nicht eingetreten sind und auch nicht mit Sicherheit eintreten, ohne daß von einer Einrede gesprochen werden kann, die die Geltendmachung der Grundschuld „dauernd" ausschließt. Dieser Fall ist z. B. bei einer vom Eigentümer verkauften und bereits an den Käufer übertragenen Grundschuld gegeben, soweit der Kaufpreis für die Grundschuld am Währungsstichtag noch nicht bezahlt war; ferner bei einer Grundschuld, die ausschließlich zum Zwecke der Kreditaufnahme durch den Grundschuldgläubiger bestellt worden ist, solange der Grundschuldgläubiger über die Grundschuld noch nicht zugunsten eines Dritten (Kreditgebers) verfügt hat. Andererseits rechtfertigt es nicht jede Einrede, die der Eigentümer am Währungsstichtag der Geltendmachung der Grundschuld entgegensetzen konnte, die Grundschuld als wirtschaftlich dem Eigentümer gehörig anzusehen. Ausgeschlossen sind deshalb diejenigen Einreden, die sich nur auf den Zeitpunkt der Geltendmachung der Grundschuld beziehen, insbesondere die Einrede der Stundung.

6. § 2 Ziff. 4 sichert die noch ungeregelten RM-Ansprüche von Angehörigen der Vereinten Nationen. Ein Grundpfandrecht, das zur Sicherung einer Reichsmarkforderung eines Angehörigen der Vereinten Nationen bestellt worden ist, würde an sich schon nach § 2 Ziff. 1 im Verhältnis von 1 : 1 umgestellt sein, wenn der Gläubiger von seinen Rechten aus § 15 UG Gebrauch gemacht hat. § 2 Ziff. 4 geht darüber nach zwei Richtungen hinaus: Er schreibt die Umstellung des dinglichen Rechts im Verhältnis 1 : 1 auch dann vor, wenn der Gläubiger von jenen Sonderrechten bisher noch keinen Gebrauch gemacht hat, wenn also die persönliche Forderung zunächst nach den Vorschriften des Umstellungsgesetzes, d. h. in der Regel im Verhältnis 10 : 1 umgestellt ist. Ferner sollen auch solche Hypotheken oder Grundschulden im Verhältnis 1 : 1 umgestellt werden, die einem Angehörigen der Vereinten Nationen verpfändet oder zur Sicherheit abgetreten worden sind; die Frage, ob in diesen Fällen aus § 15 Abs. 3 UG ein Recht zum Widerspruch gegen die Umstellung der durch das Grundpfandrecht gesicherten persönlichen Forderung hergeleitet werden kann, wird dadurch nicht präjudiziert. Jedenfalls bleibt es dem Grundstückseigentümer auch in diesem Falle unbenommen, die Eintragung eines Widerspruchs in das Grundbuch nach § 5 Abs. 2 der Verordnung zu verlangen. — Der mit § 2 Ziff. 4 verfolgte Zweck verbietet eine analoge Anwendung der §§ 1163, 1177 BGB auf den Betrag, in dessen Höhe eine hiernach umgestellte Hypothek infolge der Umstellung der persönlichen Forderung auf einen niedrigeren Betrag z. Z. nicht mehr valutiert ist; dies wird durch § 3 Abs. 1 unter Hinweis auf die noch ausstehende endgültige gesetzliche Regelung des Umstellungsverhältnisses der Reichsmarkverbindlichkeiten gegenüber Angehörigen der Vereinten Nationen klargestellt.

7. § 2 Ziff. 5 behandelt den nicht seltenen Fall, daß eine Reichsmarkhypothek zur Sicherung einer Valutaforderung bestellt worden ist. An sich wäre in solchen Fällen die Sicherung der Valutaforderung durch eine Grundschuld am Platze gewesen. Man

hat aber statt dessen vielfach neben die Valutaforderung eine abstrakte persönliche Reichsmarkforderung gesetzt, ähnlich einer Wechselforderung, die ihrerseits durch die Hypothek gesichert ist und selbst ebenfalls nur zur Sicherung der zugrunde liegenden Valutaforderung dient. Es würde nicht gerechtfertigt sein, die ungeschmälerte Erhaltung des Sicherungsobjektes für den Gläubiger der Valutaforderung davon abhängig zu machen, ob zufälligerweise die eine oder andere Form der Sicherung gewählt worden ist (im Falle der Sicherung der Valutaforderung durch eine Grundschuld findet § 2 Ziff. 1 Anwendung). Aus diesem Grunde bestimmt § 2 Ziff. 5, daß in solchen Fällen auch eine Hypothek — abweichend von der abstrakten persönlichen Forderung, für die sie bestellt worden ist — im Verhältnis 1 : 1 umgestellt wird. Auf diese Weise wird die Entstehung einer Lastenausgleichsgrundschuld vermieden und der Schuldner vor einer ungerechtfertigten doppelten Verpflichtung bewahrt; andernfalls würde er nämlich sowohl an den ausländischen Gläubiger auf Grund der Valutaforderung, als auch an den Lastenausgleich Zahlungen zu leisten haben. Der Zweck der vorstehenden Vorschrift würde jedoch nicht erreicht werden, wenn die Divergenz zwischen dem Umstellungsbetrag der gesicherten Reichsmarkforderung und dem dinglichen Recht dazu führen würde, daß in Höhe des Differenzbetrages an Stelle der Lastenausgleichsgrundschuld eine Eigentümergrundschuld entsteht, was in entsprechender Anwendung von § 1163 in Verbindung mit § 1177 BGB angenommen werden könnte. Deshalb bestimmt § 3 Abs. 2, daß die Hypothek in den Fällen der vorliegenden Art ohne Rücksicht auf den Umstellungsbetrag der Reichsmarkforderung, für die sie bestellt worden ist, erst in dem Augenblick auf den Eigentümer übergeht, in dem die Valutaforderung erlischt, deren Sicherung der Zweck der Hypothek ist. Bis zu diesem Augenblick hat also der Eigentümer nur eine Einrede gegen die Geltendmachung des nicht valutierten Teiles der Hypothek, kann aber diesen Teil auch nicht für sich verwerten. Um dieses Ergebnis sicherzustellen, bestimmt § 3 Abs. 2 ferner, daß § 1169 BGB hinsichtlich des Unterschiedsbetrages zwischen der Hypothek und der persönlichen Forderung keine Anwendung findet; der Eigentümer kann also nicht verlangen, daß der Gläubiger auf den nicht valutierten Teil der Hypothek verzichtet. Er kann jedoch nach § 5 Abs. 2 die Eintragung eines Widerspruchs in das Grundbuch verlangen.

8. Infolge der Änderungen, die sich im Laufe der Zeit in den Kursrelationen zwischen der Reichsmark bzw. der Deutschen Mark und den ausländischen Währungen ergeben haben, kann es vorkommen, daß der Nennbetrag eines zur Sicherung einer Valutaforderung bestimmten Grundpfandrechts trotz seiner Umstellung im Verhältnis 1 : 1 (vgl. oben zu 3a) aa) und zu 7) nicht mehr dem DM-Gegenwert der Valutaforderung entspricht. § 3 Abs. 3 stellt daher zwecks Ausräumung von Zweifeln klar, daß etwaige vertragliche Verpflichtungen, dem Gläubiger jederzeit ausreichende Sicherheiten zu bestellen, durch die Umstellung eines Grundpfandrechtes nach den Vorschriften der vorliegenden Verordnung nicht berührt werden.

9. Fremdgrundschulden, die nicht zu Sicherungszwecken bestimmt sind, werden grundsätzlich im Verhältnis 10 : 1 umgestellt (siehe oben zu 2). Nach § 2 Ziff. 6 gilt jedoch das Umstellungsverhältnis 1 : 1 in folgenden Fällen:

   a) Wenn die Grundschuld auf einem Rechtsverhältnis der im § 18 Abs. 1 UG bezeichneten Art beruht, z. B. wenn ein Erbe bei einer Erbauseinandersetzung dem Miterben eine Grundschuld bestellt hat, ohne daß zugleich eine persönliche Forderung begründet worden ist;

   b) wenn bei der Grundschuld die Voraussetzungen vorliegen, unter denen eine Reichsmarkverbindlichkeit nach den Vorschriften des Umstellungsgesetzes erlischt oder nicht auf Deutsche Mark umgestellt wird; hierunter fallen forderungslose Grundschulden auf Grundstücken von Rechtsträgern der im § 14 UG bezeichneten Art und Grundschulden auf Grundstücken von Geldinstituten, wenn es sich bei dem Gläubiger ebenfalls um ein Geldinstitut handelt.

10. In den letztgenannten Fällen (Grundstückeigentümer und Grundschuldgläubiger sind Geldinstitute im Währungsgebiet) würde die forderungslose Grundschuld nach den allgemeinen Vorschriften eine Fremdgrundschuld bleiben, während eine Grundschuld, die für eine nach § 18 Abs. 3 UG erlöschende Forderung bestellt worden ist, auf den Grundstückseigentümer zu übertragen ist (vgl. oben zu 3b) bb). Dieses unterschiedliche Ergebnis ist nicht gerechtfertigt. Ebenso verfehlt wäre es, etwa die Grundschuld erlöschen zu lassen, weil dann die nachstehenden Gläubiger ohne wirtschaftlich gerechtfertigten Grund in die Rangstelle des erlöschenden Rechts aufrücken würden. Daher bestimmt § 3 Abs. 4, daß eine nach § 2 Ziff. 6 Buchstabe b umgestellte forderungslose Grundschuld auf den Eigentümer übergeht, wenn Gläubiger und Eigentümer Geldinstitute im Währungsgebiet sind.

11. Bei Reallasten, die auf Zahlung von Reichsmark, Rentenmark, Goldmark oder Feingold lauten, bestehen keine Bedenken dagegen, sie umstellungsrechtlich ebenso zu behandeln wie Reichsmarkforderungen. Demgemäß bestimmt § 4, daß die Vorschriften des ersten und zweiten Abschnittes des Teils II des Umstellungsgesetzes auf solche Reallasten anzuwenden sind. Sie werden daher in der Regel gemäß § 18 Abs. 1 Ziff. 1 im Verhältnis 1 : 1 umzustellen sein (anders z. B. bei den als Reallasten eingetragenen Siedlungsrenten, denen eine Kapitalschuld zugrunde liegt).

12. Nach § 5 Abs. 1 bedarf die Eintragung des Umstellungsbetrages in das Grundbuch der Bewilligung des Gläubigers und des Eigentümers. Von dem Erfordernis der Bewilligung des Eigentümers kann grundsätzlich auch bei der Eintragung eines Umstellungsbetrages von einer Deutschen Mark für je zehn Reichsmark nicht abgesehen werden, weil auch in diesen Fällen mit der Möglichkeit von Rechtsnachteilen für den Eigentümer durch gutgläubigen Erwerb von Rechten zu rechnen ist, gegen die dem Eigentümer auf Grund der Vorschriften des Umstellungs-

stellungsgesetzes (z. B. auf Grund von § 14 UG) eine Einrede zusteht oder die nunmehr nach dem Inhalt des Grundbuches, wie er sich aus der Eintragung eines zu niedrigen Umstellungsbetrages ergibt, in eine in Wirklichkeit dem Eigentümer zustehende Rangstelle eingerückt sind. Auf der anderen Seite verlangt § 5 Abs. 1 Satz 3 die Zustimmung der mit der Ausübung der Rechte aus der Lastenausgleichsgrundschuld betrauten Stelle, wenn ein Umstellungsbetrag eingetragen werden soll, der sich auf mehr als eine Deutsche Mark für je zehn Reichsmark beläuft.

13. Wegen der Gründe für die in § 5 Abs. 2 vorgesehene erleichterte Eintragung eines Widerspruchs auf Antrag des Eigentümers im Falle der Eintragung eines Umstellungsbetrages von mehr als einer Deutschen Mark für je zehn Reichsmark: Siehe oben unter Ziff. 3 zu b) aa) a. E. sowie zu Ziff. 6 und 7. In der Zwangsversteigerung wird das durch den Widerspruch des Eigentümers geschützte Recht wie ein aufschiebend bedingtes Recht behandelt (Hinterlegung des auf das eingetragene Recht entfallenden Versteigerungserlöses).

14. Absatz 3 von § 5 bestimmt, daß für die Eintragung des Umstellungsbetrages in das Grundbuch und für die Beurkundung oder Beglaubigung der hierzu erforderlichen Erklärungen nur die Hälfte der sonst hierfür zu entrichtenden Gebühr zu erheben ist.

15. Nach § 6 soll bei Meinungsverschiedenheiten über die Umstellung von Grundpfandrechten und von Forderungen, nach deren Umstellung sich die Umstellung dieser Grundpfandrechte gemäß § 1 richtet, im Verfahren der freiwilligen Gerichtsbarkeit entschieden werden. Diese Regelung knüpft an die entsprechenden Vorschriften in der Aufwertungsgesetzgebung nach der Inflation von 1923 an, die sich außerordentlich bewährt haben. Da der Streit oder die Ungewißheit über den Umstellungsbetrag auch die nach den Vorschriften zur Sicherung von Forderungen für den Lastenausgleich entstehende Grundschuld berühren kann, sieht § 6 Abs. 1 Satz 3 vor, daß in solchen Fällen die Stelle, die mit der Ausübung der Rechte aus dieser Grundschuld betraut ist, an dem Verfahren zu beteiligen ist. Zuständig ist das Amtsgericht, in dessen Bezirk das Grundstück gelegen ist (§ 6 Abs. 1). Wird jedoch das Grundbuch nicht vom Amtsgericht geführt, so kann das Land die Entscheidung dem Grundbuchamt übertragen (§ 6 Abs. 7). Gegen die Entscheidung des Grundbuchamtes findet die Anrufung des Amtsgerichtes oder die sofortige Beschwerde an das Landgericht nach landesüblichen Vorschriften statt. Die Entscheidung des Amtsgerichtes kann nach § 6 Abs. 3 mit der sofortigen Beschwerde angefochten werden, über die das Landgericht entscheidet (§ 6 Abs. 3). Gegen die Entscheidung des Beschwerdegerichtes ist die sofortige weitere Beschwerde an das Oberlandesgericht zulässig, wenn die Entscheidung auf einer Verletzung des Gesetzes beruht. Die Entscheidung wird mit der Rechtskraft wirksam und ist für die Gerichte und Verwaltungsbehörden bindend (§ 3 Abs. 3). Demzufolge bestimmt § 6 Abs. 5, daß ein nach anderen Vorschriften anhängig gemachtes Ver-

fahren, bei dem die Entscheidung von einer Entscheidung gemäß § 6 Abs. 1 abhängt, bis zu dieser Entscheidung auszusetzen ist. Erledigt sich ein nach anderen Vorschriften anhängig gemachtes Verfahren durch die im § 6 Abs. 1 getroffene Regelung, so sind die Gerichtskosten niederzuschlagen und die außergerichtlichen Kosten der Parteien oder Beteiligten als gegeneinander aufgehoben anzusehen.

16. Nach § 7 sind die Vorschriften der Verordnung auf Hypotheken an Schiffen und Schiffsbauwerken und auf Pfandrechte an Bahneinheiten entsprechend anzuwenden.

17. § 8 stellt klar, daß die nach den Vorschriften der Verordnung durchgeführte Umstellung der Grundpfandrechte auf den 21. Juni 1948 zurückwirkt.

3.

Gesetz zur Sicherung von Forderungen für den Lastenausgleich

vom 2. September 1948

— Gesetz- und Verordnungsblatt des Wirtschaftsrates des Vereinigten Wirtschaftsgebietes 1948 Seite 87 —

in der Fassung des Gesetzes zur Änderung des Gesetzes zur Sicherung von Forderungen für den Lastenausgleich vom 10. August 1949

— Gesetz- und Verordnungsblatt des Wirtschaftsrates des Vereinigten Wirtschaftsgebietes 1949 Seite 232 —

Der Wirtschaftsrat hat folgendes Gesetz beschlossen:

§ 1

(1) Im Range unmittelbar nach Hypotheken, Grundschulden und Rentenschulden, die auf Grund des § 16 des Dritten Gesetzes zur Neuordnung des Geldwesens (Umstellungsgesetz) umgestellt worden sind, entstehen Grundschulden in Höhe des Betrages, um die der Nennbetrag in Reichsmark den Umstellungsbetrag in Deutscher Mark übersteigt. Die Grundschulden bedürfen zu ihrer Entstehung sowie zu ihrer Wirksamkeit Dritten gegenüber nicht der Eintragung im Grundbuch. Für diese Grundschulden, insbesondere hinsichtlich der Zinsen und Tilgungsbeträge, gelten die gleichen Bedingungen wie für die umgestellten Rechte; sie können jedoch dem Schuldner gegenüber nicht gekündigt werden.

(2) Die Vorschriften dieses Gesetzes gelten sinngemäß auch für

1. Schiffshypotheken,
2. Pfandrechte an Bahneinheiten,
3. Abgeltungslasten, die ein Darlehen zur Abgeltung der Gebäudeentschuldungssteuer gemäß der Verordnung vom 31. Juli 1942 (RGBl. I S. 501) sichern.
4. Zusatz-Forderungen, die gemäß § 10 der (ersten) Verordnung des Reichspräsidenten über die Zinserleichterung für den landwirtschaftlichen Realkredit vom 27. September 1932 (RGBl. I S. 480) auch ohne Eintragung ein Recht auf Befriedigung aus dem Grundstück gewähren,
5. Renten der Deutschen Landesrentenbank,

6. Entschuldungsrenten gemäß Art. 53 und 54 der siebenten Verordnung zur Durchführung der landwirtschaftlichen Schuldenregelung vom 30. April 1935 (RGBl. I S. 572) und Artikel 5 der achten Verordnung zur Durchführung der landwirtschaftlichen Schuldenregelung vom 20. Juli 1936 (RGBl. I S. 496).

§ 2

(1) Die durch § 1 begründeten Rechte stehen treuhänderisch der Verwaltung des Vereinigten Wirtschaftsgebietes zu. Der Direktor der Verwaltung für Finanzen bestimmt die Stellen, welche die Rechte ausüben.

(2) Bis zur gesetzlichen Regelung sind eingehende Gelder als Treuhandvermögen gesondert zu verwalten.

§ 3

Die durch dieses Gesetz begründeten Rechte dienen ausschließlich dazu, etwaige Ansprüche aus Schuldnergewinnen unter Berücksichtigung des Lastenausgleichs sicherzustellen. Soweit gegen den Schuldner ein Ausgleichsanspruch nach § 16 Abs. 3 des Umstellungsgesetzes nicht entsteht, ist das Recht auf ihn zu übertragen. Zinsen und Tilgungsbeträge sind insoweit zu erstatten.

§ 3a

(1) Sind Grundstücke von Kriegssachschäden im Sinne der Kriegssachschädenverordnung vom 30. November 1940 (RGBl. I S. 1547) oder von solchen Schäden betroffen, die infolge von Maßnahmen der Besatzungsmacht, insbesondere durch Demontagen oder Restitutionen, eingetreten sind, so ist auf die nach § 1 entstehenden Grundschulden auf Antrag ganz oder teilweise zu verzichten.

(2) Ein Verzicht darf nur ausgesprochen werden, wenn der Einheitswert des Grundstücks, der auf Grund der Vorschriften des Abschnitts I des Gesetzes betreffend Fortschreibungen und Nachfeststellungen von Einheitswerten des Grundbesitzes auf den 21. Juni 1948 vom 10. März 1949 (WiGBl. S. 25) ermittelt ist, um mehr als 10 v. H. niedriger festgestellt worden ist als der letzte Einheitswert vor dem Schadensfall. Für Grundstücke, die am 21. Juni 1948 zu mehr als 70 v. H. des letzten Einheitswertes vor dem Schadensfall belastet waren, ermäßigt sich die in Satz 1 genannte Schadensquote auf 5 v. H.; zur Belastung des Grundstücks gehören solche Rechte nicht, die bei Ablauf des 20. Juni 1948 dem Eigentümer zustanden, oder gegen deren Geltendmachung in diesem Zeitpunkt dem Eigentümer eine Einrede zustand, die sich nicht nur auf den Zeitpunkt der Geltendmachung bezog.

(3) Der Verzicht auf die Grundschuld ist in Höhe des Betrages auszusprechen, der sich aus dem Verhältnis des Sachschadens zu dem Einheitswert des letzten Feststellungszeitpunktes vor dem Schadensfall errechnet. Als Sachschaden gilt der Unterschied zwischen dem letzten Einheitswert vor dem Schadensfall und dem auf den 21. Juni 1948 fortgeschriebenen Einheitswert.

(4) Sind die Schäden nach dem 21. Juni 1948 entstanden, so ist an Stelle des auf diesen Tag fortzuschreibenden Einheitswertes der Einheits-

wert anzusetzen, der für den nächsten Feststellungszeitpunkt nach Eintritt des Schadens festzustellen ist.

§ 3b

(1) Ist ein zerstörtes oder beschädigtes Grundstück (§ 3a Abs. 1) in der Zeit vom 21. 6. 1948 bis zum 31. März 1953 wieder aufgebaut worden, so kann der Eigentümer nach beendigtem Aufbau auch verlangen, daß auf den Teil der Grundschulden verzichtet wird, für den die Leistungen aus den Erträgnissen des im Rahmen des Aufbauplanes als Dauerbau wiederhergestellten Gebäudes nicht aufgebracht werden können.

(2) Bei der Aufstellung der Ertragsrechnung sind die öffentlichen Lasten, die notwendigen Kosten für die Bewirtschaftung, die Verpflichtungen aus umgestellten Grundpfandrechten Dritter, die angemessene Verzinsung und Tilgung der Wiederherstellungskosten sowie eine angemessene Verzinsung von Eigenkapital zu berücksichtigen.

§ 3c

Bei wiederhergestellten Betriebsgrundstücken, die vom Eigentümer selbst genutzt werden, ist unter Berücksichtigung der gesamten wirtschaftlichen und finanziellen Verhältnisse des Betriebes sinngemäß zu verfahren.

§ 3d

Dem Eigentümer kann vor Beginn des Aufbaus rechtsverbindlich zugesichert werden, daß auf die nach § 1 entstandene Grundschuld verzichtet werden wird, wenn die Voraussetzungen des § 3b gegeben sind. Im Falle eines Eigentumsübergangs gehen die Rechte aus der Zusicherung auf den neuen Eigentümer über.

§ 3e

(1) Der Verzicht ist dem Grundbuchamt oder dem Eigentümer gegenüber in der Form des § 29 der Grundbuchordnung zu erklären.

(2) Durch den Verzicht geht die Grundschuld auf den Eigentümer über. § 1176 BGB ist entsprechend anzuwenden. Ist für das umgestellte Recht bestimmt, daß es durch Verzicht des Gläubigers erlischt, so erlischt die Umstellungsgrundschuld durch den Verzicht.

§ 3f

Der Verzicht und die verbindliche Zusicherung werden vom Finanzamt oder von einer durch die Landesregierung mit Zustimmung des Direktors der Verwaltung für Finanzen bestimmten anderen Stelle erklärt.

§ 4

(1) Der Verwaltungsrat erläßt mit Zustimmung des Wirtschaftsrates und des Länderrates Rechtsverordnungen zur Durchführung dieses Gesetzes.

(2) Verwaltungsanordnungen trifft der Direktor der Verwaltung für Finanzen.

§ 5

Dieses Gesetz tritt mit Wirkung vom 1. Juli 1948 in Kraft.

4.

Erste Verordnung zur Durchführung des Gesetzes zur Sicherung von Forderungen für den Lastenausgleich

vom 7. September 1948

— Gesetz- und Verordnungsblatt des Wirtschaftsrates des Vereinigten Wirtschaftsgebietes 1948 Seite 88 —

Auf Grund von § 4 des Gesetzes zur Sicherung von Forderungen für den Lastenausgleich vom 2. September 1948 (Gesetz- und Verordnungsblatt S. 87) wird mit Zustimmung des Wirtschaftsrates und des Länderrates verordnet:

Artikel I

Allgemeine Bestimmungen

§ 1

(1) Die Länder üben die durch § 1 des Gesetzes begründeten Rechte für die Verwaltung des Vereinigten Wirtschaftsgebietes aus.

(2) Die Länder können die Ausübung der Rechte anderen Stellen übertragen. Sie sollen sich dabei insbesondere der Institute bedienen, die im Rahmen ihres gewöhnlichen Geschäftsbetriebes Realkredit gewähren oder treuhänderisch für die öffentliche Hand verwalten.

§ 2

Die Landesregierungen teilen der Verwaltung für Finanzen des Vereinigten Wirtschaftsgebietes am 15. eines jeden Monats die Höhe der im vorangegangenen Monat eingezogenen Gelder mit, getrennt nach Zinsen und Tilgungsbeträgen. Sie haben 15 v. H. der Eingänge zur Verfügung des Direktors der Verwaltung für Finanzen für Zwecke des übergebietlichen Ausgleiches zu halten.

§ 3

Die Länder sollen die Mittel zur Förderung des Wohnungsbaus, insbesondere zur Beseitigung von Kriegsschäden, oder zur Zwischenfinanzierung anderer Bauvorhaben verwenden, die vorzugsweise den Bedürfnissen der Flüchtlinge und der durch Kriegseinwirkung betroffenen Bevölkerungskreise sowie der aus Gründen der Rasse, Religion, Nationalität, Weltanschauung oder politischen Gegnerschaft gegen den

Nationalsozialismus Verfolgten dienen. Sie haben jedoch dafür zu sorgen, daß dadurch die endgültige Verwendung der Mittel einschließlich der dabei anfallenden Zinsen zur Durchführung des Lastenausgleichs nicht gefährdet wird.

§ 4

Zu den umgestellten Rechten gehören auch Abgeltungslasten, die ein Darlehen zur Abgeltung der Gebäudeentschuldungssteuer gemäß der Verordnung vom 31. Juli 1942 (RGBl. I S. 501) sichern.

§ 5

(1) Der Schuldner kann die Grundschuld jederzeit, auch in Teilbeträgen, durch Zahlung ablösen. Die Verzinsung endet mit dem Tage der Zahlung. § 7 ist entsprechend anzuwenden.

(2) Die mit der Ausübung der Rechte betraute Stelle kann auf Antrag

a) Grundstücke oder Teile von Grundstücken sowie Gegenstände, auf die sich die Rechte erstrecken, aus der Haftung entlassen, wenn der Rest zur Sicherheit ausreicht,

b) zugunsten eines Rechts, das bestellt wird, um den Aufbau zerstörter oder beschädigter Gebäude zu ermöglichen, einer Änderung des Ranges der Grundschuld zustimmen.

(3) Soweit vor dem Inkrafttreten des Gesetzes zwischen dem Gläubiger des umgestellten Rechts und dem Schuldner von dem Inhalt des Grundbuches abweichende Vereinbarungen über Zins- und Tilgungsleistungen ausdrücklich oder stillschweigend getroffen oder Verbindlichkeiten des Schuldners durch richterliche Entscheidung festgesetzt sind, gilt der Inhalt dieser Vereinbarungen oder Regelungen auch für die Grundschuld.

(4) Auf Antrag des Schuldners können fällige Leistungen insoweit erlassen werden, als diese aus den Erträgnissen des Grundstücks unter Berücksichtigung der öffentlichen Lasten, der Kosten für die notwendige Unterhaltung und Instandsetzung und der Verpflichtungen aus vorgehenden Rechten Dritter nicht aufgebracht werden können oder ihre Einziehung aus sonstigen Gründen zu offenbarer Härte führen würde. Über den Antrag entscheidet das Finanzamt. Lehnt das Finanzamt den Antrag ganz oder teilweise ab, so kann der Schuldner Beschwerde einlegen. Über die Beschwerde entscheidet die obere Finanzbehörde. Die Vorschriften der Reichsabgabenordnung über das Beschwerdeverfahren sind entsprechend anzuwenden.

§ 6

Soweit die Vermutung des § 891 Abs. 1 des Bürgerlichen Gesetzbuches zugunsten des Gläubigers des umgestellten Rechtes gilt, kann sich auch der Gläubiger der Grundschuld in Ansehung der Grundschuld darauf berufen.

§ 7

Stand das umgestellte Recht bei Inkrafttreten des Gesetzes ganz oder teilweise dem Eigentümer zu, so kann er verlangen, daß insoweit die Grundschuld auf ihn dadurch übertragen wird, daß er als Gläubiger in das Grundbuch eingetragen wird. Das gleiche gilt im Falle einer umgestellten

Grundschuld insoweit, als sie bei Inkrafttreten des Gesetzes die Forderung überstieg, zu deren Sicherung sie bestimmt ist.

§ 8

Sind in unmittelbarer Rangfolge zugunsten desselben Gläubigers mehrere umgestellte Rechte eingetragen, so gelten sie in Ansehung ihres Rangverhältnisses zur Grundschuld als einheitliches Recht.

§ 9

Die sofortige Zwangsvollstreckung wegen der Zinsen und Tilgungsbeträge gegen den Schuldner kann auch aus der Grundschuld betrieben werden, wenn sie aus dem umgestellten Recht zulässig war.

§ 10

Ist der Eigentümer nicht der persönliche Schuldner der Forderung, für die ein umgestelltes Recht bestellt war, so kann er von dem persönlichen Schuldner Ersatz für die auf Grund des Gesetzes erbrachten Leistungen verlangen, soweit sich nicht aus dem Rechtsverhältnis zwischen ihm und dem persönlichen Schuldner etwas anderes ergibt.

§ 11

(1) Der Schuldner hat nach näherer Anweisung der Landesregierung der von dieser bestimmten Stelle die für den Umfang seiner Verpflichtung maßgebenden Angaben zu machen und Auskünfte zu erteilen.

(2) Die mit der Ausübung der Rechte betraute Stelle ist berechtigt, das Grundbuch einzusehen und von dem Gläubiger des umgestellten Rechts Auskünfte zu verlangen. Die Vorschriften der §§ 810, 811 des Bürgerlichen Gesetzbuches sind entsprechend anzuwenden.

(3) Vorsätzliche Verstöße gegen die Pflichten nach den Abs. 1 und 2 werden mit Geldstrafe bis zu 10 000 Deutsche Mark bestraft.

Artikel II

Übergangs- und Schlußbestimmungen

§ 12

Sind Grundstücke, die im Vereinigten Wirtschaftsgebiet in verschiedenen Ländern liegen, mit einer Gesamthypothek belastet, so übt das Land die Rechte aus der Grundschuld aus, in dessen Bereich der Gläubiger der Gesamthypothek seinen Sitz oder Wohnsitz hat. Liegt dieser außerhalb des Vereinigten Wirtschaftsgebietes, so übt das Land die Rechte aus der Grundschuld aus, in dessen Bereich dasjenige der belasteten Grundstücke liegt, das den höchsten steuerlichen Einheitswert hat. Die Landesregierung stellt sicher, daß die Beträge, welche für in anderen Ländern gelegene Grundstücke geleistet werden, an diese Länder überwiesen werden. Jeder Eigentümer kann verlangen, daß die Grundschuld an seinem Grundstück auf den Teilbetrag, der dem Verhältnis des Wertes seines Grundstücks zum Werte der sämtlichen Grundstücke entspricht, nach § 1132 Abs. 2 des Bürgerlichen Gesetzbuches beschränkt wird; der Wert wird unter Abzug der Belastungen berechnet, die der Grundschuld im Range vorgehen.

§ 13

(1) Ist vor dem 21. Juni 1948 der Gläubiger einer Hypothek, Grund- oder Rentenschuld befriedigt worden, wird aber das Recht erst nach diesem Zeitpunkt im Grundbuch gelöscht, so entsteht eine Grundschuld nach § 1 des Gesetzes nicht.

(2) Ist nach dem 20. Juni 1948, jedoch vor dem Inkrafttreten des Gesetzes, der Gläubiger des umgestellten Rechts befriedigt worden, so wird die Befriedigung für die Anwendung des Gesetzes nach dessen Inkrafttreten wirksam.

(3) Wird nach Inkrafttreten des Gesetzes der Gläubiger des umgestellten Rechts befriedigt, so steht einer Löschung des Rechts die Bestimmung des § 16 Abs. 2 des Umstellungsgesetzes nicht entgegen. Wird das umgestellte Recht im Grundbuch gelöscht, so ist gleichzeitig mit der Löschung die Grundschuld von Amts wegen einzutragen.

§ 14

Die Landesregierungen erlassen mit Zustimmung des Direktors der Verwaltung für Finanzen die zur Durchführung dieser Verordnung erforderlichen allgemeinen Verwaltungsvorschriften sowie Richtlinien für die Verwaltung der Grundschulden, soweit es sich um Rechte an Grundstücken in ihrem Lande handelt.

§ 15

Diese Verordnung tritt mit Wirkung vom 1. Juli 1948 in Kraft.

5.

Zweite Verordnung zur Durchführung des Gesetzes zur Sicherung von Forderungen für den Lastenausgleich

vom 8. August 1949

— Gesetz- und Verordnungsblatt des Wirtschaftsrates des Vereinigten Wirtschaftsgebietes 1949 Seite 233 —

Auf Grund des § 4 des Gesetzes zur Sicherung von Forderungen für den Lastenausgleich vom 2. September 1948 (Gesetz- und Verordnungsblatt des Wirtschaftsrates des Vereinigten Wirtschaftsgebietes S. 87) wird mit Zustimmung des Wirtschaftsrates und des Länderrates verordnet:

Artikel I

Vorschriften über die Umstellungsgrundschuld

§ 1

Auf Umstellungsgrundschulden an Grundstücken im Eigentum von solchen Geldinstituten, Versicherungsunternehmen und Bausparkassen, die nach dem Umstellungsgesetz und seinen Durchführungsverordnungen bei nicht ausgeglichener Bilanz Anspruch auf Zuteilung von Ausgleichsforderungen gegen die öffentliche Hand haben, werden Leistungen bis auf weiteres nicht erhoben.

§ 2

Die mit der Ausübung der Rechte betraute Stelle kann auf Antrag einer Änderung des Ranges der Grundschuld — § 5 Abs. 2 (b) der (ersten) Durchführungsverordnung — auch zugunsten eines Rechts zustimmen, das bestellt wird, um die Ausführung von Neu-, Ergänzungs- und Umbauten sowie von landwirtschaftlichen Meliorationen zu ermöglichen. Der Rangänderung soll in diesen Fällen jedoch nur zugestimmt werden, wenn dadurch die Sicherheit der Grundschuld nicht gefährdet wird, und wenn die Zins- und Tilgungssätze für das Recht, zu dessen Gunsten die Rangänderung eingeräumt wird, den zur Zeit der Geldaufnahme üblichen Jahresleistungen auf erststellige Tilgungshypotheken entsprechen.

§ 3

Dient eine umgestellte Hypothek der Sicherung einer auf ausländische Währung lautenden Forderung, so sind die aus der Umstellungsgrundschuld geschuldeten Beträge gestundet, deren der Schuldner bedarf, um seinen Verpflichtungen aus der auf ausländische Währung lautenden Verbindlichkeit nachzukommen, soweit deren Gegenwert in Deutscher Mark den Umstellungsbetrag der Hypothek übersteigt.

§ 4

Die Erteilung eines Briefes für die Umstellungsgrundschuld ist ausgeschlossen.

§ 5

Ein vor dem 21. Juni 1948 zu Lasten des umgestellten Rechts eingetragener Rangvorbehalt wirkt auch gegen die Umstellungsgrundschuld. Dasselbe gilt für eine bei dem umgestellten Recht eingetragene Löschungsvormerkung.

§ 6

(1) Das Kapital der Umstellungsgrundschuld wird mit Ausnahme der Tilgungsleistungen auf Tilgungshypotheken auch dann nicht fällig, wenn das Kapital des umgestellten Rechts ohne Kündigung fällig wird.

(2) Bis zum Inkrafttreten der endgültigen Regelung über den Lastenausgleich kann in das Grundstück wegen fälliger Zins- und Tilgungsleistungen aus der Umstellungsgrundschuld nicht im Wege der Zwangsversteigerung vollstreckt werden.

§ 7

Besteht für das umgestellte Recht ein vollstreckbarer Titel, so ist zur Vollstreckung aus der Umstellungsgrundschuld zugunsten der Verwaltung des Vereinigten Wirtschaftsgebietes der die Rechte verwaltenden Stelle auf Antrag eine besondere vollstreckbare Ausfertigung zu erteilen. Hierfür ist die Stelle zuständig, der die Erteilung der Vollstreckungsklausel für das umgestellte Recht zukommt. Vor der Erteilung der Ausfertigung soll der Schuldner gehört werden.

§ 8

Bei einer Tilgungshypothek ist die mit der Ausübung der Rechte aus der Umstellungsgrundschuld betraute Stelle berechtigt, der Berechnung des Betrages der Umstellungsgrundschuld den Stand der Kapitalschuld zugrunde zu legen, der sich aus dem Tilgungsplan in Reichsmark für den 1. Juli 1948 ergibt.

§ 9

Die Umstellungsgrundschuld geht durch ihre Ablösung — § 5 Abs. 1 Satz 1 der (ersten) Durchführungsverordnung — auf den Eigentümer über. Ist jedoch für das umgestellte Recht bestimmt, daß es im Falle der Befriedigung des Gläubigers erlischt, so erlischt die Umstellungsgrundschuld durch ihre Ablösung.

§ 10

(1) Die Bestimmungen des Gesetzes und die Durchführungsvorschriften, die sich auf Grundstücke, Gebäude und Hypotheken, Grund- und Renten-

schulden beziehen, sind, auch soweit dies nicht ausdrücklich bestimmt ist, auf Bahneinheiten und Pfandrechte an Bahneinheiten entsprechend anzuwenden.

(2) Die Rechte aus der Umstellungsgrundsgrundschuld an einer Bahneinheit, die sich über mehrere Länder erstreckt, werden von dem Lande ausgeübt, in dem die Eisenbahn, welche die Bahneinheit bildet, ihren Verwaltungssitz hat.

§ 11

(1) Im Schiffsregister eingetragene Schiffe im Sinne des § 1 Abs. 2 des Gesetzes sind Schiffe, die bei Inkrafttreten des Gesetzes in einem Schiffsregister im Währungsgebiet eingetragen waren, gleichgültig, ob sie sich zu dieser Zeit im Währungsgebiet oder mit dem Willen des Verfügungsberechtigten außerhalb des Währungsgebietes befinden.

(2) Das Gesetz ist auf gesunkene oder für total verloren erklärte Schiffe nicht anzuwenden, auch wenn sie später wieder geborgen worden sind.

(3) An Schiffen entstehen statt Umstellungsgrundschulden Umstellungslasten.

(4) Die Leistungen aus den Umstellungslasten sind gestundet,

a) solange das Schiff nicht in unbestrittenem deutschen Eigentum steht und der deutschen Wirtschaft nicht endgültig zur Verfügung überlassen ist.

b) solange der Gläubiger des umgestellten Rechts oder der Eigentümer den Wohnsitz nicht im Währungsgebiet hat.

(5) Pfandrechte an Schiffen im Sinne von § 1 Abs. 2 des Gesetzes sind nur Schiffshypotheken.

(6) Die Bestimmungen des Gesetzes und die Durchführungsvorschriften, die sich auf Grundstücke, Gebäude und Hypotheken an Grundstücken beziehen, sind auch, soweit dies nicht ausdrücklich bestimmt ist, unbeschadet der Absätze 7 und 8, auf im Schiffsregister eingetragene Schiffe und auf Schiffshypotheken mit der Maßgabe entsprechend anzuwenden, daß an Stelle der Vorschriften des Bürgerlichen Gesetzbuches und der Grundbuchordnung die Vorschriften des Gesetzes über Rechte an eingetragenen Schiffen und Schiffsbauwerken vom 15. November 1940 (Reichsgesetzbl. I S. 1499) und der Schiffsregisterordnung vom 19. Dezember 1940 (Reichsgesetzbl. I S. 1591) treten und Schiffshypotheken Sicherungshypotheken an Grundstücken gleichgeachtet werden.

(7) Soweit der Eigentümer am 21. Juni 1948 die Befugnis aus § 57 Abs. 3 und 4 des Gesetzes über Rechte an eingetragenen Schiffen und Schiffsbauwerken hatte, entsteht eine Umstellungslast nicht. Der Eigentümer kann, solange die Schiffshypothek nicht gelöscht ist, eine neue Schiffshypothek in Deutscher Mark im Range und bis zur Höhe des Reichsmarkbetrages der erloschenen Schiffshypothek bestellen.

(8) Die Umstellungslast erlischt durch ihre Ablösung. § 57 Abs. 3 und 4 des Gesetzes über Rechte an eingetragenen Schiffen und Schiffsbauwerken ist entsprechend anzuwenden.

Artikel II

Verfahrensvorschriften

§ 12

(1) Die Umstellungsgrundschuld wird in das Grundbuch nur eingetragen, soweit sie auf den Eigentümer übertragen wird oder übergegangen ist. Bei der Eintragung sind die §§ 1192 und 1115 des Bürgerlichen Gesetzbuches anzuwenden; hinsichtlich der Zins- und Zahlungsbedingungen ist die Bezugnahme auf das umgestellte Recht zulässig.

(2) Die Änderung des Rangverhältnisses eines im Grundbuch eingetragenen Rechts zu einer nicht eingetragenen Umstellungsgrundschuld bedarf der Eintragung. Die Umstellungsgrundschuld ist hierbei durch den Hinweis auf das umgestellte Recht zu bezeichnen, bei dem sie entstanden ist.

§ 13

(1) Eine vor dem 21. Juni 1948 eingetragene Hypothek, Grundschuld oder Rentenschuld soll nicht in der Form des § 46 Abs. 2 der Grundbuchordnung gelöscht werden. Wenn nach dem 20. Juni 1948 eine Hypothek, Grundschuld oder Rentenschuld auf dem Blatte gelöscht worden ist, so ist bei der Übertragung des Grundstücks oder eines Grundstücksteils auf ein anderes Grundbuchblatt das gelöschte Recht und der Löschungsvermerk mit zu übertragen. Dasselbe gilt im Falle der Umschreibung des Grundbuchs.

(2) Abs. 1 ist nicht anzuwenden, wenn feststeht, daß im Range nach dem umgestellten Recht keine Umstellungsgrundschuld entstanden ist, oder das übertragene Grundstück oder der übertragene Grundstücksteil aus der Haftung für die Umstellungsgrundschuld entlassen worden ist.

§ 14

Von der Löschung eines umgestellten Rechts, das am 21. Juni 1948 zugunsten eines anderen als des Eigentümers eingetragen war, soll das Grundbuchamt die Stelle benachrichtigen, die für den Fall der Entstehung einer Umstellungsgrundschuld zur Ausübung der Rechte aus dieser Grundschuld berufen ist. Die Benachrichtigung kann unterbleiben, wenn aus einer vor dem 21. Juni 1948 errichteten öffentlichen Urkunde oder einer vor diesem Zeitpunkt öffentlich beglaubigten Urkunde hervorgeht, daß das umgestellte Recht am 21. Juni 1948 dem Eigentümer zustand.

Artikel III

Übergangsvorschriften

§ 15

(1) Die Vorschriften des Art. I treten mit Wirkung vom 1. Juli 1948 in Kraft.

(2) Die Vorschriften der Art. II und III treten mit der Verkündung dieser Verordnung in Kraft.

(3) Die Vorschriften dieser Verordnung treten an die Stelle des § 5 Abs. 1 Satz 3 und des § 13 Abs. 3 Satz 2 der (ersten) Durchführungsverordnung.

Literaturverzeichnis

Baur, Zur Umstellung der Grundpfandrechte. NJW 50 S. 49.

Baumbach, Kommentar zum GmbH-Ges. 2. Aufl. 1939.

—, Kommentar zur ZPO. 19. Aufl. 1950.

Baumbach-Hueck, Kommentar zum Aktiengesetz. 6. Aufl. 1949.

Bergmann, Die Umstellung der Reichsmarkverbindlichkeiten aus allgegemeinen Schuldverhältnissen. NJW 47/48 S. 405.

Beuck-Paret, Kommentar zum DMBil.Ges. 1949.

Beyer, Aufbaugrundschulden in Westberlin. BB 51 S. 236.

—, Die Umstellung von Eigentümergrundpfandrechten nach der 40. DVO bei gemeinschaftlichen Grundstücken. DRZ 50 S. 249.

Binder-Wetter-Reinbothe, Die Währungsreform, Bd. II/1, Währungsgesetz und Emissionsgesetz, Bd. II/2, Umstellungsgesetz.

Blau, Währungsreform und Devisenrecht. SJZ 49 S. 153.

Boehmer, Kommentar z. DMBil.Ges. 1949.

—, Die Einwirkungen des zweiten Weltkrieges, der Nachkriegszeit und der Währungsreform auf privatrechtliche Verhältnisse. 8. Beiheft zur DRZ.

Bögelsack, Zur Frage der rechtsgültigen Erfüllung von Verbindlichkeiten des Hypothekenschuldners. HuW 49 S. 210.

Böhle-Stamschröder, Vergleichsordnung. 1951.

—, Konkursordnung. 1950.

Bohn, Die Geldumstellung, ihre Einwirkungen auf hypothekarische Rechte und das Lastenausgleichssicherungsgesetz. 1949 u. 1950.

—, Die Hypothek in der täglichen Praxis. 1950.

Brecht, Gesetz zur Sicherung von Forderungen für den Lastenausgleich. 1949.

Breit-Haaser, Der Lastenausgleich. Bd. I 1949.

Bruhn, Löschung von Reichsmark-Grundpfandrechten und dingliche Sicherung von Forderungen für den Lastenausgleich. Rpfleger 50 Sp. 540.

—, Veränderungen und Löschungen bei Reichsmark-Grundpfandrechten. Rpfleger 51 S. 64.

—, Löschung von Reichsmark-Grundpfandrechten. Rpfleger 50 Sp. 199.

Buder, Die ostdeutsche Währungsreform. DRZ 48 S. 415.

Cammerer, Zur Umstellung der Grundpfandrechte. DNotZ 50 S. 7.

—, Die Umstellung im Grundbuch. Rpfleger 50 Sp. 57.

—, Zu § 5 der 2. DVO zum LASG. NJW 50 S. 58.

Caemmerer, Währungsgesetzgebung und Schuldverhältnisse. SJZ 48 S. 507.

—, Umstellungsfragen. SJZ 50 S. 8.

Czapski, Kapitalaufwendungen bei der Rückerstattung. HuW 51 S. 207.
Däubler, Die Umstellung der Auseinandersetzungsforderungen. DRZ 49 S. 3.
Dronia, Veränderungen und Löschungen bei Reichsmark-Grundpfandrechten. Rpfleger 51 S. 62.
Duden, Umstellungsgewinn und Lastenausgleich. SJZ 48 S. 583.
—, Die Umstellung der Grundpfandrechte und die Umstellungsgrundschulden. DRZ 49 S. 295, 358 u. 562.
Dürkes, Der Einfluß einer Schuldumwandlung auf die Umstellung einer Auseinandersetzungsforderung. BB 50 S. 858.
Enneccerus-Wolff, Sachenrecht (Bd. III). 1932.
Eppig, Wertsicherung. NJW 49 S. 531.
Folter, Gebühren für Eintragungen bei umgestellten Rechten. Rpfleger 50 S. 490.
—, Veränderungen und Löschungen bei Reichsmark-Grundpfandrechten. Rpfleger 51 S. 59.
Godin, Rückerstattungsgesetze. 1950.
Götze, Die Rückerstattung in Westdeutschland und Berlin. 1950.
Götze-Hildebrandt-Jurisch-Krech-Siegert-Möllert-Skaupy, Probleme der Währungsreform. 1949.
Haegele, Die Beschränkungen im Grundstücksverkehr. 1950.
Hammes, Verordnung Nr. 92 der Milit.-Reg. und Währungsreform. MDR 49 S. 275.
Harmening-Duden, Die Währungsgesetze (1949), zit. I; Die Währungsgesetze — Ergänzungsband (1950) zit. II.
Harmening, Die Neuordnung des Geldwesens in den westlichen Besatzungszonen. NJW 48 S. 401.
Harmening-Hartenstein u. a., Rückerstattungsgesetz. 1950.
Häussler, Sind in Erfüllung eines Auseinandersetzungsvertrages bestellte Grundpfandrechte auch im Verhältnis 1 : 1 umzustellen? MDR 49 S. 145.
H. J., Rechtsfragen zur Grundschuld-Pfändung. Zeitschrift für das gesamte Kreditwesen 1951 S. 122.
Henning, Die Umstellung von Restkaufgeldforderungen in Groß-Berlin und in den Westzonen. JR 49 S. 45.
Henning-Götze, Die Währungsumstellung in Berlin und in den Zonen. 1949.
Heseler, Staatsgrundschulden im Grundstückskaufvertrag. DNotZ 50 S. 124.
—, Währungsumstellung und Vollstreckungsklausel. DNotZ 50 S. 150.
—, Zur Umstellung der Grundpfandrechte. NJW 50 S. 246.
—, Die unsichtbaren Grundstücksbelastungen im rechtsgeschäftlichen Verkehr mit Grundstücken. NJW 50 S. 521.
Heydtmann, Eigentümerhypothek und Ausgleichsgrundschuld. NJW 49 S. 361.
Hieber, Die Löschung von Grundpfandrechten nach der 40. DVO. DNotZ 50 S. 116.
—, Lastenausgleich und Grundstückskaufvertrag. DNotZ 50 S. 204.

Hoeres, Wer zahlt bei Grundstücksveräußerungen den Lastenausgleich? DImZ 51 S. 6.

Hüssener, Umstellung von Reichsmark-Hypotheken in Berlin. JR 49 S. 18.

Jacobsohn, Getrennte Währungsreform in Ost und West. NJW 47/48 S. 679.

Jaeckel-Güthe, Kommentar zum ZVG. 7. Aufl. 1937.

Jellinek, Verwaltungsrecht. 1948.

Kern, Die Höchstbetragshypothek und die Sicherungsgrundschuld in der Währungsumstellung. DNotZ 50 S. 372.

Klauss, Geldbetragsschuld — Geldwertschuld. JR 50 S. 304.

Kleine, Die Gesetze zur Neuordnung des Geldwesens. SJZ 48 S. 491.

Klee, Grundpfandrechte an inländischen Grundstücken ausländischer Eigentümer. BB 51 S. 236.

Kluge, Zur Übertragbarkeit der Umstellungsgrundschulden auf andere Grundstücke. DNotZ 50 S. 377.

Kohler, Ehegatten- und Gesellschafterdarlehen 1 : 1 ? NJW 49 S. 731.

Kozer, Umstellung von Restkaufgeldhyoptheken. HuW 49 S. 280.

Krautwig, Zur rechtsgeschäftlichen Übernahme von Ausgleichslasten. NJW 50 S. 493.

Krech, Währungsreform und Grundbuch. JR 49 S. 274.

—, Zur Kollision der Währungsnormen im Hypothekenrecht. NJW 49 S. 296.

—, Die Löschung der nach der Währungsumstellung zurückgezahlten Hypotheken. HuW 51 S. 26.

—, Die Aufbaugrundschuld. JR 51 S. 234.

Kubuschok-Weisstein, Rückerstattungsrecht. 1950.

Kühne, Die Durchsetzung von Ostmarkforderungen im westdeutschen Bundesgebiet. NJW 50 S. 729.

Lange, Die Bedeutung der Genehmigung im rechtsgeschäftlichen Verkehr. NJW 49 S. 201.

Lauterbach, Die Umstellung der Grundpfandrechte und Reallasten. ZJBl. 49 S. 217.

Lüke, Rückerstattung. 1949.

Marquordt, Unterhaltsansprüche und Währungstrennung. MDR 50 S. 9.

Mattern, Über den Umfang der Entscheidungsbefugnis nach § 6 der 40. DVO zum UmstGes. NJW 51 S. 142.

Maubach, Staatsgrundschulden im Grundstückskaufvertrag. DNotZ 50 S. 124.

Meilicke-Nehlert-Trost, Umstellung von Reichsmark-Hypotheken in Berlin. HuW 48 S. 321.

Mentzel, Konkursordnung. 4. Aufl. 1932.

Meyer, Welche Schuldverhältnisse werden nach § 18 Abs. 1 Ziff. 3 Umst.-Ges. im Verhältnis 1 : 1 umgestellt? SJZ 50 S. 525.

Müller, Löschung von RM-Grundpfandrechten und dingliche Sicherung der Forderungen für den Lastenausgleich. Rpfleger 50 S. 537.

Münzel, Das Schicksal der Währungsklauseln. JR 49 S. 341.

Nehlert, Umstellung der Restkaufgeldhypotheken in Westberlin. HuW 50 S. 105.
—, Neuregelung der Umstellung von Restkaufgeldhypotheken. HuW 50 S. 141.
—, Umstellung der Grundpfandrechte in Westberlin. HuW 50 S. 323.
—, Die Aufbaugrundschuld. HuW 51 S. 65.
—, Zur Aufbaugrundschuld. HuW 51 S. 104.
—, Aufbaugrundschuld und Grundbuch. HuW 51 S. 142.
—, Die Erste Durchführungsverordnung zum Grundpfandrechtumstellungsgesetz. HuW 51 S. 203.
—, Umstellung von Miteigentümergrundpfandrechten. JR 91 S. 463.
Palandt, Bürgerliches Gesetzbuch mit Nebengesetzen. 7. Aufl. 1949.
Patschke, Umstellung von Forderungen aus Auseinandersetzungsverhältnissen — ein Überblick. BB 51 S. 184.
Peters, Lehrbuch der Verwaltung. 1949.
Peters, Kommentar zur Rückerstattung. 1949.
Petersen, Zivilistische Frage der Währungsreform. MDR 49 S. 20.
Reichsgerichtsräte, Kommentar der . . . 9. Auflage.
Reinicke, Der Einfluß der Währungsreform auf die Rechte des stillen Gesellschafters. MDR 49 S. 201.
—, Die 40. DVO zum UmstGes. MDR 49 S. 727.
—, Zweifelsfragen zur 40. DVO. MDR 50 S. 521.
Rowedder, Die Umstellung von Kaufverträgen mit Währungsumstellungsklauseln. NJW 49 S. 419.
Schaeffer, Westmark oder Ostmark? Wohnsitz von Schuldner und Gläubiger in verschiedenen Währungsgebieten. HuW 50 S. 243.
Schmölder-Gessler-Merkle, Kommentar zum DMBilGes. 1950.
Schubert, Welche Schuldverhältnisse werden nach § 18 Abs. 1 Ziff. 3 UmstGes im Verhältnis 1 : 1 umgestellt?. SJZ 50 S. 169.
—, Wertsicherungsklauseln. NJW 50 S. 285.
Schoan, Die Umstellung von Renten und wiederkehrenden Leistungen aus entgeltlichen Verträgen. DRZ 50 S. 351.
Seeger, Ultrazonale Auswirkungen von Enteignungsmaßnahmen. JR 51 S. 359.
Skaupy, Unklarheiten bei der Pari-Umstellung. JR 49 S. 20.
—, Wertsicherungsklauseln vor und nach der Währungsumstellung. JR 49 S. 343.
—, Wertsicherungsklauseln, Umstellung, DM-Eröffnungsbilanz. BB 50 S. 570.
—, Die Behandlung von Ostmarkforderungen. BB 51 S. 126.
—, Die Behandlung der Grundpfandrechte in Westberlin. NJW 51 S. 333.
Spengler, Umstellungsprobleme in der zivil- und prozeßrechtlichen Praxis. NJW 48 S. 643.
Staub, Kommentar zum HGB. 14. Aufl.
Stein-Jonas-Schönke, Kommentar zur ZPO. 17. Aufl. 1949/50.
Stepp, Umstellung der Ausstattungshypotheken. MDR 50 S. 194.

Stoeckert, Umstellung von Höchstbetragshypotheken und Grundpfandrechten zur dinglichen Sicherung von Industrieobligationen. NJW 50 S. 327.

—, Das Verfahren bei der Feststellung des Umstellungsverhältnisses von Eigentümerhypotheken . . . NJW 50 S. 679.

—, Umstellung von Vollstreckungstiteln nach der 16. DVO und Umstellung von Grundpfandrechten nach der 40. DVO zum UmstGes. BB 51 S. 462.

Trinkler, Die Löschung vor der Währungsreform zurückgezahlter Hypotheken. NJW 49 S. 126.

—, Das Ende der tauben Umstellungsgrundschulden. NJW 49 S. 849.

Truckenbrodt, Können die westdeutschen Gerichte zur Zahlung in fremder Währung verurteilen? MDR 51 S. 83.

Vogt, Kostenfragen bei umgestellten Hypotheken und Grundschulden. DNotZ 50 S. 289.

Wälde, Durchsetzung ostzonaler Geldforderungen in der Bundesrepublik. NJW 51 S. 213.

Weber, Zur Auslegung des § 18 I Ziff. 3 des UmstGes. NJW 49 S. 294.

Weiss, Umstellungsgrundschulden bei Kreditgewährung an Tochtergesellschaften. BB 51 S. 239.

Westermann, Sachenrecht. 1951.

Willmanns, Währungsreform und Auslandsbeziehungen. DRZ 48 S. 429.

Wörbelauer, Entwurf der BDL zur 40. DVO. NJW 49 S. 779.

Würdinger, Betrachtungen zur Auslegung des Dritten Währungsgesetzes MDR 48 S. 230.

Zellner, Zur rechtsgültigen Erfüllung von Verbindlichkeiten des Hypothekenschuldners. HuW 49 S. 245.

Zintarra, Die Umstellung von Grundpfandrechten und die Aufbaugrundschuld. Berliner Wirtschaft 51 S. 129.

Abkürzungsverzeichnis

BB	Betriebs-Berater
DImZ	Deutsche Immobilienzeitung
DNotZ	Deutsche Notar-Zeitschrift
DRZ	Deutsche Rechtszeitschrift
DRiZ	Deutsche Richter-Zeitung (vereinigt mit JuV)
DtGVZ	Deutsche Gerichtsvollzieher-Zeitschrift
HuW	Haus und Wohnung
JMBl.NW	Justizministerialblatt Nordrhein-Westfalen
JR	Juristische Rundschau
JZ	Juristenzeitung (vereinigte DRZ und SJZ)
JuV	Justiz und Verwaltung (hervorgegangen aus ZJBl.)
MDR	Monatsschrift für Deutsches Recht
Nds.Rpfl.	Niedersächsische Rechtspflege
NJW	Neue Juristische Wochenschrift
Rpfleger	Deutscher Rechtspfleger
RzW	Rechtsprechung zur Wiedergutmachung, Beilage zur NJW
SJZ	Süddeutsche Juristenzeitung
Schl.H.A.	Schleswig-Holsteinische Anzeigen
ZJBl.	Zentraljustizblatt für die britische Zone

Stichwortverzeichnis

(Die Ziffern bedeuten die Seitenzahlen. Teil II ist nicht einbezogen, auf die jeweils in Betracht kommenden Vorschriften ist im Text von Teil I verwiesen).

Kolibri 360 GmbH
Ferdinand-Jühlke-Straße 7
99095 Erfurt, Deutschland
produktsicherheit@kolibri360.de